Offer

Saint-Cyr

Deux siècles au service de la France

DU MÊME AUTEUR
DANS LA MÊME COLLECTION

Histoire des Commandos
1939-1943 *

Histoire des Commandos
1944-1945 **

PIERRE MONTAGNON

Saint-Cyr

Deux siècles au service de la France

Pygmalion
Gérard Watelet
Paris

Sur simple demande adressée aux
Éditions Pygmalion/Gérard Watelet, 70, avenue de Breteuil, 75007 Paris,
vous recevrez gratuitement notre catalogue
qui vous tiendra au courant de nos dernières publications.

ISBN 2-85704-774.6

Ce qui fait le bon soldat,
c'est le bon officier.

Capitaine Jean-Roch Coignet.

L'Ecole Spéciale Militaire, mieux connue sous le nom de *Saint-Cyr*, célèbre en 2002 le deuxième centenaire de sa création.

Le présent ouvrage vise à rapporter sa vie et son évolution depuis ses origines.

S'adressant à un très large public, il omet volontairement les aspects par trop spécialisés de l'univers de Saint-Cyr, susceptibles de n'intéresser qu'un petit nombre.

Ce travail tend également à évoquer tous ceux qui ont porté le titre de Saint-Cyrien et qui avaient vocation de servir la France par les armes. Certains se sont illustrés et sont entrés dans l'Histoire. Beaucoup n'ont pas eu le temps de vider leurs carquois et sont morts pour la Patrie.

C'est à ces derniers tombés pour honorer le contrat passé, le jour de leur entrée à Saint-Cyr, avec la France et son Armée, que ces pages sont dédiées.

Abréviations

A.B.C.	Arme Blindée et Cavalerie.
A.F.	Armée Française.
A.F.N.	Afrique Française du Nord.
A.O. F.	Afrique Occidentale Française.
B.C.A.	Bataillon de Chasseurs Alpins.
B.C.R.A.	Bureau Central de Renseignements et d'Action.
B.E.P.	Bataillon Etranger de Parachutistes.
C.F.L.N.	Comité Français de Libération Nationale.
D.B.	Division Blindée.
D.B.L.E.	Demi-Brigade de Légion Etrangère.
D.F.L.	Division Française Libre.
D.I.	Division d'Infanterie.
D.I.M.	Division d'Infanterie Marocaine.
E.M.I.A.	Ecole Militaire Inter Armes.
E.S.M.	Ecole Spéciale Militaire.
E.S.M.I.A.	Ecole Spéciale Militaire Interarmes.
F.A.F.L.	Forces Aériennes Françaises Libres.
F.F.I.	Forces Françaises de l'Intérieur.
F.F.L.	Forces Françaises Libres.
F.M.	Fusil-Mitrailleur.
G.P.R.F.	Gouvernement Provisoire de la République Française.
G.U.	Grand Uniforme.
H.E.C.	Hautes Etudes Commerciales.
L.V.F.	Légion des Volontaires Français.
O.A.S.	Organisation Armée Secrète.
O.C.M.	Organisation Civile et Militaire.
O.R.A.	Organisation de Résistance de l'Armée.
P.C.	Poste de Commandement.
R.E.I.	Régiment Etranger d'Infanterie.
R.E.P.	Régiment Etranger de Parachutistes.
R.I.	Régiment d'Infanterie.
R.I.C.	Régiment d'Infanterie Coloniale.
R.I.C.M.	Régiment d'Infanterie Coloniale du Maroc.
R.M.L.E.	Régiment de Marche de la Légion Etrangère.
R.S.M.	Régiment de Spahis marocains.
R.T.A.	Régiment de Tirailleurs Algériens.
R.T.M.	Régiment de Tirailleurs Marocains.
R.T.S.	Régiment de Tirailleurs Sénégalais.
R.T.T.	Régiment de Tirailleurs Tunisiens.
S.A.S.	Special Air Service.
S.E.S.	Section d'éclaireurs skieurs.
S.T.O.	Service du Travail Obligatoire.

Chapitre premier

L'ÉCOLE IMPÉRIALE MILITAIRE

Le Citoyen Premier Consul a l'œil sur tout. Il crée la Banque de France, la Légion d'honneur, lance la rédaction du Code civil, fixe l'organisation judiciaire, intronise les préfets, signe le Concordat…

La liste est longue des institutions ou réformes appelées à survivre à leur auteur.

Dès lors, qui s'en étonnerait ? Napoléon Bonaparte fut d'abord un soldat. Il doit sa fortune à son épée et son armée s'affirme son meilleur soutien. Il sait, par expérience, que la valeur d'une troupe repose en large partie sur celle de ses chefs. Il n'ignore pas que la Révolution, bien qu'elle ait fait jaillir du rang des généraux de légende, a fait table rase du passé en matière de formation militaire. Aucun établissement scolaire ou universitaire, hormis Polytechnique pour les armes savantes, ne forge les cadres dont l'Armée française a besoin. Au maître du pays depuis le 18 Brumaire de combler ce vide.

La loi du 11 Floréal an X (1er mai 1802), qui réorganise l'ensemble de l'instruction publique, précise en son titre VI :

« *Il sera établi, dans une des places fortes de la République, une école spéciale militaire destinée à enseigner à une portion des élèves sortis des lycées les éléments de l'art de la guerre.*

Elle sera composée de 500 élèves formant un bataillon, et qui seront accoutumés au service et à la discipline militaire. Sur les 500 élèves, 200 seront pris parmi les élèves nationaux des lycées, et 300 parmi les pensionnaires et les externes, d'après les examens qu'ils subiront à la fin de leurs études. Chaque année, il sera admis 100 des premiers et 150 des seconds; ils seront entretenus pendant deux ans aux frais de la République dans l'école spéciale militaire; ces deux années leur seront comptées pour temps de service... L'école spéciale militaire sera comprise dans les attributions du ministre de la guerre. »

ECOLE SPECIALE MILITAIRE. Le vocable subsiste même s'il se cache, le plus souvent, derrière un autre plus connu de l'opinion publique: « SAINT-CYR ».

Saint-Cyr, image évocatrice d'une fière jeunesse défilant gaillardement, Casoar au vent, sur les Champs-Elysées chaque 14 juillet.

Quelques années seront nécessaires pour que cette Ecole Spéciale Militaire ne devienne Saint-Cyr. Là encore se retrouvera l'empreinte du Premier Consul, couronné Empereur le 2 décembre 1804. 2 décembre, une date célèbre à Saint-Cyr pour une tout autre raison. 2 décembre 1805 : Austerlitz, bataille de Cannes des temps modernes, victoire absolue de l'art de la guerre magistralement conduit. Quel élève de l'Ecole Spéciale Militaire ne rêvera de connaître un jour la gloire du soleil d'Austerlitz ?

*

La décision du Premier Consul répond effectivement à une carence de l'Armée française.

La formation des futurs officiers n'a jamais été vraiment le point fort des armées de la Royauté et de la République... En 1802, c'est même le vide absolu en la matière.

L'Ancien Régime réservait, théoriquement, le droit de commander et l'état d'officier aux individus bien nés. Cette prérogative n'était pas absolue. Les officiers « de fortune » promus après bien des années de bons et loyaux services formaient la cheville ouvrière de l'édifice militaire. Ils dépassaient rarement le grade de capitaine et s'en allaient alors avec une petite retraite. Les grades supérieurs appartenaient à une noblesse pas toujours appliquée à sa tâche. Louvois, secrétaire d'Etat à la Guerre de Louis XIV, devait à cet égard se montrer très net:

«Il faut prendre parti, Monsieur, ou se déclarer courtisan, ou s'acquitter de son devoir quand on est officier!»

Le premier, Henri IV, avait tenté d'apporter remède avec la création du Collège de La Flèche. L'institution, toutefois, confiée à des Jésuites, n'apportait qu'un enseignement général à des enfants nobles. Richelieu ira plus loin. Son Académie Royale, en 1636, visait à apporter une formation militaire, mais Mazarin la supprime. Louvois, à son tour, lance des compagnies de Cadets gentilshommes implantées dans des places frontières. Elles ne durèrent que dix années. L'idée est reprise quelque temps en 1726 sans plus de suite. Enfin, en 1751, le financier Pâris-Duverney, avec l'appui de Madame de Pompadour, obtient de Louis XV la création d'une Ecole Militaire.

Le projet prend forme. Les bâtiments, dus à l'architecte Gabriel, sortent de terre. Les locaux sont occupés en 1756 avec vocation d'apprendre le métier des armes à des jeunes gens possédant, au moins, quatre quartiers de noblesse. L'esplanade devant l'Ecole est dégagée pour devenir terrain d'exercice. Elle prend nom de Champ-de-Mars, vocable destiné à subsister. Cette Ecole, trop luxueuse, coûte cher. Elle disparaît en 1776, relayée par des collèges de province, Sorèze, Brienne, Auxerre, Pont-à-Mousson, etc. Plusieurs, non sans raisons, s'étonnent. Ces collèges, aux mains d'ordres religieux, peuvent-ils vraiment apporter une formation militaire? Napoléon Bonaparte y trouvera, malgré tout, des rudiments qu'il ne regrettera pas. Pour répondre aux détracteurs, l'Ecole Militaire revient. Bonaparte y passera près d'un an après Brienne[1]. La Révolution fait table rase de ces structures faisant par trop la part belle aux jeunes gentilshommes. Elle institue l'Ecole de Mars installée dans la Plaine des Sablons. L'expérience, qui ne dure que quelques mois, en 1794, a tout de même vu passer plus de 3000 élèves issus eux des classes populaires. Après quoi survient le vide qu'entend combler Bonaparte.

*

La loi du 11 Floréal an X fixe à 500 les effectifs de la future école militaire. Soit 250 réceptionnés chaque année, la durée des

1. Des écoles spécialisées à Mézières et La Fère reçoivent ensuite les sous-lieutenants du Génie et de l'Artillerie.

études étant arrêtée à deux ans. Ces 250 élèves formés annuellement seront une norme moyenne de ce que l'on ne peut déjà appeler une promotion, une «*promo*» dans le jargon cyrard[1]. Le terme n'apparaîtra que par la suite, en 1830, avec pour la première fois un nom de baptême donné à une nouvelle série d'arrivants. Les élèves de 1830 à 1832 formeront la promotion du *Firmament*[2]. La tradition, à l'exception des années 1831-1834, sera fidèlement respectée. Chaque promotion se choisira un nom, rappelant un événement important ou un personnage célèbre[3].

250 ne sera qu'un chiffre moyen, tributaire du contexte politique et militaire. Les perspectives d'affrontements se traduiront par des inflations. Un horizon international serein limitera les entrées. La promotion de *la Grande Revanche* (1914) s'élèvera à 765. Celle de *l'Amitié franco-britannique* (1939) à 762. Par contre, depuis 1980, les dernières promos n'atteignent pas 200, alors qu'au début des années 1950, avec la guerre d'Indochine, elles frisaient le triple [4].

Les temps, en 1802, le voulaient ainsi. La gratuité de l'enseignement n'est pas encore généralisée. Elle exigera plusieurs décennies. Nombre d'élèves restent à charge financière de leurs parents. D'où la distinction énoncée par la loi du 11 Floréal. 100 élèves, en provenance des lycées de l'Etat, ne payent rien. Les 150 autres, dénommés pensionnaires et externes, doivent supporter le coût de leur pension et formation. Finalement, la gratuité s'instaurera avec une contrepartie : l'obligation de contracter un engagement de 5 à 6 ans, c'est-à-dire l'impératif de servir l'Etat durant plusieurs années pour rembourser en quelque sorte ses frais d'études[5].

*

Bonaparte n'ignore pas que les futurs officiers qu'il a prescrit de former se trouveront, dès leur arrivée dans les corps de

1. Voir en annexe.
2. L'origine du choix de *Firmament* est assez mal connue.
3. Cf. en annexe la liste des promotions.
4. La dernière promotion entrée à l'automne 2001 compte 180 élèves dont 11 jeunes filles.
5. Principe toujours en vigueur. Le jeune Cyrard de 2002 signe à son entrée à l'Ecole un engagement de deux ans puis de six ans.

troupe, confrontés à une vie rude et à de vieux briscards qui les toiseront de haut. Ils ne doivent pas se trouver désorientés par ce type d'existence et ce nouvel entourage. Les élèves de l'Ecole Spéciale Militaire seront des soldats et non des cadets, traités comme tels, et soumis à une stricte discipline. Ils apprendront par la base le métier des armes qui se traduira souvent par un métier de fantassin. L'artilleur Bonaparte a inclus dans le programme scolaire les mathématiques, la topographie, les exercices d'artillerie. Il entend voir sortir de son Ecole des chefs compétents techniquement, même si Polytechnique fournit les armes savantes, Artillerie et Génie. La «patte» du Premier Consul se perçoit encore dans le règlement général, l'organisation en compagnies et l'encadrement par des gradés chevronnés blanchis sous le harnais. Elle inspire un emploi du temps bien loin des «35 heures»... Qu'on en juge:

A 5 heures	– Lever, appel, rapport.
A 5 heures 1/2	– Etude.
A 7 heures 1/2	– Propreté de la caserne, inspection.
A 8 heures	– Géographie, histoire.
A 10 heures	– Soupe du matin.
A 10 heures 1/2	– Mathématiques, dessins de cartes et fortifications.
A 14 heures 1/2	– Exercice, manœuvres d'artillerie, équitation, gymnastique.
A 16 heures	– Soupe du soir et récréation.
A 17 heures	– Belles-lettres, administration militaire.
A 18 heures	– Etude.
A 21 heures	– Coucher.

Les dimanches et fêtes n'apportent qu'un répit relatif. Réveil à 7 heures l'hiver, 6 heures l'été. A 11 heures, office divin (obligatoire). L'après-midi, promenade dite militaire avant l'étude jusqu'au coucher.

Un ancien élève, entré à l'Ecole le 10 octobre 1805, a rapporté en ses *Mémoires*[1] ce qu'était cette vie d'apprenti officier:

«*Nous mangions debout et à la gamelle, faisions nos lits et toutes les corvées de propreté de l'intérieur de la caserne. Nous n'avions pour vêtements qu'une culotte courte en drap, avec des bas de coton, un simple habit, jamais de capote. Sous le climat froid et humide de Fontainebleau, cette tenue était bien*

1. *Mémoires* du général marquis Alphonse d'Hautpoul. O.C., page 12.

rigoureuse. Pour les fautes les plus légères nous étions condamnés à plusieurs jours de peloton de punition, ce qui consistait à rester deux heures immobiles au port d'armes; chaque fois que l'horloge du château sonnait un quart, l'on nous mettait deux minutes l'arme au bas. J'ai vu de mes camarades ne pas pouvoir résister à cette punition: elle était alors changée en salle de police isolée, c'était un véritable régime cellulaire. La salle de police entraînait toujours la privation d'aliments, on n'avait que la soupe et du pain. Lorsque nous allions au polygone pour faire l'école d'artillerie, nous traînions nous-mêmes les pièces de canon à travers les sables de la forêt de Fontainebleau; de vieux sergents nous forçaient de tendre sur les bricoles lorsque nous voulions en prendre à notre aise. Indépendamment de la partie militaire, nous avions encore à suivre des cours de mathématiques, de physique, de trigonométrie, d'histoire, de géographie, de dessin et de belles-lettres. La nourriture était très mauvaise; un seul cuisinier chargé de préparer le repas de 600 élèves y apportait peu de soins; les aliments étaient grossiers et salement préparés. Je sortais de ma famille où j'étais fort bien, la transition me paraissait dure.»

Le rédacteur de ces lignes ne le précise pas. Ces mois, voire ces années passés en commun dans des conditions souvent difficiles, engendrent un élément essentiel. Les mauvais moments qui, avec le recul, deviendront de bons souvenirs soudent les rangs. La camaraderie, sentiment puissant de fraternité, est enfant d'une vie commune et de ses aléas. Elle est l'appartenance, plus ou moins prolongée, à un même ensemble. Elle unit à jamais et unit d'autant plus que les aléas ont été plus forts. C'est le cas à Fontainebleau, ce le sera à Saint-Cyr.

S'y ajoutera, après l'époque impériale, la certitude d'avoir, à vingt ans, adhéré à la même éthique et partagé les mêmes valeurs militaires et patriotiques. Ce ciment-là se brise difficilement. Une promotion est une communauté. Y avoir appartenu est un acquis définitif. Se tutoyer jusqu'à son dernier jour en est la marque extérieure. Au grand étonnement de plus d'un, De Gaulle, Juin, Béthouart se tutoieront durant toutes leurs rencontres de la Seconde Guerre mondiale, attitude normale entre camarades de la promotion *de Fès*. Lors d'un engagement de la 2e DB, le colonel Rouvillois lancera à un moment à son chef, le général Leclerc, qu'il juge trop exposé:

«*Fais attention à toi, mon général*», avant d'ajouter : «*Nous avons besoin de toi!*»

Tout y est. Le tutoiement de rigueur entre anciens de la *Metz et Strasbourg* (1922-1924), le respect de la hiérarchie avec le « *Mon général* », l'hommage rendu avec le «*Nous avons besoin de toi*». C'est cela le sens de la camaraderie à Saint-Cyr.

Naturellement, comme en toutes institutions humaines, se glisseront des fausses notes. En des périodes noires de semi-guerre civile, il arrivera de voir un camarade en dénoncer un autre. Cas extrême et rarissime provoquant l'indignation d'une collectivité qui préfère se souvenir qu'au lendemain de la triste guerre de Syrie, en 1941, Amilakvari[1] et Andolenko, bien que de camps opposés, se retrouvent et dînent ensemble en vieux compagnons qui ne sauraient renier ce qui les unit depuis 1924.

*

La rudesse de cette formation à Fontainebleau qui se prolongera et qui correspond certes aux mœurs de l'époque explique des crises à venir. Il y aura des révoltes à l'Ecole Spéciale Militaire. Certaines pour raisons politiques en un XIXe siècle riche en bouleversements et changements de régime. D'autres plus vraisemblablement par soupape de sécurité. Le carcan disciplinaire par moments est trop lourd à supporter. La marmite explose.

*

La loi du 11 Floréal an X précisait que l'Ecole Militaire serait implantée dans une place forte de la République. Cette formule pouvait laisser supposer qu'une garnison frontière serait choisie. Les élèves y sentiraient mieux l'importance de leur futur métier. Contrairement à cette supposition, un arrêté du 8 Pluviôse an XI (28 janvier 1803) ordonne que l'Ecole soit placée à Fontainebleau. Le vieux château de la monarchie disparue est disponible. Il offre de larges possibilités de logement et a l'avantage de se situer relativement près de Paris. Le Premier Consul pourra s'y rendre facilement en inspection. Les élèves commencent à arriver à Fontainebleau en mai 1803 et occupent les bâtiments entourant

---

1. On sait que la promotion 1954-1956 porte le nom du colonel Amilakvari, tombé à El Himeimat en 1942.

la Cour du Cheval Blanc, appelée aujourd'hui Cour des Adieux[1]. Seule la portion nord-est de ces bâtiments, avec le célèbre escalier en fer à cheval, ne leur est pas affectée. Les rez-de-chaussée sont aménagés en salles de classes et études, les étages en chambrées.

Le général Bellavène a été désigné pour prendre le commandement de l'Ecole. Glorieux cavalier, engagé en 1791, général de brigade à 26 ans en 1796, il a perdu une jambe à la bataille de Rastadt[2] le 5 juillet 1796. L'homme, avec sa prothèse en bois, a du prestige et en imposera à une jeunesse volontiers frondeuse. Commandant de l'Ecole de 1803 à 1812, il sera de ceux ayant marqué par leur longévité[3] et leur personnalité. Il est le premier des quatre grands patrons à la tête de l'institution :

Bellavène	1803-1812.
Baraguey d'Hilliers	1834-1841.
Hanrion	1871-1880.
Frère	1931-1935.

*

Ils sont 192 à *intégrer* en 1803. 239 l'année suivante, puis 398 en 1805, l'année d'Austerlitz. La guerre a repris entre la France et l'Europe sous l'impulsion de l'Angleterre. L'Empereur a besoin d'officiers et de soldats. Il n'a pas loisir de sélectionner les candidats par concours. D'autorité, il désigne les jeunes gens destinés à partir pour l'Ecole Militaire. Même s'il les choisit dans l'ensemble de bonne famille, il ne s'attarde pas sur leur degré réel d'instruction. Ce recrutement d'office provoquera quelques surprises sur la qualité. A défaut, il fournira du monde. Jusqu'en 1814, la norme initiale des 250 par an sera presque constamment dépassée.

Ces entrées à l'Ecole Spéciale Militaire ne présentent absolument pas le caractère annuel et régulier qu'elles auront à partir de 1818. L'Empereur procède à des levées tributaires de la conjoncture. Les arrivées se succèdent. Un mois, deux mois, un trimestre les séparent. 1807 en compte 15, certaines à quelques

1. Le bâtiment ouest donnant sur la ville et la route de Nemours a disparu en 1809 et a été remplacé par une grille monumentale.

2. Ou Rastatt, en pays de Bade. Victoire de Moreau sur les Autrichiens.

3. Les Commandants de l'Ecole ne restent, en général, en fonction que deux ou trois ans.

jours d'intervalle ; 1811, onze. L'instruction se ressent obligatoirement d'une telle précipitation.

Intégrer, a-t-il été écrit plus haut ! Ce verbe au fil des années s'affirmera un grand classique une fois l'ère des désignations impériales d'office terminée. Intégrer, ambition et espoir de générations de candidats à l'entrée à l'Ecole Spéciale Militaire. Intégrer signifie réussir le concours et faire partie des élus de l'année. Tous n'intégreront pas et devront s'orienter vers une autre voie. Ceux-là qui préparent l'examen ont le sentiment d'y jouer leur vie. Et « *une belle vie*, a écrit le poète Alfred de Vigny, *est un rêve de jeunesse réalisé à l'âge d'homme* ».

1805. L'Ecole a presque deux années d'existence. Le 4 décembre 1804, elle a reçu un drapeau provisoire. Le 30 janvier 1805, le ministère de la Guerre fait savoir au général Bellavène qu'un nouveau drapeau, définitif celui-là, va lui être donné. Il portera d'un côté :

L'Empereur des Français
Aux Elèves de l'Ecole Impériale Militaire

Et au verso :

Ils s'instruisent pour vaincre.

Il en est fini de l'Ecole Spéciale Militaire. La voici Ecole Impériale Militaire. La nouvelle appellation durera aussi longtemps que le Premier Empire. Il en sera tout autrement de l'inscription « *Ils s'instruisent pour vaincre* ». Devenue la devise de l'Ecole, elle ne cessera de flamboyer en lettres d'or dans le cœur de tous ceux qui franchissent son seuil pour y apprendre à servir la patrie par les armes.

Napoléon avait sûrement bonne opinion de son Ecole, puisqu'on lui prête en 1807 ces propos :

« *Il n'y a rien de si brave et de si exemplaire que cette jeunesse de Fontainebleau.* »

Eloge peu courant de sa part !

Fontainebleau, en 1803, s'annonçait une solution heureuse pour implanter l'Ecole. Ses limites avec le temps se décèlent. Devant les besoins de la Grande Armée, les locaux deviennent trop exigus pour loger des élèves au nombre croissant. Plus, l'Empereur tend à récupérer des bâtiments pour y loger sa cour. Comme Louis XIV avec Versailles, il préfère résider en province, la surveillance y est plus facile. La décision tombe le 24 mars 1808 et fixe un avenir qui durera près d'un siècle et demi et immortalisera un nom :

Article 1er. *A dater du 1er juin 1808, le Prytanée de Saint-Cyr sera transféré au Collège de La Flèche, où il sera installé au 15 juin...*

Article 9. *Au 1er juillet prochain, l'Ecole Militaire de Fontainebleau sera transférée à Saint-Cyr.*

Article 10. *Au 15 avril, il sera jeté à Saint-Cyr les fondements d'un manège qui sera fait en planches et ne devra pas coûter plus de 30 000 francs.*

L'Empereur a tout prévu y compris un manège et on ne discute pas ses ordres.

Le Prytanée français, installé à Saint-Cyr depuis 1800, quitte les lieux pour le Collège de La Flèche d'Henri IV. Il y trouve un cadre datant lui aussi du Grand Siècle et qui n'est pas sans analogies avec celui que vont découvrir les futurs officiers de Fontainebleau. Ces derniers prennent la route à pied, le 1er juillet, avec armes et bagages, pour parcourir les 60 kilomètres qui les séparent de Saint-Cyr. Première étape à Essonnes, seconde à la Croix de Berny, avant d'entrer, le troisième jour, tambour battant, dans l'ancienne demeure des Dames de Saint-Louis.

Voici l'Ecole Impériale Militaire à Saint-Cyr, alors très modeste village. Pour honorer ses hôtes, il prendra, par la suite, le nom de Saint-Cyr-l'Ecole. Ses locataires deviendront tout naturellement des Saint-Cyriens sans qu'il soit possible de préciser à quelle date le terme est devenu usuel.

*

La vie à Saint-Cyr ne diffère pas de celle à Fontainebleau. Elle se révèle tout aussi austère avec un emploi du temps identique. Paris est loin. Comment s'y rendre ? Et les permissions n'existent pratiquement pas. Seules les visites des parents sont autorisées, aux heures de récréation le dimanche et ne sauraient se prolonger. Il y aura quelques incursions parisiennes à l'occasion d'une revue passée par l'Empereur mais l'événement se produit rarement. Il ne faut pas bouleverser l'uniformité ingrate des journées.

Les élèves sont scindés en deux bataillons, les anciens et les nouveaux arrivés. Chaque bataillon comprend ordinairement cinq compagnies de grenadiers ou de fusiliers et une compagnie dite d'élite avec les éléments les mieux notés. Il revient aussi aux meilleurs d'assurer l'encadrement des compagnies, des sergents-majors aux caporaux.

Pour tous, l'uniforme est celui du soldat de l'infanterie de ligne: habit en drap bleu, pantalon et veste en drap blanc. La coiffure varie du chapeau en feutre au bonnet de police. En 1807, le shako s'est imposé pour les parades avec plaque en losange portant l'aigle impériale au-dessus des lettres E.S.I.M. (Ecole Spéciale Impériale Militaire). Faisant partie du paquetage, le fusil réglementaire modèle Charleville à silex 1777 à baïonnette triangulaire, se chargeant en 12 temps. De belles séances d'instruction à son sujet en perspective !

Est-ce pour rompre le rituel insipide du quotidien? Brimades et duels font partie de l'univers de l'Ecole. Vexations, voire exactions attendent les jeunes. Les conscrits, suivant le vocabulaire de l'époque, sont pris en main par les anciens qui s'adjugent autorité pour les brimer sans relâche. Le commandement a le plus grand mal à y mettre un frein. La tradition du bizutage, le fameux bahutage, s'inscrira dans les mœurs de Saint-Cyr. Parfois cocasse, parfois hélas malvenu. Cela persistera fort longtemps avec plus ou moins de bonheur, provoquant, à l'occasion, des heurts néfastes entre promotions. Des cadets s'insurgeront devant les excès de leurs aînés. Le *bahutage*, une longue histoire qui n'ira decrescendo qu'à la fin du siècle dernier, avant un point final imposé par la hiérarchie.

Les duels, plus encore, sont dans l'air du temps. Informé, Napoléon ne s'insurge pas : «On se battait à Brienne.» Et Brienne, pour l'Empereur, reste un peu le modèle d'une bonne préparation à la carrière militaire. Il n'empêche ! Les duels à l'Ecole, durant la période impériale, provoquent des blessés et des morts dont le jeune frère du célèbre général et écrivain militaire Marbot. Pour enrayer le mal, le général Bellavène supprimera durant quelque temps le port de la baïonnette.

Sur le moment, nul ne s'en plaint. Les deux années d'école sont rarement menées à leur terme. L'Empereur précipite des sorties anticipées. Dans la majorité des cas, les élèves prennent, après quelques mois d'études seulement, la direction des champs de bataille. Un autre univers s'ouvre à eux, aux quatre coins de l'Europe. Un peu de gloire, la mort ou une mauvaise blessure les y attendent.

L'Ecole a vocation d'instruire de futurs officiers d'Infanterie et de Cavalerie. Pressé par les nécessités de sa Grande Armée, Napoléon, à partir de novembre 1811, prélève régulièrement des contingents au profit de l'Artillerie. Sept fois, il effectuera de telles ponctions pour envoyer des élèves servir les vieux canons de Gribeauval datant de Louis XV, mais qui ont fait leurs preuves sur les champs de bataille de la Révolution et de l'Empire. En une occasion, il expédie quelques-uns dans l'Artillerie de la Marine et les batteries côtières. A quatre reprises encore, il n'hésite pas à regarnir les rangs de la *Jeune Garde* avec des sous-lieutenants qui ont dû, au départ, se sentir bien légers devant leurs vieux Grognards.

*

1814. L'Empire, devant l'Europe coalisée, s'écroule. Champaubert, Montmirail ne peuvent détourner l'envahisseur. A Paris, derrière Talleyrand, la trahison prépare l'avenir.

Le 31 mars, le général Meunier, successeur de Bellavène en 1812, reçoit ordre d'abandonner Saint-Cyr et de faire mouvement sur Tours. Les élèves commencent aussitôt leur déplacement, emmenant avec eux leurs canons. Ils ne dépasseront pas Blois car, le 13 avril, Meunier apprend qu'il doit rentrer sur Saint-Cyr. Napoléon a été déchu et les Bourbons reviennent dans les fourgons de l'ennemi.

L'Ecole retrouve son cycle traditionnel et peu à peu les transformations s'imposent. Le 22 avril, la cocarde blanche remplace l'aigle impériale sur les shakos. Le 16 mai, un *Te Deum* est chanté dans la Chapelle, en l'honneur du retour de Louis XVIII. Le 30 juillet, une ordonnance royale annonce la suppression des Ecoles de Saint-Cyr et de Saint-Germain[1] ainsi que du Prytanée militaire de La Flèche. Une Ecole unique implantée à Paris doit les remplacer sous le nom d'Ecole Royale Militaire. C'est un retour à la formule 1753-1776, dans son esprit et dans ses bâtiments.

Dans l'immédiat, l'Ecole demeure à Saint-Cyr avec toutefois une amélioration sensible des conditions de vie. Les élèves ne sont plus considérés comme des soldats. Ils sont servis à table et portent bas et souliers. En principe, ils seront élevés aux frais de l'Etat et issus du Collège de La Flèche, finalement maintenu pour servir d'Ecole préparatoire. La paix semblant revenue, leur nombre total est fixé à 400.

1. Où existait une Ecole de Cavalerie.

Ces réformes expliquent peut-être l'état d'esprit. A l'annonce du débarquement de Napoléon au Golfe-Juan, les élèves s'empressent d'adresser une lettre à Louis XVIII où ils se déclarent *« animés du véritable esprit français, pénétrés d'indignation contre l'ennemi public*[1]*, et prêts à verser leur sang pour la défense de leur souverain... »*. La politique vient d'entrer à Saint-Cyr. Les occasions de se manifester à nouveau ne lui manqueront pas.

Les Cent-Jours sont trop brefs pour apporter de nouveaux bouleversements. L'Empereur se contente d'entériner ce qui a été décidé durant son séjour à l'île d'Elbe. Il prescrit cependant que l'Ecole formera également de futurs officiers d'artillerie et d'état-major.

Que pensaient au fond d'eux-mêmes les élèves ? Difficile de se prononcer faute de témoignages probants. Ils ont paru se rallier à la monarchie puis, durant les Cent-Jours, ils ont obéi scrupuleusement. Bellavène, revenu le 30 mars à la direction, ne s'est heurté à aucun sentiment d'hostilité.

L'impression donnée aux Bourbons n'a pas dû être bonne. Le 16 juillet, une ordonnance de Louis XVIII dissout l'Ecole Militaire et renvoie les élèves dans leurs familles. Saint-Cyr se vide. Au 26 août, professeurs et élèves ont quitté les lieux. Même les religieuses attachées à l'infirmerie ont rejoint leur communauté.

Un grand silence s'établit dans les bâtiments séculaires en attendant que le bon vouloir royal ne décide de l'avenir.

*

De 1803 à 1815, 3 338 jeunes Français sont passés par l'Ecole Spéciale Militaire. 909 sont morts pour la France, tombés presque tous durant la période napoléonienne. Soit un peu moins de un sur quatre ! Pourcentage terrible où se profile ce qu'il en sera par la suite pendant des décennies. Le sang des Saint-Cyriens se répand généreusement pour le service du pays. Amour de la gloire, amour du pays, tout se mêle dans ces destins tragiques d'une jeunesse ayant opté pour le service des armes.

Le premier à inscrire son nom sur cette longue, très longue liste des Saint-Cyriens tombés au Champ d'Honneur, est le sous-

---

1. C'est-à-dire Napoléon.

lieutenant Bichier-Desroches, incorporé à Fontainebleau en 1803 et tué à l'ennemi le 3 octobre 1805 à Caldiera (Vénétie). Masséna y remporte, ce jour-là, une éclatante victoire sur les Autrichiens de l'Archiduc Charles. Quatre Saint-Cyriens tombent à Austerlitz, le 2 décembre suivant: Beck, Saulnier, Tailleur (incorporés en 1803), Bloume (incorporé en 1804). A lire le mémorial de leurs camarades également disparus, toute l'épopée napoléonienne resurgit: Iéna 1806, Eylau, Friedland 1807, Essling, Wagram 1809, Saragosse 1810, Smolensk, la Moskova 1812, Leipzig 1813, Waterloo 1815. Ils ont marché et galopé à travers toute l'Europe.

Les rescapés des guerres impériales se retrouveront civils, demi-solde et pour les plus chanceux, ou les plus habiles, continueront à porter l'uniforme. De ceux-là, deux noms émergent: Danrémont et Pélissier.

Denis de Danrémont, né en 1783, entre à l'Ecole Militaire en 1803 et en sort l'année suivante. Il est à Austerlitz, Iéna, Friedland, Wagram et en Espagne. Nommé colonel par Napoléon sur le champ de bataille de Lützen, il se distingue encore durant la campagne de France. Maréchal de camp en 1821, il débarque à Sidi-Ferruch, le 14 juin 1830, à la tête d'une brigade de la division Loverdo. Nommé lieutenant général peu après, il succède au maréchal Clauzel au commandement de l'Armée française d'Algérie en 1837. Se portant sur Constantine pour effacer l'échec de son prédécesseur un an plus tôt (novembre 1836), il trouve le 12 octobre 1837, sous les murs de la ville, la mort de Turenne.

Aimable Pélissier, le mal nommé diront ses subordonnés car l'individu est d'un abord rugueux, entre à Saint-Cyr le 25 août 1814. Sous-lieutenant le 18 mars 1815, il sert au 57e Régiment d'infanterie de ligne durant les Cent-Jours. L'épopée est finie. Décidé à faire carrière, Pélissier réussit à l'Ecole d'état-major créée en 1818 par Gouvion-Saint-Cyr, le grand réformateur de l'institution militaire. Il participe à la campagne d'Espagne (1823), à celle de Morée (1828), à la prise d'Alger (5 juillet 1830). Revenu en Algérie comme lieutenant-colonel en 1841, il s'affirme l'un des lieutenants de Bugeaud, couvert par son chef dans le tragique épisode des *enfûmades* des grottes du Dahra. Commandant en chef de l'armée d'Orient en 1855, la prise de Sébastopol lui apporte son bâton de maréchal. Il finit sa carrière comme Gouverneur général de l'Algérie et meurt à Alger en 1864.

Cet ambitieux, opiniâtre, courageux certes, qui, derrière sa carapace volontiers brutale, n'est pas dépourvu de sensibilité, laisse un souvenir contrasté. Il est l'un des maréchaux de France sortis de Saint-Cyr.

A cette génération 1803-1815 peut s'adjoindre un autre « Algérien », moins connu, le général comte d'Hautpoul (1789-1865), sorti de Fontainebleau en 1805. Soldat valeureux des batailles napoléoniennes, il saura par la suite servir habilement les divers régimes. Du 25 octobre 1850 au 11 décembre 1851, il sera Gouverneur général de l'Algérie, après avoir été durant un an ministre de la Guerre [1].

Un nom encore, bien oublié sauf à Saumur. Pourtant, durant des décennies avant la Grande Guerre, des lignées de Saint-Cyriens ont lu et étudié Antoine-Fortuné de Brack, né le avril 1789 à Paris. Les élèves admis dans la section de cavalerie recevaient un petit volume : *Les Avant-postes de cavalerie légère*, Souvenirs, par F. de Brack, ancien officier d'avant-postes et ancien officier de la Garde impériale [2]. De Brack entre à l'Ecole de Fontainebleau le 30 décembre 1805. A sa sortie, le 5 mars 1807, il rejoint comme sous-lieutenant le 7e Housards de la Grande Armée en Silésie. Jusqu'en 1815 il ne cesse de faire campagne. Rappelé au service en 1830, il commandera Saumur. Il a auparavant fait paraître ses Souvenirs, véritable manuel de l'officier de cavalerie avec des pages fortes toujours valables sur le commandement, la discipline, le courage et la lâcheté. Il n'hésite pas à écrire : *« La guerre seule apprend la guerre. »* Plus d'un l'approuvera.

---

1. Le général Laperrine, son petit-neveu, appartient à la famille d'Hautpoul. Cf. plus loin.

2. Cette tradition se perpétue à Saumur envers les jeunes lieutenants arrivant en Ecole d'Application.

Chapitre II

LA MAISON DE MADAME DE MAINTENON

Il est plus que temps de parler de ces murs où l'Ecole Spéciale Militaire s'est implantée et où elle vivra jusqu'en 1940. Lieu où s'est forgée l'âme de Saint-Cyr avec son esprit de camaraderie, son aspiration à servir le pays partout où celui-ci l'imposera, son sentiment de devoir demeurer dans la trace glorieuse des anciens. Maurice Barrès parlait de ces lieux «*où souffle l'esprit*». La maison fondée jadis par Madame de Maintenon en fait sûrement partie.

Le Roi-Soleil n'a pas le cœur sec. Il est sensible à la misère humaine. En 1670, il ordonne la création de l'Hôtel des Invalides pour héberger ses vieux soldats estropiés à son service. Paris y a gagné l'un de ses plus prestigieux monuments et les anciens serviteurs de la France un asile de qualité. Quatorze ans plus tard, le monarque cède à un autre coup de cœur, à l'instigation, cette fois, d'une dame à laquelle il ne saurait rien refuser: Françoise d'Aubigné, petite-fille d'Agrippa d'Aubigné, veuve Scarron, mais surtout pour l'Histoire marquise de Maintenon et épouse de Louis XIV.

Françoise d'Aubigné est une femme de principes et de dévouement. Sa situation à Versailles, bien avant de devenir la compagne du Grand Roi, lui a permis de se préoccuper de l'éducation de jeunes filles nobles mais sans ressources. L'établissement qu'elle patronne a prospéré. Transféré successivement de Montmorency à Rueil puis à Noisy, il est manifestement devenu trop étroit pour héberger toutes les pensionnaires potentielles. Sur l'initiative de celle qu'on appelle plus communément Madame de Maintenon, une décision royale, le 15 août 1684, prescrit la réalisation d'une maison d'éducation destinée à recevoir 250 élèves.

Le site de cette implantation doit se trouver très proche de Versailles où Louis XIV a définitivement installé sa cour. Il est trouvé, « à l'ombre du trône », à une lieue à l'ouest en bordure du parc du château. (Il y aura très exactement 3 500 mètres à vol d'oiseau entre la Galerie des Glaces et le futur édifice.) Le petit village de Saint-Cyr [1], qui ne compte que 200 feux, offre un domaine que son propriétaire, le marquis Séguier de Saint-Brisson, accepte de vendre pour 91 000 livres. Si l'endroit possède l'avantage de la proximité immédiate de Versailles et facilite les visites royales, il présente un très grave défaut. Il est situé dans des fonds marécageux et malsains. Les pensionnaires de Madame de Maintenon en seront victimes ainsi que, par la suite, les nouveaux locataires. Des travaux d'assainissement importants seront nécessaires en 1755 et à la fin du XIXe siècle. Mansart, l'architecte en titre du roi, est chargé de la réalisation des travaux. La première pierre est posée le 25 avril 1685. Durant 15 mois, 2 500 ouvriers travaillent sans répit sur ce chantier d'un montant de 1 400 000 livres.

Par décision royale, le nouvel établissement s'appellera Maison de Saint-Louis. Si le monarque rend hommage à son aïeul le saint roi, il rappelle aussi que lui-même se nomme Louis et qu'il est aux origines de la fondation. Les travaux achevés, le transfert des élèves de Noisy à Saint-Cyr intervient du 28 août au 2 septembre 1686. Avec enthousiasme, les pensionnaires découvrent leurs nouveaux locaux qui, suivant les normes de l'époque, apportent les meilleures conditions de vie et de travail. Deux siècles plus tard, le cadre fixé par Mansart, sous réserve de bâtiments annexes supplémentaires et d'aménagements intérieurs, n'aura guère changé. De 1808 à 1940, les Saint-Cyriens vivront

---

1. De nombreux villages de France portent le nom de ce saint, martyr en Cilicie au IVe siècle. La tradition rapporte que cet enfant de trois ans arraché des bras de sa mère, sainte Juliette, ne cessa de crier : « Je suis chrétien » jusqu'à ce que le bourreau lui eût brisé le crâne, en le précipitant à terre.

dans un décor sensiblement identique. Seule modification, on ne parlera plus de la Maison de Saint-Louis, mais de la Maison de Madame de Maintenon, juste tribut rendu à celle qui l'avait inspirée et fondée.

Le domaine Séguier de Saint-Brisson, jouxtant à l'est les masures de Saint-Cyr, était vaste : 16 hectares, soit environ un quadrilatère de 600 mètres sur 500. Il est désormais clôturé par un mur d'enceinte de 4 mètres de haut. La Maison de Saint-Louis a été édifiée dans sa partie méridionale. On y accède par une avant-cour, longue esplanade arborée et fermée au midi, s'ouvrant, au débouché d'un chemin amenant de Versailles, par une porte assez large pour laisser passer un carrosse. Dans les années 1900, un tramway empruntera ce chemin pour conduire à Versailles. Cette porte d'accès, fermée par une grille, est surmontée d'un chapiteau triangulaire. Bien des générations la franchiront, non sans émotion, lisant au-dessus du fronton une inscription de trois mots : Ecole Spéciale Militaire.

En vue cavalière du midi, le corps des bâtiments, de 200 mètres de façade, peut représenter soit un H majuscule avec deux collatéraux à la partie inférieure, soit un arc de triomphe à trois arches surmonté de deux bras verticaux. L'hypothèse du H majuscule permet, peut-être, de se figurer le mieux la silhouette générale de la Maison de Saint-Louis. Les deux grands montants du H, orientés sud-nord, ont 120 mètres de long sur 10 de large. La barre horizontale du H, large aussi de 10 mètres, se prolonge de part et d'autre. Vers l'ouest, elle se transforme en Chapelle, long boyau de près de 80 mètres dont l'entrée principale se situe à l'intérieur des locaux. Vers l'est, elle constitue un autre bâtiment qui se ferme à l'équerre en direction de l'avant-cour. Cette dernière prendra plusieurs noms : Cour Longue, Avenue Maintenon.

Les constructions encastrent des cours appelées à évoluer non dans leurs configurations mais dans leurs dénominations. Lors de l'arrivée des jeunes demoiselles, la cour méridionale du H s'appelle *Cour Royale*, la cour nord : *Cour Verte*, celle au midi de la Chapelle : *Cour du Dehors* et enfin, celle la plus à l'est : *Cour des Cuisines*. Nul ne peut présager, en 1686, qu'un jour la Cour Verte se dénommera : *Louis XIV*, la Cour Royale : *Napoléon*, la Cour du Dehors : *Rivoli* et la Cour des Cuisines : *d'Austerlitz*[1].

---

1. Au fil des régimes de la France, les dénominations de ces cours se modifieront à maintes reprises. Sans rentrer dans de vains détails, elles ont donné :
– Cour Verte, Cour de Maintenon, Cour du Parterre, Cour de Louis XIV.

SAINT-CYR. Fin du XIXe siècle.

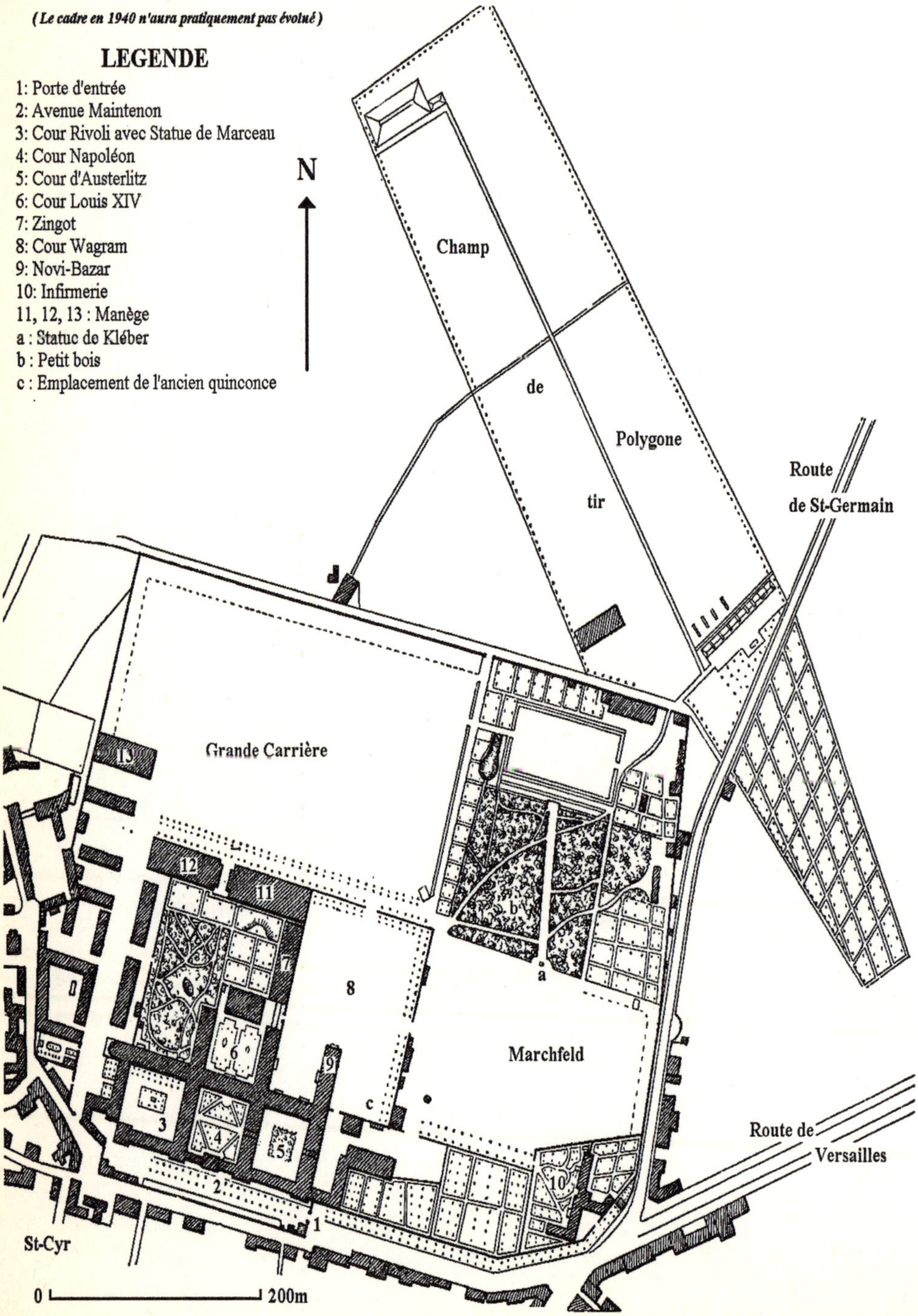

Les bâtiments, à toits d'ardoise, s'élèvent sur deux étages et un comble mansardé. En principe, les premiers étages sont destinés aux classes, les seconds aux dortoirs. Ces usages ne varieront guère. Les Saint-Cyriens retrouveront, à des aménagements près, les salles de cours et les dortoirs des protégées de Madame de Maintenon. Ils ne pourront, autant qu'elles, pendant longtemps profiter de commodités. Pas de feu l'hiver et rien pour l'hygiène tout au long de l'année.

Les lettres françaises se souviennent qu'*Esther* est jouée pour la première fois, en présence du roi, par les jeunes pensionnaires, le 26 janvier 1689, dans le grand vestibule du deuxième étage du bâtiment central. L'œuvre avait été demandée spécialement à Racine par Madame de Maintenon. Objet d'un vif succès, elle sera rejouée à plusieurs reprises à Saint-Cyr. *Athalie*, encore une commande de Madame de Maintenon, est représentée pour la première fois le 5 janvier 1691, toujours devant le roi. La tragédie est moins appréciée sur-le-champ. Les Saint-Cyriens des temps à venir n'ont-ils pas, à leur manière, répondu au vers célèbre :

«*La foi qui n'agit pas, est-ce une foi sincère* ?»

Que ne ferait-on pas pour plaire «*au plus puissant des rois*[1]»? Pour l'une de ses visites, Madame de Brinon, la Supérieure de la Maison de Saint-Louis, compose un hymne à la gloire du monarque sur une musique de Lulli. En 1721, Haendel reprendra cet air en l'honneur d'un autre souverain. *The God Save the King* est né à Saint-Cyr.

Il est évidemment des extérieurs relativement étendus jusqu'aux limites de l'enceinte. Des communs, mais surtout des allées, des jardins, des bosquets, des pâtures les occupent. Un petit bois de tilleuls, les Quinconces, s'étend immédiatement au nord-est du bâtiment formant la partie supérieure de l'H. Les demoiselles aimeront s'y promener; les Saint-Cyriens tout

---

– Cour du Dehors, Cour de l'Etat-Major, Cour Royale, Cour Impériale, Cour de Rivoli.

– Cour Royale, Cour des Archives, Cour de la Reine, Cour de Marengo, Cour de Napoléon.

– Cour des Cuisines, Cour des Classes, Cour de Monsieur ou des Etudes, Cour d'Austerlitz.

Le dernier vocable était celui en vigueur en 1940.

1. Boileau, *Epître VII*.

autant. A la corne sud-est de l'enceinte, mais à l'intérieur de l'enclos, se trouve l'Infirmerie Saint-Roch, emplacement de la future infirmerie, havre de repos et de quiétude tenu par des religieuses, ce qui lui vaudra le qualificatif de Paradis. Ces extérieurs sont destinés à se transformer avec le développement de l'E.S.M. Leur partie orientale donnera la fameuse Cour Wagram [1] et le Marchfeld, leur partie septentrionale, le Champ de Mars, terrain de manœuvres comme son nom l'indique. Et puis, aussi, se construiront de nouveaux bâtiments moins élevés que les premiers, à usage de manèges, écuries, hangars, ateliers ou amphithéâtres. Au-delà de cette évolution, l'âme de Saint-Cyr se forgera dans la vieille demeure de Madame de Maintenon. Outre les salles de cours et dortoirs, c'est dans ces murs séculaires que seront les hauts lieux de l'Ecole: Réfectoires, Vestibule des Etudes, Grand Carré, Salle d'Armes, Lave-mains, Bibliothèque.

Louis XIV disparaît en 1715, Madame de Maintenon le 15 avril 1719. Son œuvre lui survit jusqu'à la Révolution. En 1792, par décision du 16 août de l'Assemblée Législative, les dernières élèves sont renvoyées chez elles. Le lieutenant-colonel Bonaparte doit venir rechercher sa jeune sœur Elisa. Sous la Convention, les locaux se transforment en hôpital militaire et les Révolutionnaires ne sont pas tendres pour la fondatrice de la Maison. Sa sépulture dans la Chapelle est profanée. Ce n'est qu'en 1836, sous Baraguey d'Hilliers, que son caveau sera restauré décemment. Rançon de cette période révolutionnaire, l'aménagement, l'environnement ont été bouleversés. Le Prytanée, héritier de la Maison, aura à remettre les lieux en un état correct avant de les céder à l'Ecole Spéciale Militaire.

---

1. Appelée initialement Cour des Exercices, puis Cour de Bordeaux.

Chapitre III

SOUS LA RESTAURATION

Le 16 juillet 1815, une ordonnance royale a supprimé l'Ecole Spéciale Militaire de Saint-Cyr et prescrit le maintien du collège de La Flèche comme établissement préparatoire à une grande école militaire à définir. Deux mois plus tard, le 6 septembre, une autre ordonnance fixe la même fonction à l'ancienne Ecole de Saint-Cyr et toujours dans la même perspective. Puis, les mois passent sans précisions sur le futur établissement alors que les deux collèges se remplissent de 500 à 600 élèves chacun. Pour ce laps de temps, l'Histoire a retenu, pour l'Ecole Préparatoire de Saint-Cyr, le nom de «Petite Ecole». Montagnac, le héros malheureux des combats du Guergour en 1845, avant d'entrer à Saint-Cyr, passe par cette «Petite Ecole».

Cette attente, cette incertitude qui dureront plus de deux ans ont une explication. L'Armée française des lendemains de Waterloo n'a pas besoin d'officiers. Elle en a trop et a largement licencié aussi bien pour des raisons politiques qu'économiques. Les demi-solde, 15639 en 1817, traînent leur misère et leur rancœur dans tous les estaminets de France et de Navarre. Le nouveau régime a aussi ses immigrés à recaser. Cependant, il est impossible d'hypothéquer l'avenir. A défaut de mesures appropriées, l'Armée, dans 20 ou 30 ans, manquera de colonels et de généraux.

Enfin, le 31 décembre 1817, l'horizon s'éclaircit dans le cadre général de la loi Gouvion-Saint-Cyr sur la réorganisation de l'armée. Une ordonnance royale prévoit le rétablissement d'une Ecole Spéciale Militaire qui formera de futurs officiers destinés à l'Infanterie, à la Cavalerie et, par la suite, au corps royal d'état-major[1]. Cette Ecole retrouvera les locaux de Saint-Cyr et recevra, en principe, 300 élèves. Ces derniers proviendront, moitié d'une Ecole Militaire Préparatoire, moitié d'un recrutement par concours. Ils auront impérativement plus de 16 ans et moins de 18. Leur pension annuelle est fixée pour un montant de 1 500 francs plus 750 de trousseau. Seuls les Elèves du Roi[2] ne paient rien. La durée des études est fixée à deux ans.

La première rentrée s'effectue début novembre 1818. Ils ne sont que 121 pour ce grand retour. 66 proviennent des deux écoles préparatoires de La Flèche et Saint-Cyr. Les autres sont issus du concours intervenu en septembre et portant essentiellement sur le français, le latin, l'arithmétique et la géographie. Cette promotion 1818-1820 porte le numéro Un dans les annales. Auparavant, les séries étaient trop décousues, liées aux besoins impériaux. N'ont pu être comptabilisées que les nominations annuelles de sous-lieutenants.

L'instruction pour l'admission à l'Ecole Spéciale Militaire du 30 mars 1821 fera du concours la seule porte d'accès à Saint-Cyr. Au programme de ce concours appelé à se dérouler de fin juillet à septembre, sont inscrites des connaissances en langue latine, langue française, arithmétique, géométrie, histoire-géographie, dessin. Une bonne écriture est exigée. Ce programme évoluera, incluant de nouvelles disciplines. Les limites d'âge seront élargies. Un oral interviendra à partir de 1845. Le baccalauréat ès sciences sera exigé en 1853. Ces aménagements et évolutions obligatoires ne sauraient estomper l'essentiel. Sous réserve de cas d'espèce en périodes exceptionnelles, le concours est le pas indispensable à franchir pour devenir Saint-Cyrien.

Comment ne pas reconnaître bien du courage et du mérite à ces jeunes gens optant alors pour l'uniforme ? La France de la

---

1. Créé par l'ordonnance du 6 mai 1818, il doit être une pépinière de chefs instruits et de généraux savants. Les meilleurs élèves de Saint-Cyr y sont affectés. Il disparaîtra sous la Troisième République avec la création de l'Ecole de Guerre.

2. C'est-à-dire bénéficiant d'une bourse pour raisons familiales. Il s'agit de fils d'officiers sans fortune s'étant distingués par leurs services, cas des Fléchois boursiers.

première Restauration est largement antimilitariste. La conscription, les hécatombes des guerres de la Révolution et de l'Empire sont passées par là. Le pays aspire à la paix, sentiment qui a grandement favorisé le retour des Bourbons. Le soldat a mauvaise presse. L'officier tout autant. Il est jugé inculte, grossier, hâbleur. Outre, sur un plan strictement professionnel, les perspectives immédiates ne s'annoncent pas brillantes. L'avancement est bloqué devant le surnombre de cadres officiers. Il faut patienter des années pour passer de lieutenant à capitaine. Mais, envers et contre tout, existent des vocations et des traditions familiales à respecter. La noblesse a toujours regardé le service des armes comme l'une de ses prérogatives. Jusqu'en 1830, plus de la moitié des élèves porteront des noms à particule. Le pourcentage frise même les 70 % dans les deux premières promotions.

Rapidement, la vie s'organise sous l'autorité du maréchal de camp (général de brigade) d'Albignac, patron de l'Ecole. Les élèves sont groupés par compagnies de 50. Avec l'arrivée d'une nouvelle promotion de 184, en 1819, se constitueront en moyenne 6 compagnies. Les éléments les mieux notés en assurent l'encadrement sur la base d'un sergent-major, deux sergents et quatre caporaux par compagnie. Cet usage persistera. Les «*gradailles*» (au féminin dans le jargon de l'Ecole, on dit «*une gradaille*») appartiennent à la tradition de la maison. Les bons élèves, non gradés, sont classés en grenadiers ou voltigeurs, reconnaissables à la couleur du pompon de leur shako[1]. Les autres sont dénommés fusiliers.

Les 6 ou 8 compagnies de l'Ecole font l'objet d'une organisation curieuse. Elles forment deux demi-bataillons, dénommés de droite ou de gauche. Le premier rassemble les élèves les plus grands, le second, ceux de petite taille. Autre particularité, anciens de deuxième année et recrues nouvellement arrivées se mêlent dans les compagnies afin, théoriquement, que les aînés instruisent leurs cadets. Un tel système, appelé à se prolonger, ne peut que faciliter les brimades.

Au terme de la scolarité, normalement fin septembre, le général donne connaissance de la *Liste de Sortie*, c'est-à-dire la liste de ceux admis à l'épaulette après les examens. Il reçoit ensuite les élèves qui, dans l'ordre du classement, choisissent leur arme et leur corps. A chacun il remet une épée ou sabre portant la mention: «**donné par le Roi**». Là est l'origine du très

1. Coiffure militaire devenue tronconique et avec visière sous l'Empire.

célèbre *Amphi-Arme* ou *Amphi-Garnison* dont le cérémonial ne sera plus privé mais public.

Louis XVIII donne véritablement ses lettres de noblesse au *1er Premier Bataillon de France*, même si l'appellation existait déjà sous l'Empire. Il se plaît à désigner ainsi l'ensemble des Compagnies de Saint-Cyr. Ce Premier Bataillon jouit d'une position privilégiée. Il a le pas sur toutes les troupes de l'Armée et défile après la Maison du Roi et avant la Garde Royale. Le Premier Bataillon de France a franchi l'épreuve des années mais désigne désormais le Bataillon des Anciens. (Ce n'est qu'en 1880 qu'il est inscrit sur la soie du drapeau.)

L'encadrement général de l'Ecole s'établit présentement sur la base d'un général commandant, d'un colonel adjoint et d'une dizaine de commandants et capitaines dont quelques-uns font fonction de professeurs. L'*Annuaire* militaire pour 1823 donne ainsi :

Ecole Spéciale Militaire de Saint-Cyr

Lieutenant-général commandant, Vicomte Obert, 25 avril 1821.
Colonel commandant en second, Baron Condé, 28 avril 1819.
Directeur des études, chef de bataillon Caraud, 10 mai 1820.
Adjoint au Directeur, capitaine au Corps Royal d'Etat-Major de Rocquancourt, 6 février 1818.
Chef de bataillon Griffet de Labaume, 19 mai 1812.
Chef de bataillon Viénot, 26 février 1814.
Capitaine d'infanterie Fousset, 16 mars 1812.
Capitaine d'infanterie Serva, 12 juin 1813.
Capitaine Dutheilh, 15 mars 1814.
Capitaine Chapuis (en retraite).
Capitaine Beausard, 23 octobre 1819.
Capitaine Huro, 21 juillet 1808.
Capitaine de cavalerie Lemoine.
Capitaine de cavalerie de Lennox, 11 avril 1821.
Capitaine d'artillerie Périolas, 2 octobre 1812.
Professeur de fortifications, Imber, capitaine du génie, 22 octobre 1799.
Professeur de topographie, Richoux, capitaine ingénieur de 2e classe.
Professeur adjoint, Duhousset, lieutenant aux ingénieurs géographes, 12 février 1817[1].

1. La date mentionnée après chaque nom correspond à la date de nomination dans le grade.

Dans ce corps des officiers, en fait assez réduit, un personnage se détache pour les élèves : le chef de bataillon Jacques Viénot. Campagnes de la Révolution, expédition d'Egypte avec Bonaparte, affecté à Fontainebleau comme sous-officier instructeur en 1803, il poursuivra la suite de sa carrière à l'Ecole Militaire. Promu officier, il deviendra même commandant en second sous Baraguey d'Hilliers durant le règne de Louis-Philippe. Ce briscard rescapé de bien des combats est la théorie faite homme. Il semble constamment se la réciter. Il apprécie plus que tout le maniement d'armes bien exécuté. Un beau port d'armes lui fait pardonner toutes les fautes commises. Ce Jacques Vienot, alors adjudant, a un fils, Raphaël, né à Fontainebleau le 31 août 1804. Bon sang ne saurait mentir. Raphaël entrera à Saint-Cyr en 1823 et sera le célèbre et légendaire colonel Viénot de la Légion Etrangère[1].

Cet *Annuaire* de 1823 est instructif. Il indique tout d'abord que la terminologie Ecole Spéciale Militaire de Saint-Cyr est acquise. Elle ne variera plus. Des générations entières simplifieront et parleront de la Spéciale. On constate qu'en ces temps de Restauration, l'aristocratie accapare les premières places avec le commandant de l'Ecole et son second. Les capitaines sont presque tous de vieux soldats, à au moins 10 ans de grade. Roturiers, ils marquent le pas bien qu'ils soient dans l'ensemble décorés de la Légion d'honneur, gagnée il est vrai sous « l'Usurpateur ». Comment ne pas relever également l'importance attribuée aux fortifications et à la topographie puisque plusieurs professeurs en sont chargés. L'*Annuaire* militaire, évidemment, ne le montre pas. Des civils enseignent les matières universitaires.

Le régime, à l'époque impériale, était rude. Celui de la Restauration y ressemble singulièrement. Depuis la diane au tambour à cinq heures, chaque journée ne laisse guère de temps pour muser. Etudes, cours, travaux d'entretien, exercices militaires se succèdent, à peine coupés par le bref temps mort des repas. Les chambrées sont toujours de longs dortoirs occupant tout un étage. Elles alignent en moyenne 70 à 80 lits disposés tête-bêche et servent de centre de ralliement pour l'astique, le rituel quotidien du nettoyage en tous genres. Les études réservent un peu plus d'intimité. On s'y regroupe par six de part et d'autre d'un plan de travail. Par rapport à ce qu'elle était sous

1. Cf. plus loin.

l'Empire, la nourriture s'est améliorée et les repas sont servis sur des tables rondes de douze, recouvertes d'une nappe. Mais il faut attendre le signal de l'officier de service pour commencer à manger. Autre pas en avant: en 1823, le commandement commence à autoriser quelques sorties le dimanche après-midi...

La tenue, de travail ou de cérémonie, ne connaît aucune innovation. Pantalon bleu ou blanc d'été, gilet blanc, demi-guêtres noires ou blanches, bonnet de police ressemblent étrangement au paquetage d'avant 1815. Seules différences notoires : shako et giberne portent désormais 3 fleurs de lys et les lettres E.R.S.M. (Ecole Royale Spéciale Militaire) se lisent sur la plaque du shako.

Les boutons de cuivre des habits ont droit à une autre précision: Ecole Royale Militaire de Saint-Cyr. Un matin, un enfant de Ligardes en Gascogne en découvrira un à demi enterré près du puits familial. Il y verra un signe du destin. Saint-Cyr l'attend. André Laffargue appartiendra à la promo des *Marie-Louise* et à la génération des Saint-Cyriens capitaines à vingt ans.

Une décision ministérielle du 16 mai 1823 apporte à cette tenue un certain nombre de retouches pour la rapprocher de celle de la troupe, mais, dans ces modifications vestimentaires, l'essentiel se situe au niveau d'un détail à priori mineur. Les élèves gradés, les «Gradailles», portent leurs galons de sergent ou de caporal. Les «bien notés», les grenadiers, arborent des épaulettes rouges, les voltigeurs, des épaulettes de corps vertes avec franges rouges. Les autres, les fusiliers, par la décision du 16 mai, reçoivent une contre-épaulette bleu foncé. Devant sa forme ils la baptisent *Galette*. La *Galette* entre dans l'histoire de Saint-Cyr.

Un autre terme, promu à un bel avenir, s'est déjà introduit depuis deux ans. Un polygone de tir, vaste espace rectangulaire d'environ 600 mètres de long sur un peu moins de 100 de largeur, a été aménagé à la corne extérieure nord-est de l'enceinte. En 1820, une batterie y est installée. L'année suivante, 1821, l'élève Delpy de la Roche réussit un tir au but abattant le tonneau servant de cible. L'heureux pointeur est ramené en triomphe sur les épaules de ses camarades, la tête ceinte de branches de peupliers, faute de lauriers.

Cet usage du *triomphe du tonneau* se poursuit et évolue suite à un incident fortuit. Le 27 juillet 1834, l'élève Lafitte réussit un coup heureux alors que le duc d'Orléans visite l'Ecole et assiste à la séance de tir. La présence princière, la date de l'événement incitent à transformer le triomphe habituel en une véritable cérémonie de fin d'année scolaire. L'usage se prend. Les promotions sortantes marquent leur départ par des parades, reconstitutions historiques et diverses réjouissances. Le rituel se fixe dans les dernières années du XIXe siècle sous le général Tramond.

*

Les incursions royales rompent à l'occasion la monotonie sévère des études. Elles sont même relativement fréquentes. Louis XVIII se met souvent en frais pour l'Ecole qui, en juillet 1820, dans la cour des Tuileries, reçoit son drapeau, signe de sa légitimité au sein de l'Armée française. Le frère de Louis XVI semble, il est vrai, avoir un faible pour les Saint-Cyriens auxquels il adresse, le 8 août 1819, ces propos célèbres :

« Mes enfants, je suis très content de vous ; il n'y en a pas un, dans vos rangs, qui n'ait dans sa giberne le bâton de maréchal de France de Monsieur le duc de Reggio (Maréchal Oudinot), que vous voyez près de moi en ce moment ; il ne tient qu'à vous de l'en faire sortir. »

Lorsque, le 5 juillet 1830, Charles X, qui a succédé à son frère Louis XVIII en 1824, se rend à Saint-Cyr, il ne sait pas qu'à la même heure son très féal Bourmont entre dans Alger la blanche. Il ne peut penser que ses jours sur le trône de France sont comptés. Il ne tirera aucun bénéfice politique du succès de ses troupes dans la Cité barbaresque. Les Trois Glorieuses auront raison de lui dans trois semaines.

*

Ces années 1818-1830 ne sont pas avares de soldats connus. La plupart s'illustreront d'abord en Algérie où quelques-uns y laisseront la vie. Le général de Barral (1825-1827) sera tué en 1850. Bedeau (1820), plus heureux, méritera la confiance de Bugeaud dont il sera l'un des grands lieutenants et deviendra ministre de la Guerre sous la Deuxième République. Les journées de juin 1848 seront fatales au général Damesme (1825-1827). En Crimée, tomberont les colonels de Brancion (1819-21) et Viénot (1823-25) devant Sébastopol en 1855. Une porte de Paris garde le souvenir de Brancion. La Légion Etrangère, à Aubagne aujourd'hui, comme à Sidi-Bel-Abbès hier, honore Viénot tué à la tête du 1er Etranger, en lui donnant le nom de son quartier. Un autre légionnaire, le colonel de Chabrières (1825-27), disparaîtra lui aussi glorieusement, en 1859, en menant le 2e Etranger à l'attaque de Magenta. Parmi les élèves voulant à tout prix se porter au secours du roi en juillet 1830, se trouvaient Lourmel et Géreaux. Le premier tombera en Crimée comme général (un village d'Oranie portait son nom). Le second faisait partie de la tragédie héroïque de Sidi-Brahim, le Camerone des Chasseurs d'Orléans. Sur les douze officiers de la colonne Montagnac assaillie par des milliers de guerriers d'Abd el-Kader, en septembre 1845, sept sortent de Saint-Cyr. Ils vont lutter jusqu'au bout et laisser leur vie sur les pentes du Guergour et autour de la koubba de Sidi-Brahim :

Le colonel **de Montagnac** (19-21), blessé mortellement l'un des premiers et qui ne cesse de répéter : « *Courage, mes enfants, courage !...* »

Le commandant **Froment-Coste** (23-25), chef du 8e Bataillon de chasseurs, l'immortel bataillon de Sidi-Brahim, tué en se portant au secours de son colonel.

Dutertre (24-26), capitaine adjudant-major du bataillon, blessé, fait prisonnier, retrouve assez de forces pour crier aux défenseurs de Sidi-Brahim :

« *Camarades, le reste du bataillon est mort ou prisonnier et Abd el-Kader m'envoie vous demander de vous rendre. Mais je vous engage à résister à nos bourreaux, et à vous défendre jusqu'à la mort.* »

Il ne poursuivra pas. Deux coups de feu claquent et peu après un Algérien brandit sa tête.

Le capitaine **de Chargère** (25-27), commandant la 6e compagnie, qui s'écrie fièrement avant d'être tué : « *Plutôt être haché cent fois que de me rendre.* »

Le capitaine **de Géreaux** (29-31), commandant la compagnie de carabiniers retranchée dans la koubba de Sidi-Brahim. Blessé, il retrouve les accents de Cambronne et fait répondre par l'un de ses hommes aux sommations de l'ennemi :

« *Et m.... pour Abd el-Kader, les Chasseurs d'Orléans se font tuer mais ne se rendent jamais.* »

Il tombe en essayant de percer le cercle des assaillants.

Le lieutenant **de Chappedelaine** (33-35), adjoint à Géreaux, partage le sort de son capitaine dans la percée...

Gentil Saint-Alphonse (27-29), 25 ans, le plus jeune capitaine de l'Armée française. Il n'est pas chasseur mais cavalier. Une balle lui traverse la tête alors qu'il charge avec ses hussards.

Où ont-ils appris, tous ces braves, à montrer tant de courage et d'abnégation ?

L'Algérie, avant la Crimée, l'Italie et hélas 1870 mettent surtout en exergue Canrobert[1] (1825) et Mac-Mahon, entré quant à lui numéro 13 le 25 octobre 1825 et sorti quatrième en 1827. Ces deux finiront maréchaux de France, récompense décernée à un courage sans failles sur le champ de bataille. Ce maréchalat vaudra à Mac-Mahon de se retrouver Président de la République, poste pour lequel son âme de soldat n'était point préparée. Il avait le cœur trop droit pour se muer en politique. Son esprit de camaraderie, vestige de son passé de Saint-Cyrien, l'incitera à démissionner pour ne pas sanctionner injustement de vieux compagnons d'armes. L'Algérie assure encore la réputation de Forey, entré à l'Ecole en 1822, lieutenant au 2e Léger au débarquement à Sidi-Ferruch le 14 juin 1830. Durant une douzaine d'années, il ne cessera de guerroyer dans le pays avant de commander en Crimée, en Italie et au Mexique, campagne qui lui vaudra son bâton en 1863 [2].

Cette génération des années 1820 commence à montrer que Saint-Cyr peut ouvrir d'autres voies que celles de la carrière militaire. Armand Carrel, jeune sous-lieutenant à peine sorti de l'Ecole, démissionne en 1823. Libéral, il ne veut pas participer à la guerre d'Espagne et à la remise d'un Bourbon sur son trône. Briser son épée pour ne pas se renier ! La liste sera longue des Cyrards préférant l'honneur aux honneurs. Devenu publiciste engagé, Carrel fonde, en janvier 1830, avec Thiers et Mignet, *Le National*, journal d'opposition dont il prend la direction. Mortellement blessé dans un duel contre Emile de Girardin en 1836, il laisse le souvenir d'un homme franc, courtois, généreux, foncièrement attaché à ses convictions sans souci des risques encourus. Une noble figure de Saint-Cyrien civil.

Ah, ces duels ! Ils appartiennent aux us du temps et émaillent les différends aussi bien politiques que sentimentaux. Bugeaud en sait quelque chose avec trois cadavres derrière lui sur le pré. Celui-ci coûte la vie à une personnalité russe, l'illustre Pouchkine. Le coupable en l'occurrence est un Saint-Cyrien, Georges d'Anthès, promotion 1821-1823. D'Anthès[3] a quitté la

1. De son vrai nom Certain de Canrobert.

2. Des villages d'Algérie portaient jadis les noms de Montagnac, Barral, Bedeau, Mac-Mahon, Canrobert, grandes figures de la conquête.

3. Certains auteurs qui ont peut-être trop lu *Le Comte de Monte-Cristo* écrivent Dantès. Dans le cas précis, il s'agit bien du baron d'Anthès.

France et s'est mis au service du Tsar Nicolas Ier, comme chevalier. Il courtise de trop près Natalia, la belle épouse de l'écrivain. Le 27 janvier 1837, Pouchkine lui en demande raison et la rencontre se termine tragiquement pour lui.

Le cas de Charles de Foucauld n'est pas unique. Rares sont les promotions de Saint-Cyr dont un ou plusieurs anciens ne ressentent une vocation religieuse. Celles de 1818 à 1830 donnent deux évêques titulaires à Sées et à Blois, et un chanoine à la cathédrale d'Angers, l'abbé Lamouroux. De tels exemples gardent un côté exceptionnel mais le sacerdoce saint-cyrien, lui, ne l'est pas.

Une remarque encore sur cette période 1818-1830: 2110 élèves sont admis à l'Ecole. 1991 en sortent officiers. Les exclus pour diverses raisons dont insuccès aux examens de sortie sont peu nombreux. A peine 5% des reçus au concours d'entrée. Ce pourcentage ira faiblissant, confirmant une règle générale. Pour devenir officier en passant par Saint-Cyr, il importe avant tout d'intégrer.

Chapitre IV

DE LOUIS-PHILIPPE AU SECOND EMPIRE

Saint-Cyr, en 1830, est majoritairement légitimiste. Son cœur penche pour Sa Majesté, le Roi Très Chrétien. Cet état d'esprit s'explique. Les promotions 28-30 et 29-31 comptent encore un peu plus de 50 % de noms à particule. La prudence conseille aux opposants, il en est quelques-uns, de ne pas se faire remarquer. En 1820, deux élèves ont été renvoyés pour s'en être pris à un camarade regardé comme un royaliste convaincu.

La réaction devant les Trois Glorieuses déclenchées par les ordonnances de Charles X ne constitue donc pas une surprise. Réveillés le 29 juillet à 4 heures pour s'équiper et prendre les armes, les élèves font bloc derrière leur commandant d'Ecole fidèle au roi. Les anciens assurent le service des huit pièces de campagne disponibles. Les jeunes forment une colonne d'infanterie. Après quoi, tous se portent sur Saint-Cloud où ils sont, à huit heures, passés en revue par Charles X et la duchesse de Berry avant de s'installer pour la défense du château face au pont de Sèvres.

La journée du lendemain se déroule dans l'attente, marquée vers 16 heures par une visite de Charles X. Le monarque semble optimiste et inconscient de la gravité d'une situation qui, finalement, lui impose dans la nuit d'abandonner Saint-Cloud. Les élèves assurent l'arrière-garde du cortège royal avant de regagner l'Ecole. La cause est entendue. Le régime s'effondre. Bientôt Louis-Philippe sera aux Tuileries. Cependant, à Saint-Cyr, les esprits restent attachés au prédécesseur. Il faut un ordre formel de Charles X pour que les élèves renoncent à le rejoindre et à le suivre. Le 1er août, pour couper court, ils sont mis en congé avec instruction de regagner leurs familles. L'Ecole se vide. Le 3, elle sera occupée par une populace parisienne cherchant des armes pour se diriger sur Rambouillet où s'est réfugié le souverain déchu.

Charles X s'est plié aux événements et a pris le chemin de l'exil. Un nouveau général dirige l'Ecole. Sous peine d'être regardés comme démissionnaires, les élèves doivent rejoindre avant le 22 août. La rentrée n'est pas générale. 66 élèves sur 396 refusent de servir le nouveau régime et sont rayés des contrôles. 66 ! Soit un sur six. Le sentiment légitimiste reste très fort à Saint-Cyr au début des années trente. En février 1831, de nombreux élèves assisteront en civil ou en tenue à un service funèbre célébré à Saint-Germain-l'Auxerrois à la mémoire des défenseurs de la dynastie disparue. 24 seront renvoyés suite à cette manifestation jugée séditieuse.

Cet état de fait n'est pas sans susciter, durant quelques mois, une interrogation sur l'avenir de l'Ecole. Sera-t-elle supprimée ? Son recrutement sera-t-il repensé, orienté exclusivement sur un vivier d'origine militaire ? Le maréchal Soult, ministre de la Guerre de novembre 1830 à juillet 1834 et grand réorganisateur de l'Armée française, tranche. Par l'Instruction du 28 mars 1831, il revient sensiblement au système précédent avec obligation d'engagement. S'ouvrent cependant des facilités pour les candidats « mili [1] ». Ils pourront se présenter au concours jusqu'à 25 ans, sous réserve de deux années de service. Ces dispositions seront complétées par une Ordonnance royale du 20 septembre 1832 sur les cours et les punitions, les examens et les affectations à l'issue du cycle scolaire. Désormais, n'existera plus qu'un concours unique, écartant les examens séparés, Fléchois d'un côté, candidats civils ou « mili » d'un autre. Le rang de sortie donnera le droit de choisir entre le corps royal d'état-major, la cavalerie et l'infanterie. Les futurs cavaliers iront se perfectionner à l'Ecole de Saumur, une formule encore aujourd'hui maintenue.

1. Ils sont chaque année une petite cinquantaine à intégrer en tant que candidats « mili », c'est-à-dire sous les drapeaux.

Les facilités accordées aux candidats «mili» correspondent sans doute dans l'esprit de Soult à une ouverture de Saint-Cyr à des jeunes gens de souche populaire. Soult, duc de Dalmatie, s'est engagé à 16 ans et ne doit ses titres qu'à son mérite. Dans la pratique, les mesures édictées en faveur des «mili» ne servent qu'à aider des candidats retardés, pour multiples raisons, dans leur présentation au concours d'entrée. Leur présence sous l'uniforme n'est que de pure forme avec l'accord des chefs de corps. La véritable démocratisation pour accéder à une école d'officiers n'interviendra que sous la IIIe République, avec la suppression des droits de pension, avec la création des écoles militaires de Saint-Maixent et de Versailles. Durant des décennies au XIXe siècle, le véritable recrutement issu de milieux modestes provient de La Flèche.

Ce contingent fléchois est à l'origine, en 1818, du terme de Brution toujours en vigueur pour désigner un élève du Prytanée militaire de La Flèche. Un Saint-Cyrien s'est souvenu de l'arrivée des premiers de ces Fléchois. Ils ont fait sensation:

«*C'étaient de bien braves garçons, déjà soldats dans l'âme, mais d'un sauvage inimaginable! Il était bien difficile d'entrer dans leur cercle. Après tout, nous en étions bien un peu la cause nous-mêmes, car nous les avions assez mal accueillis, et nous affections, fort injustement d'ailleurs, de les considérer comme des êtres d'une essence inférieure. Ils se vengèrent de nos procédés en nous dédaignant à leur tour. Ils ne frayaient guère qu'entre eux et faisaient preuve d'une solidarité remarquable. Si l'un de nous touchait à un Fléchois, il les avait tous sur le dos. Et c'étaient de fameux lutteurs qui n'avaient peur de rien! Aussi nous ne les aimions pas beaucoup; nous les regardions comme des sauvages et à chaque fournée nous disions: "Voilà les Lions du Bruttium qui débarquent..." !*»

Mais pourquoi du Bruttium? Sous l'Empire romain, les habitants d'une province de l'extrémité de la botte italienne, appelée Bruttium, vivaient, paraît-il, en marge et même un peu à l'état sauvage. Les Saint-Cyriens de 1818, connaissant leurs auteurs, firent le rapprochement. Parlant des Fléchois, ils dirent: «Ils sont du Bruttium.» Très vite, l'appellation devint: ce sont des Brutions. Le vocable a connu une belle fortune.

Les spéculations sur le destin de l'Ecole n'ont pas empêché les cours et concours de se poursuivre au rythme habituel. La promotion 30-32 inaugure. Elle se donne un nom: *Firmament.*

Pourquoi un tel choix ? La réponse est assez évasive. Durant trois ans, cette désignation d'un nom de baptême sera abandonnée avant d'être reprise en 1835 et cette fois de manière définitive. Le nom choisi se voudra en référence à un événement important survenu durant l'année. Ainsi la promotion de *la Comète* (1835-37) à cause de la célèbre comète de Halley réapparue en 1835[1]. L'usage est acquis. La promotion 36-38 sera celle de *l'Obélisque* avec l'obélisque de Louxor arrivé place de la Concorde ; celle de 37-39, de *Constantine* avec la prise de Constantine par les Français le 13 octobre 1837. Etc.[2] Il faudra cependant attendre le XXe siècle pour que la sélection d'un personnage prestigieux au plan militaire et à valeur de symbole patriotique ne s'affirme règle presque générale.

Il serait fallacieux de le dissimuler. Saint-Cyr du début des années 1830 vit des heures difficiles. Trop de clivages politiques ! Légitimistes, Orléanistes, Libéraux se regardent en frères ennemis. Les diverses origines accentuent les dissensions. Les Brutions issus de La Flèche forment un groupe soudé par plusieurs années de vie commune. Ils constitueront toujours une composante importante et marquante du recrutement de Saint-Cyr. Ils avaient donné Pélissier, Bedeau. Ils donneront Gallieni et des lignées de glorieux soldats. Les autres groupes, bien que moins homogènes, gardent une spécificité née dans les cours préparatoires : « *Volailles* » provenant des maisons d'éducation versaillaises, « *Potachiens* » des collèges et lycées de province, « *Cornichons* » des établissements scolaires parisiens. *Volailles*, *Potachiens* disparaîtront. Le terme *Cornichon* finira par s'imposer. Une Corniche désignera – et désigne toujours – une classe préparatoire à Saint-Cyr.

Les Corniches ont été jusqu'à des années récentes partie intégrante de la vie de Saint-Cyr. Elles en sont l'antichambre et le piédestal. Durant des mois, des années parfois, des candidats y travaillent en vue unique de l'examen d'entrée à l'Ecole sous la direction de professeurs aussi érudits qu'attentifs au succès de leurs poulains. Réussir en première année n'est pas évident. Il faut souvent doubler, tripler l'année de préparation. Et ce succès n'est jamais assuré. Il est des recalés malheureux qui traînent à vie derrière eux un rêve inachevé. Ces Corniches s'égaillent sur

1. Elle revient tous les 76 ans.
2. Cf. en annexe liste des promotions.

tout le territoire national. Il en est même une à Alger. A la veille de la Grande Guerre, Paris et la région parisienne en comptent treize. Les plus réputées sont Stanislas et Saint-Louis à Paris. Gouraud, Baratier, de Gaulle sortiront de Stanislas ainsi que Bournazel. Versailles abrite le Lycée Hoche et surtout Sainte-Geneviève, la maison dite de la rue des Postes suite à son ancienne implantation parisienne. Lyautey, Franchet d'Esperey, de Lattre, Leclerc de Hauteclocque sortiront de Sainte-Geneviève, « Ginette » pour les initiés. En province, les effectifs des classes sont plus modestes : on compte néanmoins 32 Corniches, les plus importantes étant celles de Nancy (Drouot) et de Rennes. Au Caousou de Toulouse, collège de jésuites, un bâtiment portait le nom de Saint-Cyr. Et puis, bien sûr pour la province, il faut adjoindre à la liste La Flèche avec ses Brutions (ses Gnass Bahut dans le jargon local [1]).

Il y a, à côté de ces groupes d'origine civile, les candidats déjà sous les drapeaux. Ils ont l'avantage de posséder un petit bagage militaire et très souvent un grade. Dans cet ensemble hétéroclite du départ, le brassage se fait mal. Les brimades n'arrangent rien. Elles ont repris avec force avant 1830 et mettent les jeunes à rudes épreuves. L'ancien qui se fait appeler « Mon Officier » s'arroge tous les droits vis-à-vis des recrues baptisées les melons. L'encadrement ferme les yeux. Des accidents se produisent dont un mortel au cours d'une presse, terme qui veut bien dire ce qu'il en est.

Devant ce climat où le laxisme du commandement provoque l'indiscipline, une remise en ordre s'impose. Elle passe par un chef à poigne. Il se dénommera Baraguey d'Hilliers, colonel de 39 ans, ayant perdu un bras à Leipzig en 1813. Il commandera l'Ecole de 1834 à 1841 et son souvenir se prolongera longtemps. Durant des décennies, les élèves décerneront le prix Baraguey d'Hilliers à l'instructeur le plus exécré… Le nouveau commandant de l'Ecole impose une stricte discipline et prend des mesures sans se soucier de sa popularité. Il va jusqu'à interdire de fumer. Pour casser le cycle des brimades, il sépare complètement anciens et conscrits, qui se retrouvent scindés en deux divisions bien distinctes dans la vie courante. La monarchie, de son côté, fait des gestes pour se concilier une opinion qui

1. A titre indicatif, reçus de la région parisienne en 1914 : Buffon, 10 ; Hoche, 23 ; Janson de Sailly, 22 ; Rollin, 8 ; Saint-Louis, 85 ; Sainte-Geneviève, 85 ; Stanislas, 23. Pour mémoire, La Flèche, 48.

s'oriente plutôt vers les Légitimistes et les Républicains. Louis-Philippe et le duc d'Orléans, son fils, passent l'Ecole en revue à Versailles ou à Saint-Cyr et prononcent des paroles aimables. Des élèves renvoyés après des révoltes sont réintégrés.

Lentement, une évolution se dessine, liée aux mutations sociales et politiques du pays. Les Légitimistes refusent de servir un prince dont le père a voté la mort de Louis XVI. De vieux grognards reviennent sous l'uniforme. Bugeaud n'est pas le moins connu de ces soldats perdus de 1815, heureux de retrouver leur vrai métier. Parallèlement, les mauvais souvenirs s'estompent. La période impériale prend un autre visage, Béranger aidant: «*Parlez-nous de lui, grand-mère!*» Ce sentiment se manifestera largement au retour des Cendres en 1840 (où l'Ecole de Saint-Cyr sera présente). Surtout l'Armée, la mal aimée, rentre en grâce. Les troubles qui secouent Paris, comme rue Transnonain en 1834, effraient une France rurale et conservatrice. Le soldat, hier décrié et méprisé, se présente de plus en plus en rempart de l'ordre public, image qui ira s'accentuant avec les journées de juin 1848. En outre, des échos de l'Algérie parviennent chez les jeunes. De la gloire est à glaner outre-Méditerranée. Les fils du roi bourgeois, qui se révéleront de vrais soldats, ne sont pas les derniers à vouloir en saupoudrer leur tunique pour redorer le blason de la dynastie d'Orléans. L'Armée d'Afrique a des besoins en officiers. La conquête n'est pas tous les jours une simple promenade militaire. Bugeaud réclame du monde. Cette situation générale se répercute à Saint-Cyr. D'abord, dans des modifications qui laissent percevoir un changement de climat. En 1830-1831, les Cours de Monsieur et des Exercices deviennent celles d'Austerlitz et de Wagram, victoires phares de l'épopée napoléonienne. Cette Cour de Wagram est appelée à intervenir constamment dans la vie de l'Ecole. Ses dimensions autorisent les grands rassemblements. Le recrutement des Saint-Cyriens se modifie. Celui émanant de l'aristocratie fléchit. Les noms à particule représenteront à peine 20% des promotions d'avant 1848. Des fils de bourgeois aisés entrent dans une Ecole dont la pension demeure toujours payante. Ils n'apportent pas obligatoirement des idées favorables au régime. Devant les impératifs d'encadrement en Algérie, les promotions des années 1840 s'étoffent. Leur effectif moyen dépasse les 150 et oscille entre 250 et 300, atteignant 314 pour la promotion 1846-1848. Il se maintiendra ainsi jusqu'en 1870.

Baraguey d'Hilliers s'éloigne en 1841 sans arrêter sa carrière. Il sera promu maréchal en 1854. Son départ survient l'année où une décision importante concernant les élèves est prise. Ils pourront désormais opter pour l'Infanterie de Marine, future Infanterie Coloniale en 1900. Au départ, cette nouvelle arme n'a pas bonne presse. Impression vite estompée. Les campagnes outre-mer offrent des horizons inconnus et ensoleillés, une vie d'aventures risquée mais exaltante avec en prime des médailles et un avancement accéléré. Vingt ans plus tard, les places seront chères pour les Troupes de Marine. En 1870, elles compteront une recrue de choix, un certain Joseph Gallieni, enfant de Saint-Béat, ancien Brution, admis à Cyr en 1869.

1841. Entre à Saint-Cyr un garçon de 18 ans, Gustave-Paul Cluseret. Il sera pour l'Ecole le Rossel de Polytechnique[1]. Sur une photographie des officiers supérieurs et des membres de la Commune composant le Comité central, il se distingue très bien, étant le seul à porter des décorations. Car si Cluseret a quitté l'Armée assez tôt, une fois promu capitaine en 1855, il a guerroyé. Il s'est battu en Afrique, en Crimée, en Italie. Il a participé comme colonel aux tentatives de Garibaldi en Italie. Général, il servait dans les rangs des Nordistes durant la Guerre de Sécession. Membre de la Commune, éphémère Commissaire à la guerre et commandant des troupes, il échappera au sort de Rossel. Après son retour d'exil, il parviendra à être élu député de Toulon en 1888. Un parcours original pour un Saint-Cyrien qui laisse présager d'autres révoltes.

Saint-Cyr n'a pas encore donné de saints à l'Eglise romaine. Peut-être Charles de Foucauld aura-t-il le privilège, auquel il n'aspirait pas, d'être le premier à remédier à ce vide. Louis-Gaston de Sonis, entré à l'Ecole en 1844, pourrait justement l'accompagner. Sa vie est d'abord celle d'un soldat, perdant héroïquement une jambe sur le champ de bataille à Joigny, en décembre 1870, à la tête du XVIIe corps. Elle est surtout celle d'un homme de foi, animé d'une spiritualité qui guide tous les actes de son existence d'officier, de citoyen, de père de famille... Grand blessé, il accepte sans plainte ses souffrances et sa mutilation qu'il offre à la France et à son créateur. Sa fin est une marche vers l'Eternel. A Saint-Cyr et dans l'Armée française, le nom du général de Sonis s'inscrit dans le droit fil des propos de l'un de ses visiteurs, peu avant sa mort : « *J'ai vu le général de Sonis : c'est l'honneur.* »

1. Rossel Louis (1844-1871). Polytechnicien. Délégué provisoire à la guerre sous la Commune. Fusillé le 28 novembre 1871.

*

Depuis les origines, les élèves portent une tenue s'assimilant à celle de l'infanterie de ligne. Les évolutions vestimentaires sont fréquemment liées à des considérations politiques. Ainsi, en 1830, après les Trois Glorieuses, la cocarde blanche du shako est remplacée par une autre, tricolore celle-là. Deux ans plus tard, sans fondement politique cette fois, le pantalon garance remplace le pantalon bleu. La directive ministérielle du 11 juillet 1832 prescrit que la couleur garance sera désormais la couleur distinctive de l'Ecole, pour l'encadrement comme pour les élèves. Cette directive, sans le pressentir, a fixé l'avenir. Le coloris garance est toujours celui de Saint-Cyr. C'est en 1845 que se dessine vraiment la silhouette future du Saint-Cyrien, défilant gaillardement sur les Champs-Elysées. L'ambition de ce nouveau look ne se dissimule pas : rompre la similitude avec l'infanterie de ligne, mieux stimuler les élèves et les inciter à avoir à l'extérieur un comportement digne de leur état. Les tuniques et les vestes seront bleu de roi, le pantalon garance avec bandes verticales bleu de ciel, les épaulettes écarlates. Le shako sera lui aussi couleur bleu de ciel, abandonnant sa forme cylindrique pour celle d'un tronc de cône. Il s'ornera d'une plaque avec les lettres E.M. (Ecole Militaire) et d'un pompon écarlate. Le Grand Uniforme de cérémonie, le G.U. dans le jargon de Saint-Cyr, est là en puissance[1]. Il ne lui manque pour être d'actualité que le célèbre casoar. Encore dix ans à attendre !

Une interrogation insolite au passage de ces Saint-Cyriens défilant en G.U. Vus de loin, seraient-ils bossus ? Non. Tout simplement, une ordonnance du 13 mai 1824 a rétabli le port, existant sous l'Empire, du havresac, afin, est-il écrit : *« de leur donner (aux élèves) l'air plus militaire ; les havres sacs leur seront utiles dans les grandes promenades militaires, pour la Saint-Louis ».* Les voici donc nantis de cet effet d'équipement, en peau de veau à poil, de 400 m/m sur 400 environ sur 110 m/m d'épaisseur. Les Saint-Cyriens porteront le havresac durant tout le XIXe siècle, les anciens finissant toutefois par y échapper dans les défilés et diverses cérémonies.

1. S'y ajoutent tout ce que le Cyrard moderne dénomme « brêlage », à savoir toute une buffleterie de ceinturon, bretelles de giberne, havresac, etc. Sans oublier le fusil et sa baïonnette.

Avec le G.U., 1845 entre dans les annales de l'Ecole, pour une autre raison, oh combien importante ! La galette est supprimée au terme de 22 ans de bons et loyaux services sur les épaules des Saint-Cyriens. En signe de protestation, lors du triomphe, la promotion *d'Isly* (43-45) entonne un chant composé en son honneur. Ses paroles ont été écrites par l'élève Pierre-Léon Bouisset, un enfant de Lacaune dans le Tarn[1], sur l'air très en vogue de la Marche des Puritains, tiré de l'opéra *I Puritani* du compositeur italien Vincenzo Bellini. En voici les paroles originales :

Noble Galette, que ton nom
Soit immortel dans notre Histoire,
Qu'il soit embelli par la gloire
D'une vaillante promotion,
Et si dans l'avenir,
Ton nom vient à paraître,
On y joindra peut-être
Notre grand souvenir.
On dira qu'à Saint-Cyr
Où tu parus si belle,
La promotion modèle
Vint pour t'ensevelir.

La musique ne variera pas. Quelques paroles seront modifiées pour mieux célébrer, comme il se doit, la promotion sortante et fustiger la nouvelle. Les promotions qui se succéderont feront de *La Galette* le chant de tradition de l'Ecole. Les Saint-Cyriens l'entonnent dans les grandes circonstances. Lorsque des anciens se retrouvent, ils reprennent en chœur le chant de leurs vingt ans[2].

1847. Année noire. Un duel stupide se termine très mal. Un duelliste nommé Bergeret est tué. L'affaire provoque grand bruit, mettant en cause l'Ecole et les brimades. La promotion sortante est connue aujourd'hui sous le vocable *d'Ibrahim*. Cet

1. Sorti de Saint-Cyr avec un classement digne d'un ancien porteur de galette, après trente ans de service dans l'Infanterie il quittera l'Armée en 1872, lieutenant-colonel, officier de la Légion d'honneur. A sa mort, survenue l'année suivante, il sait que si son nom est oublié, sa Galette est devenue immortelle.

2. L'air de Bellini était très en vogue. Des orgues de Barbarie le diffusaient aux quatre coins de Paris. Il sera repris également à l'Ecole d'Artillerie de Metz pour donner *L'artilleur de Metz*, toujours très vivant chez les artilleurs.

Ibrahim, fils aîné de Méhémet-Ali, vice-roi d'Egypte, avait rendu visite à Paris le 26 mai 1846, d'où le patronage. La France soigne alors ses rapports avec l'Egypte. L'obélisque de Louxor a été érigé place de la Concorde en 1831. La dénomination de la promotion *d'Ibrahim* se double de « Pologne » pour manifester la sympathie française envers le pays oppressé par le Tsar Nicolas Ier. Pour des raisons obscures, le parrainage Pologne est abandonné au début du XXe siècle. La promotion 1845-1847 n'est plus que la promo *d'Ibrahim*[1].

Février 1848. Louis-Philippe avait échappé aux attentats et dominé les émeutes. La révolution qui éclate à Paris le 22 février aura cette fois raison de lui. La réaction à Saint-Cyr est paradoxale. Le 24, les élèves demandent à aller soutenir le roi. Le lendemain, après contact avec une demi-douzaine d'émeutiers parisiens, ils crient : « *Vive la République !* » et décident de partir pour la capitale se joindre à la révolution. Le général de Ricard tente vainement de les retenir. Dirigés par les sergents-majors, ils gagnent Versailles. De là, le chemin de fer les conduit à Paris et les voici cantonnant à l'Hôtel de Ville. Quelques folles journées les attendent. Ils commandent des patrouilles, des gardes, assurent des liaisons, organisent une manifestation en l'honneur d'Armand Carrel, leur ancien. Le fol enthousiasme de départ finit par chuter, le calme revenant. Le commandement a l'heureuse idée d'accorder un mois de congés pour finir d'apaiser les esprits.

La révolution se prolonge. Eclatent les terribles journées de Juin avec leurs affrontements fratricides. Les quartiers populaires se dressent contre la République bourgeoise qui a succédé à Louis-Philippe. Dans les combats de rues, l'armée perd un millier des siens. Trois généraux, anciens de l'Ecole Spéciale Militaire, sont au rang des victimes[2]. Les insurgés comptent plusieurs milliers de morts. Dans cette tragédie, les élèves de Saint-Cyr sont dépêchés à Paris pour protéger l'Assemblée Nationale et bivouaquent durant une semaine au Palais-Bourbon. En bloc, ils se portent volontaires pour donner

1. Cet Ibrahim Pacha succède à son père. Un règne de quelques mois avant sa mort, en 1848.

2. Généraux Regnault (1805), de Bréa (1806), Damesme (1824) ; le général de Bréa est massacré avec l'un de ses officiers, à la barrière de Fontainebleau en essayant de s'interposer. Une rue de Paris porte aujourd'hui son nom (VIe arrondissement).

l'assaut aux barricades ; mais le général Cavaignac, l'homme fort du pouvoir, leur répond :

«*Elèves de l'Ecole de Saint-Cyr. J'irai vous voir bientôt. Vous êtes les enfants, vous êtes l'espoir de la patrie. Ce n'est pas pour jouer sans besoin votre vie et votre jeunesse que je vous ai appelés. J'ai voulu que votre présence ne manquât à aucun des grands actes de la République. Calmez votre jeune courage. Vous le réserverez pour d'autres ennemis.*

Le chef du pouvoir exécutif,
Cavaignac.»

L'ordre rétabli le 12 juillet, les élèves rejoignent Saint-Cyr. Le 28 mai, les 296 anciens, par anticipation et sans examens, ont été promus sous-lieutenants. Le gouvernement a sans doute voulu récompenser leur attitude de février. Ce précédent incite les jeunes à réclamer la même promotion pour prix de leurs bons et loyaux services de juin. Impudente ambition qui se fait vertement tancer par Lamoricière, le ministre de la Guerre :

«*Les Elèves de Saint-Cyr ont, en plus d'une circonstance depuis cinq mois, rendu d'importants services au pays.*

La France, l'Assemblée Nationale et le Gouvernement ne l'ont point oublié. Mais les services les plus signalés ne peuvent créer des droits contre la loi, et pour avoir donné l'exemple du dévouement, on n'est pas dispensé de donner l'exemple de la discipline.

Les Elèves de l'Ecole Spéciale Militaire l'ont oublié; dans l'intérêt de leur avancement, ils ont adressé à l'Assemblée Nationale une pétition collective.

La loi les condamne. L'Assemblée Nationale les désapprouve, le ministre de la Guerre doit les punir. Il ordonne que les signataires de la pétition seront consignés deux jours...»

Lamoricière est bon prince. La sanction est bénigne. Décidément, à Saint-Cyr, on a le sang chaud. Rien n'effraie. Au pire, c'est de bon augure pour le champ de bataille.

Le 2 octobre, après de longs congés, les cours reprennent normalement. La nouvelle promotion, qui par la suite prendra nom de *Kabylie*[1], intègre début décembre. La vie de Saint-Cyr retrouve son rythme habituel, brisé en décembre par une révolte d'importance qui, fort heureusement, sera la dernière. Aux

1. Suite à la pacification de la Petite Kabylie entreprise par Saint-Arnaud durant l'été 1851.

origines des incidents, des brimades exagérées sanctionnées par le commandant de l'Ecole. Les meneurs se sont retrouvés en prison d'où une véritable rébellion. Les sanctions tombent. Soixante-douze élèves sont renvoyés dans les corps de troupe comme simples soldats (48 seront réintégrés).

1849. L'événement ne saurait passer inaperçu. Le chemin de fer dessert Saint-Cyr. Auparavant, il fallait atteindre Versailles à 5 kilomètres de là. L'Ecole se rapproche de Paris et vit moins en marge. Les futurs permissionnaires apprendront à connaître la ligne et à se manifester bruyamment dans les gares traversées.

1850. Les pouvoirs publics se doivent de rappeler à Saint-Cyr que la France vit maintenant en République, deuxième du nom. Les Cours Royale et de la Reine prennent noms de Rivoli et de Marengo, brillantes victoires républicaines. Certains diront également qu'il n'est pas mauvais de célébrer des victoires remportées par le général Bonaparte, dont le présent Prince-Président est le neveu.

A l'encontre de ce qui s'était déroulé lors des révolutions de 1830 et 1848, le coup d'Etat du 2 décembre 1851 ne provoque aucun remous particulier à Saint-Cyr. Le 10 mai 1852, le futur empereur Napoléon III remet, au Champ-de-Mars, un autre drapeau à l'Ecole. La devise inscrite sur l'étamine n'a pas changé: «*Ils s'instruisent pour vaincre.*» Apparemment, Saint-Cyr, le 2 décembre 1852, s'engage avec enthousiasme dans le Second Empire. Certainement est-il espéré que le Second Empire, comme le Premier, apportera à ses soldats beaucoup de gloire. Et la gloire n'est-elle pas un grand ferment du militaire en général, et du Saint-Cyrien en particulier?

*

1852. L'Ecole Spéciale Militaire a maintenant un demi-siècle d'existence. Sa vocation : «*donner à la France des chefs de guerre*» s'est vérifiée. Un pourcentage croissant de généraux, colonels, capitaines ou lieutenants sort de Saint-Cyr. Il représente plus du quart du corps des officiers même si l'Algérie permet de gagner ses épaulettes à la pointe de son épée à l'image d'un Saint-Arnaud ou d'un du Barail[1]. Aucun Saint-Cyrien n'a encore reçu le prestigieux bâton de maréchal. L'heure ne tardera pas.

1. Futur maréchal de France pour le premier, ministre de la Guerre pour le second.

Devant cette intrusion de l'Ecole dans la vie militaire française, en dépit des aléas aussi bien internes qu'externes, des questions peuvent se poser: quelle instruction, quelle formation apporte-t-elle aux futurs officiers de l'Armée française?

Le concours d'entrée est toujours censé impliquer un bagage scolaire comportant, en français et mathématiques, le minimum nécessaire pour un cursus honorable dans la société française de l'époque. L'effort est donc porté sur les connaissances spécifiquement militaires à acquérir. Il n'interdit pas toutefois des cours en mathématiques, géométrie descriptive, physique, chimie, histoire et géographie, belles-lettres, allemand et surtout dessin. Géométrie descriptive, dessin s'expliquent. La photographie n'est pas encore apparue. Un officier doit être capable de réaliser une carte lisible, ou un croquis parlant du terrain.

Cela étant, l'essentiel va au «mili». Les Instructions ministérielles sont constamment formelles à cet égard: orientation strictement militaire aux élèves.

Par le jeu des promotions successives, l'enseignement se décompose obligatoirement en deux phases: formation de première puis de deuxième année. Ah! la formation de première année n'est pas, pour les intéressés, une sinécure.

Les jeunes sont livrés aux anciens pour ce qu'on appelle aujourd'hui l'école du soldat avec ou sans armes. Apprendre à saluer, à marcher au pas avant de s'initier longuement, très longuement, aux beautés du maniement d'armes, individuel ou collectif, avec le fameux port d'armes cher au commandant Viénot. Que de longues séances, que d'heures dépensées, pour ne pas écrire gaspillées, en interminables séances de maniement d'armes! Ce drill s'est inscrit très tôt dans les traditions de Saint-Cyr. Il a grand succès dans les parades mais que procure-t-il vraiment dans l'art de mener une troupe au feu? Le port d'armes n'est jamais supposé acquis mais finit par s'accompagner des opérations de chargement du fusil. Celles-ci ne comptent pas moins d'une douzaine de temps, jusqu'à l'arrivée du Chassepot en 1867. Après quoi se déroulent les séances de tir au polygone jouxtant l'enceinte de l'Ecole. Avec l'astique et les heures d'études pour revenir sur les divers cours, on comprend que les journées des jeunes, si longues soient-elles de cinq à vingt et une heures, passent vite.

La seconde année est moins élémentaire. Travaux de fortification, topographie, écoles à feu d'artillerie, écoles dites de bataillon, c'est-à-dire mouvements d'infanterie, sont au programme. Le tout reste obligatoirement très livresque. L'absence d'un véritable terrain de manœuvres à Saint-Cyr limite les possibilités d'exercices. Les connaissances techniques exigées d'un lieutenant, d'un capitaine d'infanterie ou de cavalerie ne semblent pas montagne. L'important, une fois arrivé officier, sera avant tout de se montrer brave et d'entraîner ses hommes par son exemple. Les cancres en sont persuadés et les cancres ne sont pas les seuls à raisonner de la sorte. Il faut encore, en deuxième année, se consacrer à l'instruction de la promotion suivante. Cette activité-là possède certainement un côté formateur et initie au commandement.

Il est une constatation curieuse. Cette Ecole destinée à former des officiers de cavalerie n'a pas de manège. Il faudra attendre, pour remédier à cette carence, 1853 où des chevaux arrivent à Saint-Cyr. Absence d'autant plus remarquable que la plus noble conquête de l'homme reste encore le principal moyen de déplacement.

Une impression générale se dégage de ces deux années de formation. Avec pas mal de perte de temps pour de l'accessoire, type le port d'armes, les Saint-Cyriens apprennent certainement les rudiments du métier. Mais jusqu'à quel niveau ? L'utilisation raisonnée des moyens, la manœuvre combinée des armes leur échappent. Bugeaud, qui détient une sérieuse expérience, le constate en Algérie et ne se cache pas pour le dire... Son adresse vise autant l'ensemble de ses officiers que ses généraux :

«*Ne croyez pas, généraux d'Afrique, que vous apprenez ici l'art de la grande guerre qu'on doit faire quand on a devant soi des armées solides et disciplinées.*»

En Afrique, la vaillance suffit. Pas toujours, voir Montagnac. Et pour la vaillance, ceux qui sortent de Saint-Cyr n'en manquent pas. Les années d'école leur ont paru longues et ternes. Ils ont hâte de faire leurs preuves sur le terrain et de se montrer dignes de tous ceux qui les ont précédés sur le chemin de la gloire. Attester surtout que la France peut compter sur eux.

*

Les promotions de 1830 à 1852 continuent de payer un lourd tribut aux guerres. Dans l'Histoire de Saint-Cyr, quelles promotions n'ont pas payé ce tribut ?

Les anciens Cyrards de ces années-là tombent comme jeunes officiers en Crimée, en Italie, en Algérie aussi, bien sûr. Beaucoup devenus généraux ou officiers supérieurs sont tués en 1870. De ces derniers, 3 généraux de division, 10 généraux de brigade, 15 colonels. L'un d'eux écrivait ces lignes toujours à méditer :

« *Le combat est le but final des armées et l'homme est l'instrument premier du combat ; il ne peut être rien de sagement ordonné dans une armée, constitution, organisation, discipline, tactique, toutes choses qui se tiennent comme les doigts d'une main, sans la connaissance exacte de l'instrument premier, de l'homme, et de son état moral en cet instant décisif du combat.* »

Etudes sur le combat, Colonel Ardant du Picq, entré en service comme élève à l'Ecole Spéciale Militaire, le 15 novembre 1842, mortellement blessé comme colonel commandant le 10e régiment d'infanterie de ligne, le 15 août 1870, à Longeville-les-Metz (Moselle).

Parmi ces jeunes, entrés à l'Ecole à l'automne, qui réclamaient au gouvernement, au lendemain des journées de juin 1848, d'être promus sous-lieutenants en récompense de leurs bons et loyaux services envers la République (leur promotion s'appellera effectivement *de la République*), se trouvait Jean Danjou, un enfant de Chalabre (Aude). Franchissant pour la dernière fois le porche de la Maison de Madame de Maintenon, il ne pouvait se douter du destin qui serait le sien.

Ils furent ici moins de soixante
Opposés à toute une armée.
Sa masse les écrasa.
La vie plutôt que le courage
Abandonna ces soldats français
Le 30 avril 1863.

Faire Camerone est devenu une expression lourde de signification dans l'Armée française. Chaque année, la Légion Etrangère commémore ce combat du 30 avril 1863 au Mexique où soixante légionnaires font face à plusieurs milliers de Mexicains. A cette occasion, la main de bois de leur chef, le capitaine Danjou, retrouvée sur le champ de bataille, est religieusement présentée aux troupes[1]. Camerone, Danjou sont aujourd'hui des symboles. Danjou avait fait jurer à ses légionnaires de « *combattre jusqu'à*

1. Danjou avait perdu la main gauche et portait une main de bois articulée. Il avait 35 ans.

la dernière extrémité». Ils ont tenu parole. Depuis, et même avant, bien des Saint-Cyriens ont imité Danjou et les siens.

Paradoxalement, de ces anciens de 1830 à 1852, plusieurs, leurs étoiles obtenues, entreront dans les ministères. Leurs noms sont aujourd'hui bien oubliés de ces Campenon, Letellier-Valazé, Lewal ou Logerot, ministres de la Guerre de la jeune Troisième République. Sans doute préférait-on alors faire confiance à des professionnels de l'art plutôt qu'à des politiciens n'ayant pas accompli de service militaire. Dans le lot de ces soldats tombés dans la chose politique, Trochu, Saint-Cyr 1835. Président du gouvernement de la Défense Nationale du 4 septembre 1870 au 22 janvier 1871, il mérite sans doute mieux que le qualificatif signé Victor Hugo de participe passé du verbe trop choir. Chanzy, Saint-Cyr 1840, peut-il être rangé parmi ces politiciens ? S'il est en 1871 quelque temps député des Ardennes, l'énergique chef de l'Armée de la Loire préfère, de loin, prendre les fonctions de Gouverneur général de l'Algérie ou de commandant d'un corps d'armée en métropole. Quant à Bourbaki, Saint-Cyr 1834, il ne se veut qu'un soldat et l'affirme, les armes à la main, de l'Algérie à l'Armée de l'Est en 1870.

Chapitre V

L'ÉCOLE DU SECOND EMPIRE

Le Second Empire, plus long que le Premier, s'étale très officiellement du 2 décembre 1852 au 4 septembre 1870. Durant ces près de vingt ans, l'Armée bénéficie d'une place privilégiée. Elle s'est opposée aux émeutiers en 1848, elle a soutenu le Prince-Président dans sa marche au pouvoir. Elle continue du reste de servir fidèlement le régime, bien payée en retour: Napoléon III n'hésite pas à distribuer récompenses et dignités. Il donne presque autant de bâtons que son oncle (19 contre 21) et n'oublie pas les plus humbles. La Médaille militaire, instituée le 22 janvier 1852 pour les sous-officiers et les hommes de troupe[1], c'est lui.

Les candidatures à Saint-Cyr se ressentent de ce climat. La bourgeoisie ne rechigne pas à envoyer ses enfants. Les noms à particule reviennent. Ils atteignent, dépassent même parfois les 30 % des promotions qui oscillent entre 250 à 300, comme sous Louis-Philippe. Il est une pointe avec la guerre de Crimée où les 300 sont dépassés. Les combats devant Sébastopol ont été meurtriers, le choléra a sévi pendant la campagne. Bien des jeunes officiers ont disparu.

1. Et les généraux ayant commandé en chef devant l'ennemi. Le maréchal Pétain se fera un point d'honneur de ne porter que la Médaille militaire.

La vie à l'Ecole redevenue impériale n'évolue guère. Le régime demeure toujours aussi austère. Les chambrées et les salles de cours sont gelées l'hiver. La nourriture ne satisfait en rien des estomacs de vingt ans. S'approvisionner secrètement, à l'extérieur, accapare des énergies. L'hygiène, dans les usages du siècle, n'alourdit pas le budget du ministère de la Guerre. Un bain mensuel. Pas plus ! Le dimanche, la messe fait partie des obligations matinales. L'après-midi, les sorties s'appellent généralement promenades en armes dans le voisinage. Les brimades continuent d'empoisonner les journées et les nuits en première année, tout en étant moins brutales. Renverser les lits, bouleverser et mélanger les paquetages s'affirment de grands classiques du genre. Les victimes n'ont qu'un droit : subir. Les duels n'ont pas disparu. Un mort en 1857.

L'ambiance générale n'est pas plus favorable aux études. Les échos en provenance des guerres menées en Afrique ou en Europe n'incitent pas plus qu'hier à l'effort intellectuel. Tel ancien qui n'avait pas réputation de bûcheur, de « crétin potasseur » très exactement, se couvre de gloire et gagne médailles et avancement. Plus que jamais le courage paraît seul suffire sur le champ de bataille. Cet état d'esprit produit, en deuxième année, les officiers galettes ou fines galettes. Pour ces élèves qui peuvent représenter les deux tiers d'une promotion, il est de bon ton de s'affirmer en rupture de ban avec l'écriture et ce qui y ressemble. Une tenue négligée est du meilleur chic. Curieusement, l'encadrement ferme les yeux. Ce laxisme a une double origine. Le général commandant l'Ecole, sauf cas d'espèce, est un personnage lointain se manifestant rarement. Etre instructeur à Saint-Cyr n'est pas regardé comme une affectation privilégiée, réservée aux meilleurs, bien au contraire. La médiocrité d'une large fraction de l'encadrement, avec des officiers sans répondant militaire digne d'un soldat de métier, sera toujours l'un des tendons d'Achille de Saint-Cyr. Pas toujours, fort heureusement ! L'Ecole verra passer des Leclerc et des Morel[1].

De l'enseignement en général, un ancien écrira, relatant ses souvenirs de Cyrard sous Napoléon III :

« *Au bout du premier mois de ma première année, j'étais stupéfait d'appartenir à une Ecole Spéciale Militaire. Cela me semblait tout étrange, tant je trouvais Saint-Cyr semblable à mon*

---

1. Leclerc, à l'époque capitaine de Hauteclocque, commande l'escadron avant la guerre. Morel est instructeur à l'Ecole repliée à Aix-en-Provence.

collège, à part les exercices militaires. Cette idée n'a fait que se confirmer dans mon esprit pendant mes deux années d'Ecole et surtout quand j'en ai été sorti.

Que nous apprenaient nos professeurs civils, qui ne nous eût déjà été enseigné au collège ? Quels enseignements pouvions-nous retirer de ces cours pour l'avenir ?... On nous donnait des détails à n'en plus finir, on nous bourrait la tête de faits, de dates, de noms de localités ; nous ajoutions des noms aux noms que nous savions déjà ; mais quel est le professeur de géographie qui nous ait fait de la géographie militaire, au point de vue des ressources du pays, de l'utilisation du terrain, de la valeur stratégique d'un cours d'eau, des voies de communications ?... Que nous apprenait-on de la Prusse, de l'Allemagne, et, je dirai plus, de nos frontières des Vosges, du Rhin, des Alpes ? Nous a-t-on jamais parlé sérieusement de l'histoire de l'armée, de sa transformation aux différentes époques ? Que savions-nous de l'organisation, de l'esprit, du moral des armées de Louis XIV, de la Révolution et de l'Empire ?... Toujours des noms, des dates et rien d'autre. Et cela durait un an !... C'était une année de perdue.

Quant aux cours militaires, qu'y enseignait-on ?... Avons-nous appris un mot de la technique des armes ? pas plus celle de l'infanterie que la tactique de la cavalerie et de l'artillerie... Quel est celui de nous qui à sa sortie de l'Ecole savait comment on peut utiliser un terrain pour l'attaque et la défense, comment on conduit une troupe en marche, comment on l'éclaire, quel emploi on peut faire de l'artillerie dans le combat ? En revanche, nous connaissions les calibres, le nombre de balles qu'il y avait dans tel ou tel obus, le diamètre des roues de voiture, le nombre de clous qu'il y avait à chaque roue de canon, et la quantité de vis en cuivre ou en métal existant dans chaque caisson.

C'est avec cet ensemble de connaissances que nous entrions dans les régiments. C'est avec cela que nous devions travailler, espérer arriver à commander en chef et former les cadres de la première armée du monde ! J'avoue, moi qui étais un bon élève, gradé, que lorsque je suis arrivé au régiment, j'aurais été bien embarrassé de conduire ma section sur une route, dans un pays ennemi, de la mener au combat, de défendre une position, mais j'aurais conté imperturbablement la bataille d'Austerlitz ou celle de Waterloo, en frappant à tour de bras sur mon bureau !... C'est avec ce bagage qu'on nous lançait dans l'armée, et, comme pendant quarante ans les officiers n'avaient à étudier que l'Ecole du bataillon et les évolutions de ligne, et que rien ne poussait au travail – de puissantes recommandations étant des garanties certaines d'avancement –, nous avons eu 1870[1]*.*»

Après Lyautey, Beaufre dira sensiblement la même chose en 1965, ayant en l'esprit la défaite de 1940 tandis que l'auteur de ces lignes songe à 1870. Sur le fond, ils ont raison. Leur regard est lucide, leur analyse pertinente. Et pourtant, les tares relevées n'empêchent pas les deux hommes d'aimer leur Ecole et d'être fiers du titre de Saint-Cyriens. Pourquoi ? Le fait méritera d'être examiné de plus près[2].

*

En ces années du Second Empire, s'ancrent des dispositions et des traditions appelées à perdurer. Les deux plus notoires s'appellent la création d'une section de cavalerie et l'apparition du casoar.

Le fait a déjà été souligné. Il manque à Saint-Cyr une instruction équestre. C'est paradoxal, mais c'est ainsi. Le manège construit en 1808, sous Bellavène, fermé en 1822, sert de salle de gymnastique. Le général Trochu, en tant qu'ancien élève, en a plus que quiconque connaissance. Directeur adjoint du personnel de la guerre, il est à l'origine d'un décret impérial du 30 septembre 1853 qui mentionne :

«*Article 1er. – Les élèves de l'Ecole Impériale Spéciale Militaire, qui se destinent à l'arme de la Cavalerie, au lieu d'être envoyés à Saumur pour y compléter leur instruction, recevront dans l'intérieur de l'Ecole Militaire, à Saint-Cyr, à dater du 1er novembre 1853, l'enseignement théorique et pratique nécessaire pour les mettre à même, à la sortie de la dite Ecole, d'être placés immédiatement comme sous-lieutenants dans les divers régiments de cavalerie.*

Article 3. – Tous les élèves qui auront fait la demande au moment de leur entrée à l'Ecole, seront autorisés à suivre, à titre d'essai et pendant un laps de temps qui sera déterminé par le ministre de la Guerre, des cours d'équitation qui serviront à faire connaître ceux d'entre eux qui auront l'aptitude voulue pour servir dans la cavalerie.

1. *Saint-Cyr*. E. Titeux. O.C., p. 427.
2. Cf. plus loin, conclusion.

Article 5. – Les élèves destinés à l'infanterie recevront, pendant leur séjour à l'Ecole, un certain nombre de leçons d'équitation... »

L'équitation fait ainsi son entrée, par la grande porte, à Saint-Cyr. 400 chevaux sont dirigés vers l'Ecole. Le manège Bellavène retrouve sa destination première sous le nom de Petit Manège. Un second, plus vaste, est construit dans l'angle nord-ouest de la Cour Wagram sous le nom de Grand Manège. Une Section de Cavalerie apparaît, constituée par les volontaires jugés aptes. La liste en est arrêtée en janvier. Elle représentera, plus ou moins, un état dans l'état, bénéficiant d'un certain régime préférentiel et d'un petit fief à part, le quartier de cavalerie tout autour des manèges.

Et voici que survient l'événement qui fera date et qui donne aux Saint-Cyriens cette «*marque de fabrique*» qui n'appartient qu'à eux. La France et l'Angleterre, sous l'impulsion de Napoléon III, semblent vouloir tourner la page de leurs querelles séculaires. La reine Victoria se rend en visite officielle à Paris, en août 1855. Une grande revue militaire est organisée en son honneur, le 24 août.

Le commandant Lachouque (1904-1906) a retracé l'événement :

«*24 août. 14 heures. Sur le Champ-de-Mars, la chaleur est torride. 40 000 hommes, sous les ordres du maréchal Magnan, attendent les souverains. L'infanterie appuie sa droite à l'Ecole Militaire, la cavalerie, sa gauche; l'artillerie, près du pont d'Iéna, et en bataille sur un front parallèle au quai. Une ligne blanche et rouge jalonne le quatrième côté de l'immense carré: ce sont les nouveaux plumets des Saint-Cyriens dont le bataillon est déployé face à l'Ecole Militaire; les estrades, disposées de part et d'autre du pavillon central, sont pleines à craquer.*

5 heures. Les voilà!...

Leurs Majestés parcourent au pas le front des troupes. Arrivées devant l'Ecole Militaire, elles tournent à droite, passent successivement entre les lignes de l'infanterie, de l'artillerie et de la cavalerie, puis reviennent devant le bataillon de Saint-Cyr. Victoria est profondément émue. Elle vient d'apprendre que, pour la première fois, le Premier Bataillon de France arbore ses couleurs, le plumet blanc et rouge, attribut des officiers de sa maison, celui que porte aujourd'hui même le Prince Albert, son époux. »

En réponse au geste de l'Empereur, la reine demande à aller aux Invalides s'incliner devant le cercueil de Napoléon. Le plumet des Cyrards met-il fin à une brouille archicentenaire, remontant à Aliénor d'Aquitaine au XIIe siècle et officiellement ouverte à l'Ecluse et à Crécy en 1340 et 1346 ? Il n'est pas interdit de le penser, même s'il y aura encore Fachoda et Mers el-Kébir.

Plus prosaïquement, une courtoisie de Napoléon III se trouve ainsi à l'origine de l'attribut vestimentaire le plus prestigieux des Saint-Cyriens.

Ce plumet qui remplace le pompon habituel prendra vite nom de casoar, le «*caso*». Pourquoi ce terme de casoar ? Peut-être à cause du brillant plumage de ce volatile exotique ? Peut-être parce qu'à la même époque des casoars font leur apparition à Paris, au Jardin d'Acclimatation ?

Ce plumet rouge et blanc restera sur les shakos des Saint-Cyriens en GU. Il sera leur panache blanc d'Henri IV, leur symbole et leur fierté. En août 1914, ils jureront de marcher à l'ennemi le képi coiffé du casoar pour bien montrer à tous qui ils sont et quelle foi les anime. Le shako abandonne sa forme cylindrique et en épouse une autre tronconique d'un coloris bleu clair. La coiffure définitive du Saint-Cyrien est fixée.

Au Second Empire, s'érige une tradition appelée à perdurer et toujours vivace à la Spéciale : la commémoration de la bataille d'Austerlitz, le 2 décembre 1805, le très fameux «*2 S*». S'il est logique que sous son neveu le génie militaire du grand Empereur soit magnifié, pourquoi «*2 S*» ? A une date difficile à préciser, durant le Second Empire, un curieux calendrier scolaire prend naissance à l'Ecole. Chaque mois, à partir d'octobre, est désigné par une lettre du mot Austerlitz. Décembre, troisième mois de ce calendrier scolaire, se désigne ainsi par la lettre S. Le «*2 S*» est le 2 décembre. Lors de la première commémoration, une gigantesque bataille de polochons se déroule dans les dortoirs mettant aux prises Français, Russes et Autrichiens. L'élan est donné. Chaque année, Saint-Cyr célèbre avec faste cette victoire napoléonienne ; les élèves, en costume d'époque, font revivre la légendaire conquête du plateau de Pratzen.

Le fait est mineur mais, dans la vie de l'Ecole, il compte. Durant l'hiver 1862-1863, le bois des Quinconces disparaît suite à des travaux d'assainissement. Dans l'angle sud-ouest de la Cour Wagram, il constituait un des lieux privilégiés et appréciés de la Maison. Jadis, les demoiselles de Madame de Maintenon aimaient s'y promener. Les anciens, seuls, avaient droit de venir profiter de son ombre et de sa quiétude. Bien des palabres se tenaient sous ses tilleuls. Il n'est plus. La Cour Wagram y gagne en superficie. Un peu de poésie s'en va avec la disparition de ce carré de verdure.

En 1859, la Cour Louis XIV est fermée au nord par un bâtiment destiné à abriter deux amphis, l'amphi Guibert et l'amphi Vauban[1]. Deux grands théoriciens de l'art militaire sont honorés sans pour autant influer grandement sur l'ardeur aux études. Dormir aux amphis sera de tout temps bien porté à l'Ecole avec quelques excuses pour les coupables. La pénombre salvatrice, la péroraison monotone de l'orateur incitent les organismes bousculés à se donner un peu de repos compensateur. A moins qu'ils ne se livrent à toutes autres activités. Les anciens de la De Lattre (1951-1953) n'oublient pas le repas de Noël 1951, trop rapidement avalé, et les huîtres glissées dans les poches pour être ouvertes dans l'amphi. Les oreilles fines entendront des bruits suspects : les coquilles vides tombant au sol. En 1863, un préau est construit sur le côté ouest de la Cour Wagram. Sa couverture en zinc le fait baptiser le «*Zingot*». On s'abritera beaucoup sous ce «*Zingot*»

Toujours au chapitre des modifications d'ordre matériel, arrive le temps des allumeurs de réverbères ! Fini celui des lampes à huile dont se gaussera un chef de l'Etat. A compter du 1er janvier, l'Ecole s'éclaire au gaz. Le progrès est incontestable. On peut s'interroger sur la valeur des études durant les soirées d'hiver précédemment. On comprend mieux les horaires matinaux, les levers avec le soleil, et les extinctions des feux presque avec le coucher des poules.

*

Un vocabulaire d'Ecole est comme une langue nationale. Il vit, se modifie. Des appellations, des locutions apparaissent, acquièrent pérennité; d'autres disparaissent ou évoluent dans leur signification. Pourquoi un vocable en cours en 1860 n'est plus un siècle après pour être remplacé par un nouveau...? Evolution des mœurs, des rites très certainement. Des termes

1. Il existera deux autres amphis dans le bâtiment ouest de la Cour d'Austerlitz : amphis Chanzy et Pélissier, en principe réservés aux anciens.

étaient dans l'air, circulaient. Depuis quand exactement ? Difficile de se prononcer.

A Saint-Cyr, on parle donc de Triomphe, de Système, de Petit Co, de Bahut, de Bahuté, de Pékin de Bahut, de Caso, d'Ours, d'Ancien, de Bazar, de Basane, de Cosaque, de Malvina, de Tapir, etc. Bien vouloir à l'égard de ce vocabulaire assez hermétique se référer au lexique en annexe et en faire usage de Petit Larousse relatif à Saint-Cyr. Quelques-uns de ces vocables méritent toutefois une plus ample explication.

Narré plus haut[1], l'élève Delpy de La Roche est porté par ses camarades, pour avoir, au polygone, abattu le tonneau par un coup heureux de sa pièce. Cet usage du Triomphe du Tonneau se poursuit et évolue au profit d'une véritable cérémonie de fin d'année scolaire. La promotion sortante marque son départ par des parades, reconstitutions historiques et diverses réjouissances. Le rituel se fixe dans les dernières années du XIXe siècle sous le général Tramond (1886-1889). A cette occasion s'effectue le baptême de la Promotion des jeunes appelés, à la rentrée suivante, à devenir, à leur tour, des anciens. Est posée la célèbre question :

«*Mon général, quel nom donnera-t-on à cette promotion* ?»
suivie de la réponse mentionnant le parrainage choisi.

Témoignage de cette évolution, la promotion 1889-1891 décide de s'appeler *Du Grand Triomphe*. Une autre étape importante est franchie en 1896. Les invités sont admis. La fête se marque par une grande kermesse, et surtout une revue de fin de stage. Le commandement : *la strasse*, les professeurs : *les pendus*, les instructeurs : *les voraces*, sont joyeusement brocardés. Après quoi un bal termine les festivités. (Chez les *Voraces*, un distinguo subtil distingue le *Vorace*, un capitaine, du *Voraçon*, un lieutenant.)

En 1905, un rituel s'établit, resté depuis sensiblement immuable, les variantes intervenant surtout au niveau de la date et des horaires. Le Système se présente à cheval portant l'uniforme légendaire de l'Empereur, petite tenue de Colonel de Chasseurs de la Garde. Après son laïus et l'interrogation sur le nom, il lance :

«*A genou, les Hommes*[2] *!*»
et quelques instants plus tard :

«*Debout, les Officiers !*»

---

1. Cf. page 38.
2. Genou au singulier ; il n'est qu'un genou en terre.

*

Le Bahut désigne un casier en bois qu'on ne saurait appeler une armoire. Logé entre deux têtes de lit, il réceptionne une partie du paquetage. Le mot, dès 1818, prend un tout autre sens. Il élargit sa modeste vocation de meuble de rangement à la désignation de l'Ecole. Bahut personnifie Saint-Cyr, d'où l'expression être Pékin de Bahut, avoir quitté l'Ecole, en avoir fini avec le Bahut. Avec respect, les générations présentes évoquent le *Vieux Bahut*, le Saint-Cyr d'avant 1939, détruit par les bombardements en 1944. Témoignage de la pérennité du vocable, la première promotion installée à Coëtquidan, en Bretagne, se nomme Nouveau Bahut (1945-1947). Etre *Pékin de Bahut* est évidemment l'aspiration de chacun durant ses années d'Ecole. Signe de cette attente impatiente, est introduit, dans les années 1850, un chant saint-cyrien, *Le Pékin de Bahut*, moins connu du grand public que *La Galette*. Il sera tout aussi vénéré par les anciens. Ses trois couplets sont reportés en annexe. A défaut, voici au moins son refrain :

O Pékin de Bahut,
Viens, nous t'attendons tous.
Nous leur ferons tant de chahut,
Qu'à la pompe,
Ils en seront fous !

(Prononcez Fo - U pour respecter la rime avec Bahut.)

De tradition, les jeunes n'ont pas le droit de chanter le Pékin. A son audition, ils doivent se cacher sous les tables...

L'expression *Pékin de Bahut* se doit d'une explication. D'où provient-elle ? Les réponses avancées n'enlèvent pas une adhésion absolue. Certains auteurs parlent d'une formule utilisée à partir de 1850, sans en mentionner le fondement. Ils s'appuient seulement sur la date originelle supposée du chant du Pékin. D'autres font référence au sac du Palais d'été à Pékin, en 1860, où quasiment tout a été enlevé par les troupes françaises. De là proviendrait la signification de Pékin, avoir tout vidé, en avoir terminé avec. Le Pékin est le civil débarrassé de la vie militaire. Le Cyrard Pékin de Bahut a tourné la page de l'Ecole, mais qui croire ? L'allusion à la capitale chinoise paraît la plus plausible même si elle bute sur une question de calendrier.

*

Durant longtemps, le *Système* correspond aux brimades supportées par les jeunes. Puis, sous le nom de Père Système, il désigne l'élève reçu le dernier. A ce titre, il est appelé à se présenter le premier à l'Ecole pour y être incorporé et porte ainsi le matricule le plus bas. Tous ses camarades se présentant après lui porteront un numéro croissant. Cette particularité fait de lui le représentant de sa promotion vis-à-vis de l'encadrement, formule peu convaincante à l'expérience. Intégrer le dernier n'implique pas obligatoirement posséder les qualités requises pour s'exprimer au nom d'une collectivité volontiers frondeuse et la diriger. La formule finira par être abandonnée. Le Père Système est élu par ses pairs, affirmation d'une personnalité jugée apte à conduire et à souder la promotion aussi bien à l'Ecole qu'après sa sortie. Tel est le cas de Pierre Francoville, Père Système de la promotion *Maréchal de Lattre* (1951-1953). Maquisard, combattant de la Première Armée et d'Indochine [1], légionnaire, blessé, cité, il sort du lot et atteste aussi bien par ses états de service que par sa faconde et son rayonnement. Nul ne contestera son autorité morale. Francoville, disparu à l'aube de 2002, le 11 janvier, cinquante ans jour pour jour après la mort du parrain de sa promotion, se rangera parmi les grands *Père Système* de Saint-Cyr. Ses Petits Cos unanimes reconnaissaient lors de ses obsèques: «*Il manquera beaucoup à la Promo!*»

Un véritable état-major entoure le Père Système. Le Colonel et le Commandant des Gardes en sont les deux grands dignitaires. Lors du Triomphe, ils apparaissent au premier rang. Derrière eux, se placent «*les Fines*» de compagnies et de sections, émissaires également élus de leurs camarades. *Système*, Colonel et Commandant des Gardes, Trésorier dit «*K.S.*», Secrétaire de promotion, constituent le «*Grand Carré*», véritable gouvernement interne d'une Promotion. Il est de règle que le Système, ayant consacré la majeure partie de son temps à ses camarades, choisisse son arme et son corps sitôt après le major.

Le Père Système est le chef de file de tous ses camarades, de tous ses *Petits Cos*. Etre Petits Cos signifie appartenir à la même promotion. Le terme provient de la locution «co-conscrit», avoir été appelé au service militaire simultanément. Héritage de ce passé commun, le tutoiement est toujours de rigueur la vie durant quel que soit le grade obtenu. Les mauvaises langues

1. Il est un exemple heureux du candidat «mili» reçu au concours de Saint-Cyr.

affirment que Jean de Lattre n'appréciait pas toujours que certains de ses *Petits Cos* malicieux, beaucoup moins étoilés, l'interpellent ostensiblement en lui demandant : «*Bonjour, de Lattre, comment vas-tu ?*» Mais ce sont là, on le répète, dires de mauvaises langues…

*

1855. L'année du casoar, le *caso*. Ce plumet fétiche se doit d'une investiture à la mesure de ce qu'il représente, puisque le *caso* est la marque du Saint-Cyrien. Cette intronisation, adoubement d'un chevalier des temps modernes, met, semble-t-il, des années pour se dessiner. Elle se profile aux environs de 1890 et se dénomme Bénédiction des Casoars. Manifestement, le cérémonial est très simple si l'on en croit le compte rendu rapporté par le colonel Camus dans son ouvrage, *Histoire des Saint-Cyriens* :

«*Les anciens remettent solennellement le Casoar à leurs hommes à la veille de leur première sortie, un dimanche, le dimanche qui précède Noël. Les jeunes se tiennent à genoux au pied du lit, le shako posé à côté d'eux. Une Fine Galette, officier très bahuté, passe devant chacun, lui ordonnant de baiser son Caso, puis de coiffer le shako. La courte cérémonie se termine par un défilé, dans la chambre, en riant et sans espèce de mise en scène.*»

Trente-cinq ans plus tard, le rituel aura pris consistance. Autre compte rendu tiré de *Lacedemone de mes vingt ans*, du colonel Antoine de Fonclare (1925-1927). On ne parle plus de bénédiction mais de remise des Casoars :

«*Distribution des Casoars. Au bout de quatre semaines, nous sommes suffisamment éduqués, estime le commandement, pour sortir en ville, c'est-à-dire pour aller à Paris. Un train spécial nous emportera le dimanche matin vers la capitale et nous ramènera le soir à l'Ecole, peu avant minuit. Le samedi soir, la remise des casoars donne lieu à une brève cérémonie dans les chambrées. Sur le bahut recouvert de la toile d'astique, deux bougies allumées encadrent le shako nu. Les lumières sont tamisées. Nous sommes en grande tenue. Les anciens arrivent. Chacun d'eux remettra le shako à son binôme.*

Petit laïus du Sergent-Major Olié (le futur général d'armée) sac à linge (soit de style ampoulé) nécessairement mais bien tourné : – « Vous saurez vous en montrer dignes… »

Bureau prend la boîte cylindrique[1]*, l'ouvre, en retire le casoar (la nomenclature l'appelle sans poésie: «plumet à olive»), le fixe au shako, me coiffe et me serre la main.*

Nous chantons la Galette.

Assez émus, nous soufflons les bougies[2]*.*»

Quelques enseignements se dégagent de ce bref récit. La remise des Casoars représente un cérémonial assez sobre. Le régime de l'Ecole, en 1925, s'est assoupli. Les élèves ont latitude de se rendre à Paris le dimanche. Le Major, Olié en l'occurrence, éclipse le système puisque c'est lui qui fait le laïus.

*

La promotion *de Suez* (68-70) compte en ses rangs Gallieni. La scolarité va se terminer de manière imprévue. Un élève l'a contée:

«*Le 14 juillet 1870, on aurait pu croire le "vieux bahut" en révolte. C'était des cris, des hourras, des applaudissements frénétiques; les képis volaient en l'air; dans la cour Wagram, on brûlait livres et cahiers. Motif: un adjudant, debout sur le perron, avait lu la nouvelle suivante:*

"Ordre. La guerre est déclarée. Les anciens sont nommés sous-lieutenants par décret impérial du 14 juillet. Ils rejoindront leur corps le 15."

Jamais on ne vit à Saint-Cyr un spectacle semblable. C'était du délire: on pleurait, on s'embrassait. La journée fut dure pour ceux qui avaient la charge de nous garder jusqu'au lendemain et le général de Gondrecourt, commandant l'Ecole, eut l'idée de nous faire exécuter une marche militaire pour calmer nos nerfs surexcités.

Je ne sais trop, cependant, si, au milieu de cette effervescence juvénile, la discipline n'aurait pas eu à subir quelques accrocs, lorsque l'officier de jour, le capitaine Boulanger – celui qui devait être plus tard le Ministre célèbre –, eut une inspiration géniale. Il commanda:

"Officiers, par le flanc droit!"

Et flattés, attendris par ce beau titre qui résonnait pour la première fois à nos oreilles, nous reprîmes une impeccable correction[3]*.*»

---

1. Dénommée aujourd'hui la «Boîte à z'olive». Pourquoi? Actuellement, il est devenu rituel de la décorer.
2. *Histoire des Saint-Cyriens*. O.C., p. 215.
3. *Gallieni*. P.-B. Gheusi. O.C., p. 13.

Une scène identique, mais avec plus de gravité, se produira quarante-quatre ans plus tard. Presque jour pour jour. Cette jeunesse avide de quitter l'Ecole et pressée de faire ses preuves a-t-elle conscience que la mort, pour beaucoup, risque de se situer au terme du chemin ? Certainement ! Ainsi le veut le métier des armes.

*

Les chasseurs à pied ont eu leur Golgotha à Sidi-Brahim en Algérie. La Légion a eu le sien à Camerone au Mexique. A leur tête, à chaque fois, des Saint-Cyriens. Bazeilles les 31 août et 1er septembre 1870 est le Sidi-Brahim et le Camerone des Marsouins, les valeureux soldats de l'Infanterie de Marine. La 2e Brigade de la Division Bleue [1] a reçu mission de barrer l'accès à Sedan par le sud. Durant 48 heures, elle meurt pour défendre Bazeilles, modeste bourgade à quelques kilomètres au sud-est de la ville. La Maison Bourgerie entre dans la légende de cette farouche résistance. Elle est la « Maison des dernières cartouches » où l'on récupère les munitions sur les morts et les blessés pour tirer jusqu'au bout. A la tête de ces braves de Bazeilles, des Saint-Cyriens depuis le général Martin des Pallières au sous-lieutenant Gallieni. Le chef de bataillon Arsène Lambert, bien que blessé, dirige le combat de la Maison Bourgerie. Lorsqu'il faut cesser le feu, faute de cartouches, il exige de sortir le premier. Tout est à craindre de la rage des Bavarois rendus furieux par les pertes subies : « *Si l'on me tue, il n'y aura rien à espérer pour vous, et il sera encore temps de vendre chèrement votre vie.* »

*

La génération de Saint-Cyr du Second Empire 1852-1870 est, dans l'ensemble, trop jeune en 1870, trop âgée en 1914 pour prétendre acquérir notoriété durant ces conflits. C'est surtout outre-mer qu'elle a possibilité de se signaler. La France du dernier tiers du XIXe siècle vit les grandes heures de son expansion coloniale. Au Maghreb, en Afrique Noire, en Extrême-Orient, elle tend à retrouver la puissance perdue en 1871 et à compenser l'abandon de l'Alsace-Lorraine.

1. La division de l'Infanterie de Marine.

Politique qui ne trouve pas toujours un assentiment général. Des voix s'élèvent pour rappeler la priorité à donner à la ligne bleue des Vosges. Ce clivage se retrouve au sein de l'Armée. D'aucuns se consacrent à la revanche. D'autres partent planter le drapeau dans des terres lointaines et s'y font un nom.

Ils s'appellent Flatters, Duchesne, Négrier, Dodds, Villebois-Mareuil pour ne citer que les plus connus, ceux-là, du Saint-Cyr du Second Empire, qui gagnent une certaine aura outre-mer. Le nom de Flatters est lié à une tragédie. Paul Flatters, répondant à une vocation profonde, entre à Saint-Cyr le 7 novembre 1851 et en sort 65e sur 230, le 1er octobre 1853. Il part aussitôt pour l'Algérie, pays qu'il adopte. Dirigeant sa seconde mission en vue de trouver un itinéraire de chemin de fer transsaharien, le lieutenant-colonel Flatters est massacré avec les siens, à 1000 kilomètres au sud de Touggourt, le 16 février 1881. A l'heure française, un fort du Sahara oriental portait son nom.

Duchesne, sorti de l'Ecole 112e sur 376 en 1857, se présente surtout comme le commandant en chef du corps expéditionnaire de Madagascar en 1895. Il devait ce commandement à son passé, en Italie, en 1870 et au Tonkin.

Négrier, Cyrard de la fin des années 1850, lance des formules qui ne passent pas inaperçues: «*Légionnaires, vous êtes soldats pour mourir, je vous envoie là où on meurt.*» Il est vrai que ce général n'hésite pas, le premier, à payer de sa personne et on peut s'étonner que la mort ne veuille pas de lui.

Dodds, le métis né à Saint-Louis du Sénégal, entre à Saint-Cyr le 10 septembre 1862. Il sera le conquérant du Dahomey (actuel Bénin) en 1892-1894.

Georges de Villebois-Mareuil choisit lui aussi le grand large. Ce jeune aristocrate, dont les quartiers de noblesse remontent à Philippe Auguste et à la bataille de Bouvines, voit le jour à Nantes. Enfant des pays chouans, il en aura les fidélités. Il intègre en 1865, à dix-huit ans, promotion *de Vénétie*. Capitaine en 1871, grièvement blessé devant Blois, il sera le plus jeune colonel de l'Armée française, commandera le 1er Régiment étranger en 1895. L'affaire Dreyfus le fera démissionner et il tombera en Afrique du Sud défendant la cause des Boers contre les Britanniques.

De tous ces coloniaux, une silhouette se détache, celle de ce colonel que Lyautey au Tonkin appellera le «*Monsieur d'ici*», celle de ce général dont Clemenceau disait «*qu'il était la vertu sous les armes*». Joseph Gallieni, entré à l'Ecole en 1868 (promotion *Suez*), a de la chance par rapport à ses aînés qui viennent d'être évoqués. Né en 1849, nommé sous-lieutenant le 14 juillet 1870, il participe à la guerre de 1870. Marsouin, il se bat à Bazeilles avec la célèbre Division Bleue. Quarante-quatre ans plus tard, il contribue à la revanche. Il est l'immortel défenseur de Paris en août 1914, l'inspirateur de la victoire de la Marne, en septembre, avant de mourir à l'ouvrage comme ministre de la Guerre en 1916. Auparavant, il est au Soudan (deux fois), au Tonkin, à Madagascar (neuf ans). On sait qu'il sera fait Maréchal de France, à titre posthume. De tous les Saint-Cyriens, serviteurs éminents de la Patrie, il apparaît comme le plus grand et le plus honnête, homme de courage, de travail et avant tout de devoir. Partant pour Madagascar, en 1896, il perçoit sa périlleuse et rude tâche. D'avance il l'accepte et ne demande qu'un bataillon de Légion, «*afin de pouvoir si besoin mourir convenablement*». De même, il accepte un ministère de la Guerre pour lequel, en soldat apolitique, il n'est point fait. A Saint-Cyr Coëtquidan, aujourd'hui, des repères rappellent les grands anciens les plus représentatifs. Pourquoi Joseph Gallieni paraît-il oublié ?

Autre figure attachante sortie de Saint-Cyr en 1868: Marc-Edmond Dominé, l'inébranlable commandant de la garnison de Tuyen Quang, là où *«la Légion immortelle illustra notre drapeau»*, de novembre 1884 à février 1885. Dominé est de la race des purs. Sa carrière s'annonçait brillante. Colonel, il brise volontairement son épée pour ne pas être entraîné dans des jeux politiques qu'il réprouve.

Outre ces coloniaux, dans l'histoire militaire de la France, quelques Cyrards de l'immédiat avant 1870 apparaissent encore. Les limites d'âge en 14-18 ne sont pas ce qu'elles sont aujourd'hui [1]. Joffre, en 1914: 62 ans ; Foch, en 1918: 67 ans. Des sexagénaires sont toujours en fonction le 2 août 14. La guerre va en propulser à l'avant. De Langle de Cary, né en 1849, Saint-Cyr 67-69, commande le groupe d'armées du Centre en 1916. Dubail, né en 1851, Saint-Cyr 68-70, commande aussi un groupe d'armées en 14-16 avant d'être grand chancelier de la Légion d'honneur de 1918 à 1934. Castelnau, né en 1851, Saint-Cyr 69-70, se manifeste une des figures marquantes de la Grande Guerre, à la tête d'une armée ou d'un groupe d'armées. Lanrezac, né en 1852, même promotion que Castelnau, connu pour son intelligence brillante, est le moins heureux. Par une désobéissance réfléchie, il sauve sa V^e^ armée en août 1914, et

1. La limite d'âge d'un général d'armée est actuellement de 61 ans.

devra subir les conséquences de l'ire de Joffre. Tous ces commandants d'armée avaient été de courageux sous-lieutenants de 70.

Parmi tous ces vrais soldats, un personnage peu conventionnel pour un militaire se détache : Georges Boulanger. Oh, il sait aussi être un soldat. Après sa sortie de Saint-Cyr, il se bat en Kabylie, en Italie, en Cochinchine, puis sur le front de France où il est blessé. En 1874, à 37 ans, il est colonel, commandeur de la Légion d'honneur, preuves de qualités certaines de chef et de combattant. Puis, le virus de la politique le saisit. Il devient le «*Brav' général Boulanger*», coqueluche des foules, ministre populaire. On connaît la fin malheureuse de l'amant de madame de Bonnemain...

*

Les Saint-Cyriens du Second Empire sont appelés à côtoyer les premiers élèves étrangers, baptisés les «crocos», dans le jargon cyrard. La France fait alors figure de grande puissance militaire. Il est prisé de venir s'instruire chez elle. Omer-Pacha, commandant en chef de l'armée turque, envoie son neveu. Le prince Karageorges, prétendant au trône et futur roi Pierre Ier de Serbie, passe par Saint-Cyr en 1862-1864. Le 6 mars 1871, la guerre franco-allemande terminée, il écrira à Bordeaux au ministre de la Guerre :

«*Lorsque la guerre a éclaté, j'ai tenu à honneur que ma carrière militaire débutât sous le drapeau français, tant à cause de mes sympathies pour la France que pour reconnaître l'éducation militaire que j'avais reçue d'elle. Ancien élève de Saint-Cyr et de l'école d'Etat-Major, j'ai voulu combattre à côté de mes anciens camarades. Engagé volontaire dans la Légion Etrangère, j'ai été nommé officier le 25 septembre 1870. C'est à ce titre que j'ai participé à toutes les opérations des armées de la Loire. Puis j'ai été attaché à l'Etat-Major de l'armée de l'Est, dans laquelle j'ai combattu jusqu'au moment où elle a passé en Suisse, d'où je suis revenu pour me mettre à nouveau à votre disposition.*

La guerre étant terminée aujourd'hui et des intérêts de famille impérieux réclamant ma présence au milieu des miens, j'ai l'honneur de vous prier, Monsieur le Ministre, de bien vouloir accepter ma démission.

Je ne vous l'aurais certainement pas adressée si la paix n'était pas signée et si l'on avait pu s'attendre à une nouvelle campagne... »

Bel esprit de fidélité envers la France, né à Saint-Cyr ! Ce prince, devenu roi de Serbie en 1903, est à l'origine des liens étroits qui uniront la France à la Serbie, puis à la Yougoslavie avant 1939. Il n'oubliait pas d'avoir porté le caso. Ce port est tellement vrai que le prince-élève avait laissé une trace de son séjour à Saint-Cyr. En visite à l'Ecole, le 18 novembre 1911, le général ne manque pas de le mener devant une vitre de l'infirmerie où il avait gravé, avec le diamant de sa bague :

« *Karageorges. Mle 201. Officier de Puebla.* »

Serait-il d'apanage royal de graver ainsi sur les vitres avec le diamant de sa bague ? Qui ne se souvient du fameux « Souvent femme varie, bien fol qui s'y fie » inscrit par François Ier ? (Ainsi le veut, du moins, la petite histoire.)

Un autre prince étranger a précédé Karageorges à Saint-Cyr. Le Roumain Georges Bibesco fait partie de la promotion 1855-1857. Il participe à la campagne du Mexique puis à celle de 1870. Fait prisonnier à Sedan, il se dépense en faveur de ses camarades. Durant le siège de Paris, il fait mettre son hôtel particulier à la disposition des blessés. Ce Saint-Cyrien roumain, à l'âme française, sera membre de l'Institut.

Chapitre VI

SOUS LA TROISIÈME RÉPUBLIQUE 1870-1914

Qu'il est douloureux et imprévu ce coup porté à la France ! Bismarck lui vole l'Alsace et la Lorraine, vieux terroirs du patrimoine national. Le traité de Westphalie, en 1648, avait donné l'Alsace. En 1725, Marie Leczinska, en épousant le jeune Louis XV, permet, à terme, par cette union d'apporter la Lorraine au royaume. Et voici que ces marches de l'Est sont perdues. Des populations au cœur français sont livrées à la germanisation. Le pays est dangereusement ouvert sur son flanc septentrional.

Le Second Empire a sombré dans la défaite. La page impériale se tourne sans tumulte. Le 4 septembre 1870, la République est proclamée. Pendant quelques mois, la guerre a tout dominé avant que la Commune ne vienne accaparer les énergies. Monsieur Thiers, finalement, soutenu par l'Armée, fait triompher la France bourgeoise et rurale. Si la paix s'est rétablie avec les compatriotes de Bismarck, les plaies cicatrisent mal. La France des lendemains de 1871 a les regards rivés sur ses provinces perdues et cette ligne bleue des Vosges qui fait battre les cœurs.

Brutalement, l'Armée française doit faire face aux réalités de la défaite. Elle s'estimait la première du monde. Elle découvre qu'elle a été vaincue par un adversaire mieux préparé, mieux commandé, sachant manœuvrer et utiliser les progrès techniques. La science militaire l'a emporté et a eu raison d'un courage mal exploité. Tout est à repenser…

Paradoxalement, il n'est pas fait grief de la défaite à l'Armée française. L'opinion sait que le courage ne lui a pas manqué. Elle salue comme il se doit la charge de Reichshoffen ou la défense de Belfort, préférant se retourner contre Bazaine et l'Empereur déchu. Elle garde surtout en l'esprit la tragédie de la Commune. A l'instar du lendemain de 1848, l'Armée apparaît comme la force qui a écarté le danger révolutionnaire et reste seule capable de l'écarter encore demain. Le pays, tout autant, a besoin de renouveau et aspire à la revanche dans l'espoir de recouvrer l'Alsace-Lorraine. L'Armée peut lui apporter ce renouveau et cette revanche. Avec son ordre, sa discipline, elle offre stabilité et cohérence. Après l'ère des soldats de métier de la Restauration et du Second Empire, la République s'engage sur la voie de la conscription qui deviendra définitivement acquise en 1889. Tous les jeunes Français sont désormais appelés à l'expérience de la caserne. Ils y apprendront l'amour de la Patrie, les valeurs d'ordre et de discipline, se prépareront à marcher pour rendre Metz et Strasbourg à la France.

Pendant près de deux décennies, la France a pour son armée les yeux de Chimène. De cette lune de miel, Raoul Girardet écrit :

«*Jamais, semble-t-il, au cours de notre histoire, le prestige social de l'officier ne fut porté aussi haut que dans cette période d'une vingtaine d'années qui suivit la défaite. Quelle que soit sa fortune, quelle que soit sa naissance, l'officier est admis de plain-pied dans les milieux les plus étroits. Il demeure, dans ses garnisons provinciales, l'objet de la prévenance, de la curiosité et de l'attente générale. Malgré la médiocrité persistante des soldes et des pensions, avoir un fils à Saint-Cyr, marier sa fille à un officier constituent pour une famille la consécration même de la respectabilité, l'objet déclaré des ambitions les plus hautes*[1]. »

Puis une littérature antimilitariste se répand, style le fameux *Cavalier Miserey*, *Biribi* ou *Les Sous-offs*. L'affaire Dreyfus jette le trouble, divise les esprits, met une partie de l'Armée en accusation. La loi sur la séparation de l'Eglise et de l'Etat, avec ses

1. *La Société militaire dans la France contemporaine*. O.C.

prolongements dans les inventaires, conduit à la démission de nombreux officiers catholiques. Ces démissionnaires reprendront du service en août 1914 où plus d'un sera tué comme officier subalterne, l'avancement s'étant interrompu [1]. L'affaire des Fiches éclabousse le haut commandement. Sous les coups reçus, l'institution militaire fléchit, et est remise en question. Servir en ses rangs perd son auréole. Ce n'est qu'à partir de 1910, avec la perspective grandissante d'une guerre contre l'Allemagne, que la France se retourne vers cette Armée. Armée dont elle perçoit plus que jamais la nécessité et l'importance.

Durant quatre décennies, de 1871 à 1914, Saint-Cyr vit et évolue avec cet arrière-plan national. Obligatoirement son recrutement s'en ressent. Il façonne une sinusoïde tributaire des fluctuations du pays.

*

Avec l'invasion de 1870, l'Ecole occupée par les Prussiens [2] a fermé ses portes. Elle est rouverte le 1er septembre 1871 avec à sa tête le général Hanrion (1839-1841) qui restera neuf ans en fonction, un record, et laissera derrière lui une empreinte solide.

La guerre a précipité les élèves dans la bataille. Quarante-six ont été tués. Beaucoup se sont illustrés, gagnant galons et médailles. Malgré cette expérience certaine du feu et du commandement, ils ne sauraient prétendre posséder une culture militaire suffisante pour affronter une carrière d'officier. Ils sont donc conduits à retourner sur les bancs de l'Ecole.

Ces élèves de la rentrée de septembre 1871 ont une double origine. Au concours 1870, 415 ont été déclarés admissibles et nommés directement sous-lieutenants par décret du 20 novembre. Dirigés sur les corps de troupe, ils se sont courageusement comportés. Sur le champ de bataille, 9 ont été promus capitaines et 42 lieutenants. Malgré leurs états de service, ils sont remis sous-lieutenants à dater du 1er septembre 1871. Mesure naturellement peu appréciée, car ces 415 sous-lieutenants ont reçu très

1. Cette situation est particulièrement nette pour les promotions des années 1880, voire 1890. Les démissionnaires partent capitaines. Ils se retrouvent avec leurs trois galons au début des hostilités alors que leurs camarades sont officiers supérieurs et même généraux. Ainsi le capitaine de La Chapelle, promotion de Madagascar 1883-1885, démissionnaire, est tué en 1916. Il avait plus de cinquante ans.

2. Qui n'oublient pas de piller la bibliothèque et les œuvres d'art.

régulièrement leurs galons. Impossible toutefois de revenir sur le décret du 20 novembre. Ils seront donc officiers-élèves pour une formation scindée en deux sessions, de quatre et sept mois, correspondant aux première et deuxième années. Ceux ayant servi dans la cavalerie formeront la section de cavalerie.

Les anciens arrivés à Saint-Cyr en 1869 ont été nommés sous-lieutenants à la déclaration de guerre. Ils peuvent se targuer d'une année de présence complète à l'Ecole et d'une expérience attestée sur le terrain. Un avis ministériel du 14 septembre 1871 les avertit qu'ils peuvent suivre volontairement un complément de formation. Ils étaient 269 le 14 août 1870. 24 ont été tués. Après accord de leur chef de corps, 173 se déclarent volontaires pour une année de perfectionnement. Ils la passeront à Saint-Cyr mais logés à l'extérieur en qualité d'officiers élèves externes.

L'ambiance, au lendemain de la défaite, est au travail. Hanrion le rappelle avec force dès l'arrivée des officiers-élèves :

« ... *Travail, discipline, camaraderie, telles sont les traditions de l'ancienne Ecole, que vous allez rendre plus vivaces encore. Transmises aux générations d'élèves qui vous suivront, elles seront une promesse fortifiante pour l'avenir, au milieu de nos douleurs comme patriotes et comme soldats.* »

Nos douleurs ! Chacun a compris. Cette plaie vive, qui ne cicatrisera jamais dans le cœur des Saint-Cyriens, s'appelle l'Alsace-Lorraine. Les 415 officiers élèves l'ont bien perçue. Leur promotion, non encore baptisée par suite des circonstances, prendra bientôt nom de *de la Revanche*. La suivante, suite au concours de 1872[1], affichera tout autant où vont ses pensées. Elle s'appellera simplement *d'Alsace-Lorraine*.

La France partage cette souffrance et cette volonté de revanche. Saint-Cyr fait recette. Les candidats affluent. Les promotions enflent. Elles dépassent les 300, atteignent 400 dans les années quatre-vingt et 500 dans les années quatre-vingt-dix. Elles chuteront par la suite avec les crises précédemment évoquées. Le pourcentage des reçus par rapport aux candidatures oscille en moyenne de 25 à 30 % avec un concours rendu plus sévère.

Cette situation est d'autant plus remarquable que Saint-Cyr, étape majeure à l'épaulette d'officier, connaît une réelle concurrence. De longue date, Polytechnique ouvre sur les armes

1. Il n'y a pas de concours en 1871.

savantes, Artillerie, Génie. Les Polytechniciens Joffre et Foch sont l'un sapeur, l'autre artilleur.

Jusqu'en 1872, en application de la loi du 14 avril 1832, les vacances en officiers se produisant dans un corps de troupe sont comblées aux deux tiers par des sous-lieutenants sortant de Saint-Cyr (ou Polytechnique), pour un tiers par des sous-officiers du corps promus sur place. Une loi de 1872 substitue l'avancement par Corps à celui par Arme. Cette réforme n'altère en rien le manque de formation spéciale. Après une décennie de tâtonnements, il est décidé d'ouvrir à Saint-Maixent une école réservée à tous les sous-officiers comptant au moins deux ans de grade. Le recrutement s'effectuera par concours. Le 20 avril 1881, 371 sous-officiers venant aussi bien de l'Infanterie métropolitaine que de l'Infanterie de Marine arrivent à Saint-Maixent. La nouvelle école donnera des Binger, des Marchand, des Largeau, et apportera une véritable démocratisation dans le recrutement des officiers. Ce qui n'était pas le cas avec les candidats « mili » de Saint-Cyr. Comme Marchand, des jeunes gens de condition familiale modeste peuvent prétendre à l'épaulette par le biais de cette institution qui se choisit pour devise :

« *Le Travail pour loi, l'Honneur pour guide.* »

Simultanément, une école similaire s'ouvre à Versailles pour l'Artillerie et le Génie. Ernest Psichari en sortira.

« *S'instruire pour vaincre* » à Saint-Cyr, « *Le Travail pour loi, l'Honneur pour guide* » à Saint-Maixent. L'heure est bien à l'effort dans l'Armée française pour effacer les errements d'avant 1870. L'Ecole de Guerre instituée en 1878 pour remplacer le Corps d'Etat-Major en fournit un autre témoignage.

*

Cette volonté générale de travail se marque à Saint-Cyr de multiples manières. L'instruction s'efforce d'élargir son horizon et de s'adapter à une guerre plus technique. Les Prussiens ont montré que le combat moderne impliquait une utilisation raisonnée des moyens. Leur méthode n'est pas oubliée même si l'Armée française ne se veut en rien une émule de son adversaire d'hier.

Hanrion entend sortir du trop rituel maniement d'armes et des exercices purement mécaniques. Il demande que l'Ecole se rende au camp de Châlons, cadre habituel des manœuvres de l'Armée française. Sans doute voit-il trop grand ! Satisfaction sur ce point ne sera accordée qu'à ses successeurs en 1887, mais d'ores et déjà, à partir de 1878, chaque promotion part faire des écoles à feu au canon sur le polygone de Fontainebleau. Le progrès est sensible par rapport au polygone de l'Ecole.

Autre nouveauté : en octobre 1873, la section de cavalerie se transforme en escadron. Les candidats cavaliers optent pour leur future arme en début de seconde année, en fonction de leur classement. Ils reçoivent sans attendre une formation spécialisée qui se prolongera durant un an à Saumur. Parallèlement, l'équitation et l'escrime reçoivent impulsion pour être développées par tous, fantassins ou cavaliers.

Un effort est réalisé en faveur de la culture générale. Des conférenciers de bon aloi se rendent à l'Ecole. Durant l'année 1900, un cycle sur l'Armée à travers les âges est traité par deux Académiciens, deux membres de l'Institut, des professeurs d'Université. Les sujets évoquent aussi bien le soldat romain que les *Chansons de geste* ou Abd el-Kader. L'Ecole n'oublie pas que nombre de ses élèves seront appelés à servir en terre d'Islam.

Devant l'inflation des effectifs et les besoins nouveaux de l'instruction, l'environnement se modifie légèrement. Sur l'emplacement du bois des Quinconces, est édifié un bâtiment supplémentaire. Terminé en 1876, il prend le nom de «*Novi-Bazar*», allusion à cette ville et à ce sandjak de Serbie occupés par les Autrichiens en 1878[1] au détriment des Serbes. (La promotion 77-79 porte le même nom.) Une zone de terrains potagers à l'est de la Cour Wagram est nivelée et empierrée pour se transformer en terrain de manœuvres de trois hectares. Pour les futures promotions, elle sera le Marchfeld, théâtre à venir des manifestations de l'Ecole, en référence aux champs de bataille d'Essling et Wagram.

Dans ce nouveau bâtiment de «*Novi-Bazar*», sont logés les élèves de première année, les nouveaux arrivés, les «*Novi*» ou «*Bazars*». Bazar sans d !

Bazar rentre dans le vocabulaire saint-cyrien. Il y est et restera fortement enraciné. Un *Ancien* désigne, aujourd'hui, ceux

1. La Serbie, au Congrès de Berlin de 1878, se voit reconnaître son indépendance mais doit accepter que Novi-Bazar lui échappe et la sépare de la Macédoine. Cette décision est vivement ressentie en France, protectrice attitrée de la Serbie, d'où le choix de Novi-Bazar pour dénommer un bâtiment et une promotion de Saint-Cyr.

qui sont passés après lui à l'Ecole par le générique de *Bazar*. Curieusement, cependant, ce vocable de *Bazar* ne s'impose véritablement qu'après la Grande Guerre. Auparavant, les jeunes étaient les *Hommes* ou les *Melons*, ce dernier relevant d'une vieille terminologie des Corniches [1].

On pense également à rehausser la présentation des lieux par des œuvres artistiques. Des bustes de maréchaux, anciens Cyrards, Mac-Mahon, Canrobert, Pélissier, sont placés dans les couloirs. Baraguey d'Hilliers, le terrible Baraguey, a droit également à son piédestal. Il n'est pas enfant de la Maison mais a commandé l'Ecole. En 1884, Marceau et Kléber font leur apparition, œuvres du sculpteur Glesinger. Le cavalier Marceau va camper au milieu de la Cour Rivoli ; l'officier Kléber part dominer le Marchfeld [2]. Déjà existait le célèbre *Coquillard*. Il s'agit en fait d'un bas-relief en bronze normalement dénommé *l'Aurore* par Zacharie Astruc, son auteur, qui décrit ainsi son œuvre :

«*Mon idée ou plutôt l'idée de manœuvre est simple. J'ai voulu exprimer la reconstitution des forces françaises. L'enfant du sol, celui qui sonne la gloire et la vie; un peu engourdi, blessé encore, revenant peu à peu à la lumière, toujours beau, toujours fier, s'éveillant. Voilà l'aube: le coq gaulois va chanter le jour; ce soldat s'apprête à lui répondre, au moment où le soleil apparaît sur le vaste horizon. Et pour ce soldat, ce héros nouveau, j'ai choisi l'épique cavalier de nos guerres – trompette de cuirassiers –, le robuste enfant qui donne le mieux l'idée du sacrifice à la patrie...*»

*

Durant cette décade 1870, le Saint-Cyrien Mac-Mahon, devenu Président de la République, rend visite à son ancienne Ecole. Bien qu'il s'en défende, la rumeur publique lui a déjà attribué plus d'un mot, historique ou non, du genre «J'y suis, j'y reste!» à la Tour Malakoff en 1855 ou «Que d'eau, que d'eau !» à Toulouse, vingt ans plus tard, devant les inondations de la

1. Cf. Chapitre IV.

2. Dans le vocabulaire de Saint-Cyr, on parle toujours du cavalier Marceau et de l'officier Kléber. L'allégorie voulue par Zacharie Astruc tombera vite dans les oubliettes. Par contre, «*aller astiquer le Coquillard*» sera de tradition l'une des facéties imposées aux *Bazars*.

Garonne. Le maréchal, suivi du général Hanrion, passe lentement sur le front de ses jeunes *Bazars*. Manifestement, il est heureux de se retrouver loin des vicissitudes politiques dans ce cadre spécifiquement militaire qui fut le sien un demi-siècle auparavant. Hanrion l'a informé que le major était un mulâtre, tirant sur le noir. Arrivé à hauteur de Maximilien Liondel, Mac-Mahon s'arrête, lui serre la main en lui disant :

« *C'est vous le Nègre ? Eh bien, continuez !* »

L'opposition se saisit du propos pour se gausser de la balourdise du chef de l'Etat. Elle oublie seulement un détail. A l'époque, dans le jargon de l'Ecole que Mac-Mahon connaît, le terme *Nègre* désigne le major (appelé Rue d'Ulm le *Cacique*). Si le terme *Nègre*, dans le contexte, est à la rigueur, maladroit, il ne correspond en aucun cas à un lapsus péjoratif.

Après « Que d'eau, que d'eau », voici Mac-Mahon affublé d'un « C'est vous le Nègre [1] ». L'Histoire n'est pas toujours juste.

*

Hanrion quitte l'Ecole en 1880. Trop clérical, paraît-il. Peut-être et même sûrement. ! Gambetta, l'homme fort de la jeune Troisième République, a fait ficher l'immense majorité de l'Armée française. Sur la fiche du général Hanrion est écrit : « *S'adonne aux pratiques religieuses avec une ardeur qui stupéfie son entourage.* » Il est de fait qu'après le départ d'Hanrion la messe dominicale imposée par Bonaparte, en 1802, devient facultative. A l'Ecole, les thalas [2] sont légion et la mosquée (Chapelle) fait recette. Une autre fiche de Gambetta rappelle ce qu'il en est alors à Saint-Cyr : « *Cet établissement qui, sous l'Empire, était libéral, est devenu un centre de réaction, une véritable "jésuitière". Ce n'est pas d'aujourd'hui que les pères se sont mis en tête de peupler les cadres d'officiers résolus à tout pour défendre le catholicisme.* » Les fiches de Gambetta, par-delà leur côté odieux, ne sont pas sans quelques fondements. En 1847, la promotion entrant à Saint-Cyr compte 2 élèves sur 306 provenant de l'enseignement religieux. Ce chiffre passe à 90 sur 269 en 1869 et atteint 140 sur 410 en 1886.

---

1. Maximilien Liondel, poursuivi par l'incident, quittera l'Armée assez tôt et fera une honorable carrière judiciaire outre-mer, au Dahomey et en Nouvelle-Calédonie.

2. Ceux qui vont-à-la messe.

Les successeurs d'Hanrion n'ont ni sa présence ni sa longévité. Aucun ne réalise comme lui un bail de neuf ans. Son remplaçant immédiat, le général Cholleton, est aux antipodes. De belles campagnes à son actif, il ne se gêne pas pour proclamer sur quels critères il jugera les élèves :

« *Je ne vous demande qu'une chose, c'est d'avoir des qualités militaires. Somme toute, sorti de Saint-Cyr le dernier de ma promotion et toujours le plus puni, cela ne m'a pas empêché d'être général avant tous mes camarades.* »

Cholleton en a peut-être trop dit. Son séjour à l'Ecole est bref. Moins d'un an. Après lui, les commandants de l'Ecole resteront en fonction de deux à cinq ans. Les plus éminents seront Tramond et Dubail.

Les promotions, qui oscillent maintenant autour de 400, prennent des parrainages évocateurs des aspirations de la Troisième République. Gambetta et Ferry le Tonkinois ont ouvert la voie à l'expansion coloniale dans l'espoir de compenser un peu la grandeur perdue en métropole. Cette politique ne fait pas l'unanimité. « *J'ai perdu deux filles et vous m'offrez vingt domestiques* », tempêtent des esprits chagrins. Qu'importe ! Le drapeau tricolore se plante en Asie, au Maghreb, en Afrique. En Afrique Noire surtout. C'est le temps des Gallieni, des Lyautey, des Gouraud, des Lamy, des Mangin, des Dodds, des Marchand, tous Saint-Cyriens, sauf Marchand. Les promotions célèbrent cette épopée coloniale riche en couleurs et en faits d'armes. Le colonialisme à l'époque n'a pas mauvaise presse. Bien au contraire[1] ! Il apporte grandeur à la France qui édifie un empire. Il donne civilisation et progrès à des populations regardées comme arriérées.

Voici ces promotions qui choisissent d'évoquer une contrée lointaine :

Des Kroumirs (80-82) à cause de la Tunisie avec laquelle est signé le traité du Bardo, le 12 mai 1881, établissant le protectorat français.

Des Pavillons noirs (82-84), ces pirates mi-chinois mi-indochinois qui s'opposent à l'arrivée des Français au Tonkin. Il est

1. Voir *La France Coloniale* (2 tomes), du même auteur, chez le même éditeur. Est-il à rapporter à cet égard la fameuse Exposition coloniale internationale organisée à Paris en 1931, sous l'égide du Président de la République et avec le soutien des pouvoirs publics ? L'Exposition voit défiler plus de 34 millions de visiteurs dans un pays qui compte, à l'époque, 40 millions d'habitants.

possible de s'étonner d'un tel choix désignant, de fait, des adversaires. Il signifie certainement que si la notion de dénomination ou de personnalisation des promotions est acquise, celle du parrainage ne l'est pas encore totalement.

De Madagascar (83-85). La France commence, militairement, à prendre pied à Madagascar. Elle occupe Majunga le 17 mai 1883, Tamatave le 9 juin. Des négociations difficiles s'engagent avec la reine Ranavalona III qui déboucheront sur un premier accord de protectorat officieux, le 17 décembre 1885.

De Foutchéou (84-86), bastion maritime chinois bombardé par l'amiral Courbet en 1884.

De l'Annam (85-87). Francis Garnier et le commandant Rivière avaient montré le chemin. Ferry, le Tonkinois, avait appuyé. Si le soi-disant désastre de Langson avait causé sa chute, les jeux étaient acquis. La France serait en Annam-Tonkin malgré des révoltes locales. Le traité de Tien-Tsin, signé le 9 juin 1885 avec la Chine, le reconnaît formellement.

De Tombouctou (87-89). La gloire d'avoir été le premier Français à pénétrer dans Tombouctou appartient, sans conteste, à René Caillié. Le lieutenant de vaisseau Boiteux le 12 décembre 1893, le commandant Joffre (futur généralissime de 1914) le 12 février 1894 sont ses valeureux successeurs. Plusieurs années toutefois précèdent la promotion *Tombouctou* de ces entrées. La preuve est bien que la France de longue date s'était, sur le Niger, fixée Tombouctou pour objectif.

Du Dahomey (89-91). Même anticipation sur le pays de Béhanzin et de ses amazones où le général Dodds ne s'imposera qu'en 1892. Déjà, depuis 1890, les garnisons françaises de Porto-Novo et Cotonou sont aux prises avec Béhanzin.

Du Soudan (91-93). Soudan, le pays des Noirs. Les Cyrards du moment connaissent-ils la signification exacte du terme ? Assurément, ils savent que Archinard et Trentinian s'y battent afin d'achever l'ouvrage de Gallieni : relier le Niger au Sénégal. (Si Archinard sort de Polytechnique, de Trentinian, fils d'un Saint-Cyrien, est entré à Saint-Cyr en 1870.)

De Tananarive (95-97). Le protectorat officieux a échoué. Les armes reparlent. Le 4 octobre 1895, le général Duchesne entre dans Tananarive à la tête d'une colonne légère. L'année suivante, Gallieni finira l'ouvrage.

Le point d'orgue à ces envolées extra-hexagonales est inattendu.

La règle pour les parrainages exclut les personnalités qu'elles soient politiques ou militaires et à fortiori si elles sont encore de ce monde. Quelques rares entorses ne pouvaient laisser entrevoir l'avenir. Un avenir qui s'impose avec Marchand avant de devenir usuel après la Grande Guerre.

Pourtant, Jean-Baptiste Marchand n'a que 36 ans. Il est en parfaite santé en 1899. Marchand, c'est Fachoda, trois syllabes qui claquent pour le Coq gaulois. Qui dominera l'Afrique ? L'Angleterre sur l'axe Le Caire-Le Cap ou la France sur celui Dakar-Djibouti ? Au croisement de ces deux diagonales, une bourgade sur les bords du Nil, Fachoda. Le commandant Marchand, en enfant perdu avec sa poignée de braves, dont Mangin et Baratier, gagne le premier les lieux en juillet 1898. Résolument, il plante le drapeau et veut tenir le site. Paris lui intime de céder devant l'armada de la perfide Albion[1]. Le commandant doit s'incliner. Il rentre à Paris, salué en héros, à temps pour assister au triomphe de la promotion *la Bourbaki* et au baptême des Bazars. Le général Maillard, commandant l'Ecole, non content de le recevoir, rompant avec une prudente tradition qui veut qu'aucune personnalité vivante ne puisse donner son nom à une promotion[2], baptise *Marchand* la promotion de l'année.

*

Saint-Cyr, ce sont des promotions qui se succèdent à un rythme bien orchestré. Ce sont surtout des jeunes gens de 18 à 21 ans qui, avec leurs enthousiasmes et leurs ambitions, pénètrent dans un univers où ils ont tout à découvrir.

Les épreuves écrites du concours se déroulent en mi-juin. Les conditions d'accès à l'examen sont strictes. Nul ne peut se présenter s'il n'a dix-sept ans au moins et vingt et un ans au plus. La possession du baccalauréat est impérative. Les candidats déclarés admissibles passent ensuite l'oral à Paris et dans les principales métropoles. Le Prytanée militaire de La Flèche, étant donné l'importance de la *Corniche brutionne*, organise aussi un centre d'oral. La rentrée à l'Ecole intervient début octobre. Les élèves contractent engagement, trois ans en moyenne, et continuent de

1. Décision politique mal ressentie par l'opinion publique mais qui permettra l'Entente Cordiale.

2. Il n'y aura par la suite qu'une promotion à rompre avec cette tradition : *le maréchal Pétain* (1940-1942) ; cf. plus loin.

payer pension. Mille francs par an, somme importante. Le Franc de 1900 a gardé toute sa valeur d'origine. Les boursiers sont exemptés de cette charge financière imposée aux familles, charge qui explique une certaine origine aisée de nombreux Saint-Cyriens. Cette pension ne disparaîtra qu'avec le XXe siècle. Non sans difficultés. La gratuité est demandée en 1906 par la Direction de l'Infanterie. Elle est réclamée à nouveau en 1912 par le général Bigot, commandant l'Ecole. Rien n'y fait. La loi du 7 août 1913 fixe la durée d'engagement à 8 ans avec des frais s'élevant toujours à 1000 francs. La Guerre mondiale enfin mettra un terme à ces coûts supportés par les familles.

Entrer à Saint-Cyr n'apporte pas encore une certitude absolue de devenir officier. Des examens interviennent en fin de chaque année. Obtenir la moyenne est un impératif pour passer en deuxième année et être promu sous-lieutenant. A défaut se profilent l'exclusion ou le redoublement. Ces cas sont rares. La tradition voudra que, sauf défaillance extrême, un élève reçu sort officier. Par la suite, «*Le Dieu de la guerre reconnaîtra les siens*»! Les vrais soldats s'imposeront.

Chaque compagnie comprend un sergent-major, un fourrier, six sergents, douze caporaux (maréchal des logis ou brigadier à la section de cavalerie). Ces grades décernés aux anciens sont mérités par les notes aux divers examens. Au bout de quelques mois, un Bazar peut être nommé Première classe. *Anspessade* dans le jargon de l'Ecole, réminiscence d'un grade subalterne sous l'Ancien Régime. A la suite des examens de sortie, les élèves choisissent, dans l'ordre du classement, les corps de troupe auxquels ils désirent être affectés. Ce grand moment dans la vie des Saint-Cyriens porte un nom: Amphi garnison. Il donne lieu à bien des palabres et, autant que possible, à des arrangements entre Petits Cos. Chasseurs, Tirailleurs, Légion sont des places chères. Les obtenir implique de se situer dans les premiers. Un certain nombre de places sont réservées à l'Infanterie de Marine. Les cours sont terminés vers le 20 août. Les élèves promus sous-lieutenants à date du 1er octobre rejoignent leur corps d'affectation le 1er novembre. (On sait que le choix de la Cavalerie intervient à la fin de la première année.)

Des assouplissements ont, progressivement, laminé la rigueur imposée par l'Empereur mais tout n'est pas gommé, à commencer par l'emploi du temps. Fumer, introduire des journaux sont interdits. Porter monocle également! Les sorties et visites sont strictement réglementées, tributaires des notes et résultats. Pas question durant les sorties de revêtir la tenue bourgeoise. Le Saint-Cyrien, coiffé de son schako avec casoar, doit parader et révéler à quelle institution il appartient. Par crainte d'incidents – la fameuse « ivresse et scandale » des motifs de punitions – la fréquentation des estaminets de Saint-Cyr lui est proscrite.

A l'aube du troisième millénaire, toutes ces prescriptions peuvent surprendre. Sur-le-champ, elles n'étonnent pas. Elles sont dans l'air du temps comme tant d'autres. Une femme d'officier ne doit pas travailler ; sortir en tenue pour un militaire est de règle, etc. Saint-Cyr vit dans la note de l'époque.

*

Et, sur le fond, la vie à Saint-Cyr a-t-elle fondamentalement changé ? On peut en douter. Les dortoirs n'ont pas gagné en intimité, les salles d'études en confort, les réfectoires en modernité, l'hygiène corporelle en priorité. Les *Anciens* sont toujours aussi *vorace*s envers Monsieur *Bazar.* L'*astique* continue d'accaparer une bonne partie de la journée ; la théorie se doit toujours d'être récitée à la lettre. Qu'importe ! Le Cyrard est heureux d'être Cyrard. Un jour, plus ou moins lointain, il sera enfin *Pékin de Bahut.* La vie d'Ecole sera derrière lui. Officier à part entière, la carrière militaire s'ouvrira devant ses pas avec ses rêves de gloire, de revanche et d'horizons lointains.

Si de multiples facettes de la vie à Saint-Cyr n'ont guère évolué, il est une constatation indiscutable. L'Ecole a pris de l'ampleur. Elle s'est hissée au premier rang des institutions militaires nationales. La richesse de son encadrement l'atteste. En 1823, le général Obert disposait de moins de vingt officiers. Soixante-cinq ans plus tard, en 1888, le général Tramond [1] bénéficie du triple. Il a derrière lui un colonel adjoint, un lieutenant-colonel directeur des études, huit commandants, trente-cinq capitaines, seize lieutenants, plus trois médecins, un vétérinaire, ainsi que deux aumôniers, un catholique, un protestant.

Les études s'orientent autour de six pôles majeurs : artillerie, topographie, art et histoire militaires, législation et administration militaires, fortification, géographie et statistiques. Chacun est

1. Ancien Saint-Cyrien lui aussi, son nom reste attaché au fusil modèle 1886, dit Tramond-Lebel. (Le nom du colonel Lebel seul subsistera. Le Lebel sera par excellence le fusil du poilu de 14-18.)

conduit par un commandant assisté de quatre capitaines. L'infanterie, reine des batailles, n'est pas l'objet d'un enseignement spécifique. Elle est à charge des capitaines commandant les huit compagnies. Cette situation n'a rien de surprenant. La manœuvre de l'infanterie reste un art sans recherches, axé autour d'un mouvement simple même s'il est sanglant: *la charge*. En avant, à la baïonnette! Depuis la Révolution, la victoire, pour le fantassin, se gagne par la course à l'ennemi sans souci des pertes. Le règlement du service en campagne de 1873, toujours en vigueur, précise sur les devoirs des officiers et des sous-officiers pendant le combat:

«*Article 135. Pendant le combat, les officiers et les sous-officiers doivent retenir dans les rangs, par tous les moyens en leur pouvoir, les militaires sous leurs ordres, et forcer, au besoin, leur obéissance.*»

On ne saurait être plus clair sur les devoirs des lieutenants et capitaines quand sonnent la générale et l'heure de l'attaque!

Fidèles à ces préceptes, les Saint-Cyriens de 14 aspireront à charger vaillamment, l'épée à la main, en entraînant leurs hommes. Ils auront peu ou mal appris que le feu tue. A la section de cavalerie, l'instruction est plus poussée. De Brack reste le livre de chevet du cavalier et ses pages sont riches. Les huit officiers instructeurs, pratiquement un pour dix élèves, sont là pour une savante application de ses préceptes [1].

Les disciplines non militaires sont en principe dispensées par des professeurs civils. Elles concernent la littérature militaire, l'allemand et le dessin.

Pas d'anglais! La raison de la préférence donnée à la langue de Goethe est bien connue. Quel officier ne rêve pas au jour où les sabots de son cheval fouleront la terre germanique?

*

Le phénomène peut paraître paradoxal. La vie militaire, avec ses contraintes disciplinaires et son respect de la hiérarchie, devrait limiter l'épanouissement de la personnalité et ses débordements

1. La section de cavalerie représente un peu moins du quart de l'effectif, soit une centaine d'élèves sur des promotions supérieures à 400 à la fin du XIXe siècle. Parfois un peu moins. Ainsi la promotion du Soudan (91-93) ne compte que 70 cavaliers. Les noms à particule y sont largement représentés. La moitié très exactement: 35 sur 70.

extérieurs. Il n'en est rien, bien au contraire. Des Hubert Lyautey ou des Jean de Lattre – anciens Saint-Cyriens, rappelons-le – donnent libre cours à leur tempérament, n'hésitant pas à se démarquer dans leur comportement et leurs réactions. Saint-Cyr n'échappe pas à cette règle. A l'Ecole défilent des personnalités insolites, du style Viénot ou Baraguey d'Hilliers.

Le personnage hors du commun à Saint-Cyr durant la période 1871-1914 n'est pas un militaire mais un ecclésiastique, en l'occurrence l'aumônier de la maison, l'abbé Lanusse. Cet homme de Dieu est en fonction de 1871 à sa mort, survenue en 1905. 34 ans de ministère. Son passé explique tout d'abord sa nomination à un poste aussi flatteur que délicat. Un crucifix à la main, il fut de toutes les campagnes du Second Empire et de la guerre de 1870. Magenta, Solferino, Italie, Mexique où il marchait avec la Légion. Evidemment, il aurait été étonnant qu'il ne soit pas à Mentana pour défendre la papauté. En 70, il est à Sedan, à l'Armée de la Loire. Officier de la Légion d'honneur (sa croix a été éraflée par une balle), il aligne une «*batterie de cuisine*», en l'occurrence une triple rangée de médailles, à faire pâlir le général Rollet, pourtant grand maître en la matière.

Ce passé en impose d'autant que l'abbé Lanusse ne se prive pas pour prôner à ses ouailles l'esprit militaire, le culte du drapeau, le patriotisme. Constamment, le prêtre drape son sacerdoce de tricolore, servi par une parole chaude et une intelligence d'artiste. Saint-Cyr est fier de son aumônier, fidèle serviteur de Dieu et de la France.

Il est aussi à s'occuper des nourritures terrestres. Des appétits de vingt ans, qui ne plaisantent pas sur ce sujet et crient volontiers misère. Faire rentrer des victuailles fut longtemps une activité de contrebande. Les choses ont fini par s'améliorer. S'approvisionner, hors des réfectoires, s'est légalisé. Une pâtissière de Saint-Cyr, dame Tartelette, peut proposer ses gâteaux. Il y a surtout La «*Malvina*». Dans la tradition des cantinières de la Grande Armée, cette robuste Alsacienne suit les compagnies se rendant à l'exercice. De ses gros paniers, elle sort petits pains, sandwichs au jambon ou au pâté, gâteaux, fruits, etc. Comment fait-elle pour porter à bout de bras tout son chargement? La «*Malvina*» officiera de longues années avant et même après 14-18. Son nom est passé dans le vocabulaire courant. Se rendre à *La Malvi* signifie se diriger vers le foyer.

*

Saint-Cyr se veut une grande communauté. Tous ses élèves, leur vie durant, sont unis par le souvenir de l'Ecole et les liens d'une éthique partagée. Si cette camaraderie, forgée à vingt ans et prolongée durant la vie professionnelle, est un fait réel, elle se devait de s'exprimer concrètement si besoin était.

Répondant à ce souci, est créée, le 1er avril 1887, une «*Société amicale de secours des anciens élèves de l'Ecole Spéciale Militaire de Saint-Cyr*». Le général Davout d'Auerstaedt[1], petit-neveu du Maréchal d'Empire, Prince d'Eckmühl (47-49), en assure la première présidence. Le titre évoluera pour se muer en «Association amicale des élèves et anciens élèves de Saint-Cyr», plus communément appelée *la Saint-Cyrienne*. Déclarée d'utilité publique en 1890, la Saint-Cyrienne est aujourd'hui une association bien vivante qui se manifeste sur les cinq continents partout où se trouvent des anciens de l'Ecole. Son conseil d'administration, attentif à sa mission d'assistance et de rayonnement de Saint-Cyr, regroupe des Cyrards en activité ou en retraite. A la fin de 2001, le général Maurice Godinot (61-63) a succédé au général de Dinechin (50-52), président en exercice depuis 1993. Aux heures noires des années 1960, fidèle à sa mission d'assistance, la Saint-Cyrienne sut être au rendez-vous pour soutenir les familles des camarades embastillés pour trop d'amour envers l'Algérie française. Depuis les années 1959-1960, elle diffuse un bulletin très soigné, devenu une revue trimestrielle d'information et de liaison, *Le Casoar*.

*

1902. L'Ecole Spéciale Militaire, création napoléonienne, compte cent ans d'âge. Pourtant, ce centenaire n'est pas célébré. (A l'encontre de ce qui se produit en 2002.) Une autre date prévaut alors: celle de l'implantation de l'Ecole à Saint-Cyr, chez Madame de Maintenon, en 1808.

1. Davout d'Auerstaedt est un nom qui revient souvent dans les annuaires de Saint-Cyr. Une certaine légende rapporte que la grande taille des intéressés impose un lit sur mesure qui se transmet de génération en génération.

Raisonnant de la sorte, les Saint-Cyriens de l'époque font certainement fausse route. Ils sont d'abord élèves d'une école, l'Ecole Spéciale Militaire. Celle-ci s'est implantée à Saint-Cyr en 1808, soit ! Mais cette localisation n'est pas figée. Les événements le démontrent. L'Ecole, sans rien renier, peut vivre à Aix, à Malvern, à Cherchell, à Coëtquidan après avoir été à Fontainebleau et Saint-Cyr. Et cette Ecole remonte à 1802.

En ce début du XXe siècle, la Spéciale s'identifie à Saint-Cyr. Le centenaire n'est marqué qu'en 1908. Une plaque commémorative de l'installation de l'Ecole est inaugurée avec faste. Le général Gallieni, grand ancien auréolé de gloire et de prestige, prononce un discours dans la Cour Wagram. Des affiches sont imprimées pour marquer l'événement. On peut y voir l'entrée de l'Ecole, deux Saint-Cyriens, un cavalier et un fantassin, *Dame La Gloire*, à moins que ce ne soit la République brandissant un drapeau. Une charge furieuse se devine en fond de tableau. Une plaquette publiée par le Comité du Centenaire rappelle dans son avant-propos que l'Ecole a donné aux armées françaises 28 315 officiers du 3 juillet 1808 au 2 juillet 1908. Obligatoirement, un peu d'emphase se glisse dans la suite du texte, mais cette grandiloquence est couleur de sang :

« *Il y aura bientôt cent ans, un de nos anciens escaladait les murs d'un bastion ennemi. "Commandant, lui cria-t-on, vous allez vous faire tuer. – C'est déjà fait, murmura-t-il, mais ne le dites pas aux camarades, cela pourrait les empêcher de venir"...* » ; et l'auteur de l'ouvrage de conclure :

« *Vous, les jeunes, regardez-les hardiment, ces grands anciens. Illustres ou très obscurs, ils ne seront pas morts inutilement ni tout entiers. Car vous vivez et la France reste !* »

Ces cérémonies ont rappelé le tribut payé au service du pays. Avec quelque retard sur le centenaire, la République honore son Ecole militaire. Ses Ecoles militaires très exactement. Le 12 avril 1914, le président Poincaré signe le décret conférant la Croix de la Légion d'honneur aux drapeaux de l'Ecole Polytechnique et de l'Ecole Spéciale Militaire. Par contrecoup, la promotion 1913-1914 s'appellera *La Croix du Drapeau*.

Cette distinction rejoint un autre hommage rendu aux anciens. En 1912, la Chapelle, en partie désaffectée suite à la Loi de Séparation de l'Eglise et de l'Etat, a été transformée en Musée du Souvenir. Hélas, de nombreuses reliques rassemblées dans la nef disparaîtront lors des bombardements de 1944.

*

Un siècle plus tôt, à la création, Bonaparte avait inspiré le règlement intérieur de l'Ecole et l'emploi du temps des élèves. Ce dernier n'a pas pris une ride. Il est toujours aussi chargé en dehors d'une souplesse jadis ignorée pour les sorties dominicales :

5 heures.	Réveil.
6 heures.	Petit déjeuner puis étude.
7 heures.	Gymnastique, escrime, équitation ou allemand (langue obligatoire).
9 heures.	Travaux de propreté.
9 heures 30.	Cours.
12 heures.	Déjeuner.
13 à 16 heures.	Instruction militaire.
16 heures 30.	« *Colles* » et étude.
19 heures 30.	Dîner et temps libre.
21 heures.	Appel.
22 heures.	Extinction des feux.

C'est ce qui s'appelle des journées bien remplies. Au début, les organismes non habitués peinent d'autant que les anciens en rajoutent avec leurs incursions nocturnes : « Messieurs Bazars, sabordez-vous ! » Et chacun de se retrouver au pied d'un lit « en cathédrale », c'est-à-dire à la verticale et non plus à l'horizontale. Progressivement, le rythme se prend, les muscles se durcissent, les esprits s'habituent.

*

Pour accéder à ce Saint des Saints qui a tout d'un petit purgatoire au seuil de la vie militaire, le concours est toujours le préalable incontournable Avec les années, il évolue. De 1817 à 1909, on ne compte pas moins de trente et un décrets, ordonnances, décisions, instructions, lois ou règlements fixant ses modalités.

L'évolution du baccalauréat n'est pas totalement étrangère à ces diverses modifications. A la veille de 14-18, pour intégrer est exigé :

– Limite d'âge : 18 ans au moins et 21 au plus au 1er janvier de l'année du concours.

– Le certificat de la Première partie du baccalauréat classique ou moderne est obligatoire. (Le baccalauréat philosophie ou mathématiques apporte 30 points supplémentaires.)

– L'écrit comporte une composition française, une composition d'histoire pouvant comprendre un élément de géographie, un thème et une version allemande (sans dictionnaire), une composition de mathématiques, un calcul logarithmique, une épure de géométrie cotée, une épreuve de physique et chimie, un dessin paysagiste.

– L'oral, outre les épreuves physiques (escrime, gymnastique, équitation), porte sur: la géométrie plane et dans l'espace, la géométrie cotée, l'algèbre, la trigonométrie, la mécanique, la cosmographie, la physique, la chimie, l'anatomie du corps humain, l'histoire (à partir du règne de Louis XVI), la géographie (physique et politique de tout l'univers), la langue allemande, la philosophie (logique et morale), le dessin. A titre facultatif, il est loisible de présenter une langue étrangère, russe, anglaise, arabe, italienne, espagnole, dans l'espoir d'obtenir des points supplémentaires sous condition d'atteindre le minimum requis.

Manifestement, il est demandé aux futurs officiers d'avoir des clartés sur tout. On note toutefois l'absence d'économie politique ou non et de connaissances politiques tout court. Ces bases du programme et des épreuves resteront à quelques détails près les mêmes jusqu'en 1940.

*

Marchand est entré dans l'histoire des promos de Saint-Cyr pour son épopée africaine. L'Afrique, après lui, revient, avec six autres promotions avant 1914:

- **D'In Salah** (1899-1901). Le 29 décembre 1899, le capitaine Pein (87-89) entre dans l'oasis d'In Salah, capitale du Tidikelt, située à 1 000 kilomètres au sud d'Alger, en plein cœur de ce Sahara que la France convoite. Le colonel Pein, le conquérant des oasis, sera tué le 9 mai 1915, en conduisant l'attaque d'une brigade de la Division marocaine (2e Etranger de marche – 7e RTA).
- **Du Tchad** (1900-1902). C'est au Tchad que la France place la clé de voûte de ses possessions africaines. Trois colonnes venues d'Algérie, du Soudan, du Congo convergent vers les bords du lac. Le combat de Kousseri, le 22 avril 1900, où meurent le commandant Lamy (77-79) et le capitaine de Cointet (86-88), assure à la France le contrôle d'une terre d'où quarante ans plus tard Leclerc (22-24) s'élancera pour la libération de la Patrie.
- **Du Sud Oranais** (1902-1904). Première œillade, appuyée en direction d'Hubert Lyautey (73-75) envoyé à Aïn-Sefra en septembre 1903 pour pacifier le Sud Oranais et les confins algéro-marocains.

– **Du Maroc** (1907-1910). Lyautey n'est pas encore là mais les troupes françaises débarquent à Casablanca durant l'été 1907. Si la France met un pied au Maroc, des combats d'un quart de siècle débutent. Ils coûteront 263 Cyrards à la France.
– **De Mauritanie** (1908-1911). L'administrateur Xavier Coppolani, le précurseur de la pénétration en Mauritanie, a été assassiné le 13 mai 1905. C'est au colonel Gouraud (88-90) qu'il appartient de prendre le relais. Le 9 janvier 1909, ses troupes débouchent devant Atar, la capitale de l'Adrar. La résistance de la palmeraie s'effondre mais la pacification totale de la Mauritanie sera longue.
– **De Fès** (1909-1912). Fès, capitale millénaire des Idrissides, est pour la présence française au Maghreb occidental un double symbole. Le traité arrimant le Maroc à la France par les liens du protectorat y est signé le 30 mars 1912. Fès, l'été suivant, est le théâtre des durs combats finalement victorieux livrés par Lyautey pour s'imposer dans le nord du jeune protectorat. Les critères du baptême de la promotion qui aligne sur ses rangs Charles de Gaulle et Alphonse Juin sont ailleurs. On est encore en 1911. Qui l'emportera au Maroc ? L'Allemagne ou la France ? Se réclamer de Fès où le sultan vient d'être dégagé par des troupes françaises est pour de futurs officiers moyen de clamer ouvertement une ambition. La France, renouant avec Rome, doit être chez elle en Afrique du Nord, de l'Atlantique au golfe de Syrte.

Les autres promotions d'avant-guerre sont plus conventionnelles. Elles marquent surtout un centenaire (*Légion d'honneur*, *Austerlitz*, *La Moskova*, etc.), à moins qu'elles n'honorent un grand soldat comme La Tour d'Auvergne, héros des guerres révolutionnaires. Il est frappant toutefois de constater l'importance du fait colonial depuis 1830. Sous Louis-Philippe et Napoléon III, les promos de Saint-Cyr avaient échelonné les grandes étapes de la conquête de l'Algérie avec Constantine, Isly, Zaatcha, la Kabylie. Sous la jeune Troisième République, elles font défiler toute l'aventure coloniale du Tonkin au Tchad. Quel témoignage de volonté d'action et de service ! Dans un pays en paix – provisoirement peut-être – les pensées et les aspirations vont là où le métier des armes peut s'avérer le plus utile. A l'exception de quelques-uns – Foch pour les Polytechniciens, Pétain pour les Cyrards –, presque tous les grands responsables militaires de 14-18 ont œuvré outre-mer.

*

Suite à la loi du 26 mars 1905, l'Ecole a adopté un nouveau rythme. Avant leur scolarité à Saint-Cyr, les élèves doivent effectuer une année de service dans les corps de troupe.

Conséquence directe de ces dispositions, la promotion 1905-1907 se trouve la dernière à connaître le cycle habituel des deux années d'Ecole. Par contrecoup, elle prend pour nom de baptême *La Dernière du Vieux Bahut.* Autre contrepartie, le temps de sous-lieutenant ne dure qu'un an pour éviter de pénaliser les nouveaux arrivants.

Volte-face en 1913 avec le Service militaire porté à trois ans devant la menace venant d'outre-Rhin. Le stage en corps de troupe est supprimé. A la rentrée d'octobre 1913, trois promotions se pressent devant le portail de l'Ecole. Celle faisant suite au concours de 1913 (*La Croix du Drapeau).* Celle du concours de 1912, en provenance des corps de troupe. Enfin, celle des *Marie-Louise* admise en 1911 qui devrait rester jusqu'en août 1914. Les effectifs, 1284, ne le permettent pas. Comment instruire un tel contingent dans un cadre relativement restreint? Les *Marie-Louise* sortiront dès le 23 décembre 1913. Auparavant, ils doivent procéder au baptême de leurs Jeunes. Ce cérémonial intervient à une date insolite, un peu avant minuit et à la lueur des torches, le 22 décembre 1913. Le Père Système des *Marie-Louise* a choisi de s'exprimer en alexandrins. Son adresse à ses Bazars reflète bien l'ambiance de l'Ecole à quelques mois de la Grande Guerre. Les Jeunes ne sont toujours pour lui, suivant un vocabulaire dûment établi, qu'un troupeau fangeux et galipoteux. Les combats les attendent là-bas, à l'Est, cet Est du vieil ennemi ravisseur de l'Alsace et de la Lorraine.

«Vous, les hommes fangeux, qu'un étrange hasard
A réunis ici... Que vous êtes bizarres!
Des petits et des gros, des longs et des énormes.
De toutes les façons et de toutes les formes,
Sont-ce des Toucouleurs ou des polichinelles?
C'est ça, votre promo?... Mais c'est un arc-en-ciel...
...
Enfin, debout, messieurs, et que vos yeux s'allument.
Nous allons essayer de vous changer vos plumes.
Et tout d'abord: un nom!
Il y a déjà cent ans

Que l'Empereur taciturne et sentant
Le monde se cabrer sous son joug qui l'oppresse
Rêva de gloire encore… Malgré mil huit cent treize,
Il lui fallait toujours quelques nouveaux fleurons
A la couronne d'or qui lui ceignait le front.
L'ennemi révolté frémissait d'espérance,
Mais l'aigle prit son envol pour défendre la France.
Un nom surgit, glorieux, de cet essor nouveau,
Ce nom, nom de Français, nom de victoire, est beau,
Devant lequel encor le monde entier frissonne :
C'est "Montmirail[1]", messieurs. Faut-il qu'on vous le donne ?
Peut-être est-il bien tard pour le faire ce soir…
Attendons à demain ; dormez, messieurs, bonsoir…
(Le premier coup de minuit sonne)
Vite, à genoux, les hommes, et surtout que personne
Ne bouge plus jusqu'à…
(Le douzième coup de minuit vient de sonner)
Voilà minuit qui sonne !
Debout, les officiers ! Bonjour, mes chers amis…
Les noms de nos promos sont des noms de victoires
Pour les combats livrés, demain, par nous…
(montrant l'Est) là-bas… »

Les officiers de *la Montmirail* se sont dressés. Eux aussi se tournent vers cet Est alsacien et lorrain.

Sur 463, 234 mourront pour la France, dont 222 en 14-18.

1. Montmirail, ultime grande victoire de Napoléon, le 14 février 1814. La nouvelle promotion s'annonce celle de son centenaire.

Chapitre VII

LES CYRARDS DE LA REVANCHE

Durant les années 1871 – 1914, défilent à Saint-Cyr de jeunes Français destinés à figurer dans l'Histoire du pays. Ils seront les chefs, à tous niveaux, des combattants des temps coloniaux et ceux de la Première et de la Seconde Guerre mondiales. Leur rôle sera maintes fois décisif. Plus d'un connaîtra un destin hors du commun. Il paraît nécessaire de s'attarder sur ces noms afin de les mieux situer à l'aube de leur carrière militaire, durant ce passage à Saint-Cyr, où ils apprennent les premiers rudiments de leur métier de soldats.

*

Ils sont nombreux, très nombreux, à entrer à Saint-Cyr dans un but bien affirmé: *la revanche*. Le commandant Loustaunau-Lacau, grand résistant[1], Saint-Cyr 1912-14, ne s'en cache pas dans ses *Mémoires d'un Français rebelle* : «*Je suis entré à Saint-Cyr pour reprendre l'Alsace*», mais il ajoute bientôt, avec une belle franchise, «*et pour épater Clarisse*» !

---

1. Il est le fondateur du célèbre réseau Alliance.

Cet aveu permet une question latente depuis fort longtemps. Pourquoi entre-t-on à Saint-Cyr ? Pourquoi cette orientation vers une carrière militaire ? Pourquoi cet engagement, en moyenne de quatre ans, contracté après le succès au concours ? En ce type d'interrogations, il n'est pas de réponse catégorique. Lyautey intègre à Saint-Cyr de manière fortuite. Gallieni poursuit un cursus militaire engagé très jeune à La Flèche. Pétain répond certainement à une vocation profonde. De Gaulle de même. D'autres s'inscrivent dans le droit fil d'une tradition familiale. La lecture des annuaires de Saint-Cyr, on l'a vu, est éloquente.

Des noms identiques se retrouvent à intervalle d'une génération à moins qu'ils ne soient ceux de frères ou de cousins. Pour un fils de gendarme comme Juin, entrer à Saint-Cyr offre une belle promotion sociale. Des circonstances exceptionnelles précipitent un choix qui, en d'autres temps, aurait pu être différent. La guerre ou la volonté de revanche sont ainsi des moteurs puissants pour inciter à porter le casoar.

Un point avéré dans ce vaste registre des motivations : l'argent y est absent. On n'accède pas à Saint-Cyr pour faire fortune et thésauriser. La solde d'un officier ne permet guère de fantaisies. Non, on choisit Saint-Cyr pour de tout autres raisons. La vie militaire s'annonce active, riche de satisfactions de commandement, de gloire peut-être. Ah, la gloire pour un soldat ! Quel Cyrard ne se voit un jour en baron d'Empire, émule des prestigieux sabreurs des temps héroïques ? Personne ne le clame trop haut, par pudeur. La Patrie compte pour un candidat à Saint-Cyr. Servir la France par les armes est un honneur. Cette allégeance est réservée à une corporation qui se veut éloignée des complaisances de la vie bourgeoise.

La lignée 1871-1914 aligne, à des degrés divers, tous ces ressorts qui conduisent un garçon de vingt ans à franchir le seuil de la Maison de Madame de Maintenon.

Hubert Lyautey envisage de faire Polytechnique, comme son père. Pour se « faire la main aux examens », il présente, en 1873, le concours de Saint-Cyr. A sa grande surprise, il réussit. Il est reçu dans un rang moyen certes, 93e sur 291, mais il est reçu. Ce succès n'était pas prévu. Que faire ? A 19 ans, Lyautey opte pour le choix qui décidera de sa destinée. En octobre 1873, il entre à Saint-Cyr et appartiendra à la promotion *Archiduc Albert*. (Il s'agit de l'Archiduc Albert d'Autriche, le vainqueur de Custozza[1] en 1866, très populaire en France.) Parmi ses Petits Cos, le futur général Moinier qu'il dégagera à Fès, en mai 1912.

Objectivement, le Saint-Cyrien Lyautey n'apprécie pas la routine de la vie à l'Ecole. Le 26 mars 1874, profitant d'une brève permission, il écrit à l'un de ses amis : *« Je perds de vue pendant quelques jours le tambour qui va battre, les bottes qu'il va falloir cirer, le fusil qu'il va falloir démonter, les intelligents exercices gymnastiques qui vont me réclamer, les centaines de pages intéressantes de théorie que je vais avoir à absorber, et enfin les bestiales histoires que je vais entendre pour la énième fois et les non moins bestiales figures sur lesquelles mes yeux tombent à chaque pas.* »

Ce tableau, sous réserve du dernier coup de patte, ne manque pas de vérité. Le jeune Lyautey aura encore l'occasion de lancer des traits sur Saint-Cyr : «*Le pays sauvage où la matière et le superficiel sont les idoles qu'on adore.* » Il fait là allusion aux brimades qui le choquent et à une théorie à apprendre par cœur. En final, il sort 29e sur 281, illustrant lui aussi que le classement de Saint-Cyr ne présage pas obligatoirement celui de l'Histoire. Il a fait cependant bonne impression puisqu'en deuxième année, il est «*gradaille*». Dans son discours de réception à l'Académie française, Franchet d'Esperey, son successeur sous la Coupole, dira : «*Je revois nettement le grand sergent de la 4e compagnie qui ne plaisantait pas sur le service.* »

La promotion suivante, *la Grande Promotion*, par son effectif : 406, fait ressortir deux élèves que Lyautey aura l'occasion de rencontrer maintes fois par la suite : Albert d'Amade et Louis Franchet d'Esperey. Le premier, au Maroc, ouvrira la voie à son ancien. Le second, enfant de Mostaganem, est, avec Alphonse Juin, l'un des deux maréchaux de France donnés au pays par l'Algérie française.

Franchet d'Esperey. Il a 14 ans en 1870. La défaite le fait bondir de rage. Il se jure d'être Saint-Cyrien, officier et de préparer de toutes ses forces la grande revanche pour recouvrer l'Alsace et la Lorraine messine. Il tiendra parole.

Dans l'immédiat, son parcours à l'Ecole est brillant. Il intègre n° 6 sur 413 et sortira avec le même rang, ayant porté

---

1. Custozza, 24 juin 1866. Victoire des Autrichiens sur les Italiens, lesquels Autrichiens deviendront bientôt les ennemis des Prussiens, d'où la popularité française de l'Archiduc Albert.

successivement les galons de première classe, caporal, sergent et sergent-major. Il ne dissimulera jamais que ces galons de sergent-major furent ceux qui, tout au long de sa carrière, lui firent le plus de plaisir. Ils apportent, il est vrai, certains avantages appréciés durant le séjour à Saint-Cyr. Le promu le reconnaît: « *Verser son fusil, ses cartouches, son ceinturon; ne porter le sac que dans des circonstances exceptionnelles; plus d'astiquage; commander sa section dans toutes les prises d'armes; être traité avec considération par les officiers et les adjudants; bref, être quelqu'un.* » On sent déjà la confiance en soi qui éclatera en septembre 1914 à la question de Joffre:

« *Vous sentez-vous capable de commander une armée ?*

– *Tout comme un autre, mon général !* »

Franchet d'Esperey a un Petit Co qui n'obtiendra pas son bâton de maréchal mais qui, à défaut, possède certainement une solide canne de marche. Le capitaine Louis Monteil, avec 10 tirailleurs africains et un sous-officier européen pour seule escorte, réussit un exploit assez extraordinaire à l'époque. Parti de Saint-Louis du Sénégal le 9 octobre 1890, il arrive le 10 décembre 1892 à Tripoli, en Libye. Il a parcouru 7000 kilomètres à pied en deux ans. Il rapporte des renseignements scientifiques et des traités d'amitié avec les populations visitées. Ce n'est qu'un épisode héroïque de la vie d'un soldat peu conformiste et à l'esprit ouvert. Monteil avait, en particulier, des vues prémonitoires sur la question coloniale. Le moule saint-cyrien n'aligne pas obligatoirement sur le même gabarit.

*

Le 13 octobre 1876, paraît au *Journal officiel* la liste des candidats admis à Saint-Cyr. On peut y lire le nom de Philippe Pétain – né à Cauchy (Pas-de-Calais) le 24 avril 1856, reçu 403ᵉ sur 412. Deux ans plus tard, le futur défenseur de Verdun, Maréchal de France, Chef de l'Etat Français (les titres ne lui manquent pas y compris celui d'Académicien), sortira 229ᵉ sur 386. Rien ne laisse présager de son exceptionnel destin.

Pourquoi cette entrée à Saint-Cyr d'un garçon issu d'un milieu agricole qui signe un engagement de cinq ans ? Des convenances familiales peut-être, très certainement, et surtout, un choix personnel. Prestige de l'uniforme, ont énoncé certains au sujet de cet officier épris de beau sexe. Un désir de revanche qui talonne un enfant qui a vu déferler les Prussiens chez lui !

Sur Saint-Cyr, à trois ans de distance, Philippe Pétain retrouve les accents de Lyautey :

«*J'aurais été parfaitement heureux dans cette Ecole, où on pratiquait les sports les plus variés, si on n'avait pas exigé de nous de savoir le littéral de la théorie.*» Eh oui, cette théorie à apprendre par cœur, à savoir privilégier la mémoire au détriment de la curiosité intellectuelle. Il est frappant de retrouver la même critique chez deux personnalités aux tempéraments bien différents et qui seront loin de sympathiser durant leur carrière.

Philippe Pétain appartient à une promotion dont le nom peut surprendre : *Plevna.* Il s'agit d'un fait d'armes qui n'a rien de français : la résistance, en l'occurrence, d'une garnison turque contre les Russes. Défense héroïque, qui fait grand bruit à l'époque. Elle est citée en exemple de courage et de vertu militaire. D'où le choix des camarades de Pétain. On notera aussi que 26 élèves sont restés en chemin. Problèmes de santé, mauvais résultats aux examens de sortie. Thouvenel, le major de la promo, a été enlevé par la tuberculose avant sa sortie de l'Ecole.

Il y a Philippe Pétain et il y a aussi Charles de Foucauld dans cette promotion *Plevna*, promotion encadrée par des anciens de choix : Driant[1] est chef de dortoir de Foucauld ; Sarrail, avec galons de sergent-major, celui de Pétain. Gérard est sergent-fourrier. Le colonel Driant tombera à la tête de ses chasseurs au bois des Caures, le 21 février 1916, devant Verdun. Le général Sarrail commandera en chef en Orient. Gérard sera commandant d'armée en 14-18.

Charles de Foucauld est reçu avec le numéro 82 sur 412. Il manque de peu d'être refusé à l'entrée. Une obésité précoce l'empêche de trouver, au magasin d'habillement, une veste et un pantalon à sa taille. Durant plusieurs jours, il se déplace avec son costume civil et coiffé d'un képi. Il faut lui tailler un uniforme sur mesure qui le boudine à l'excès avant que, peu à peu, le rythme physique de l'Ecole ne le débarrasse de son embonpoint. Laperrine, qui sera l'un des plus fidèles soutiens de l'ermite du Sahara, son «*ami incomparable*», écrira à son sujet, en octobre 1913 :

---

1. Gendre de Boulanger, Driant démissionne au moment de l'Affaire des fiches en 1905 et reprend du service en 1914. Sous le nom de plume de Capitaine Danrit, il est l'auteur d'une trentaine de romans où il se montre un visionnaire de la guerre future.

«Bien malin celui qui aurait deviné, dans ce jeune Saint-Cyrien gourmand et sceptique, l'ascète et l'apôtre d'aujourd'hui. Lettré et artiste, il employait les loisirs que lui laissaient les exercices militaires à flâner, le crayon à la main, ou à se plonger dans la lecture des auteurs latins et grecs. Quant à ses théories et à ses cours, il ne les regardait même pas, s'en remettant à sa bonne étoile pour ne pas être séché.»

Ce dilettantisme se paie. Il sort 333e sur 386, ayant accumulé les punitions pour divers motifs: cases et lit mal faits; mauvaise note de théorie; mauvaise tenue; pantalon sale et décousu; cheveux trop longs; avoir été à la visite du docteur et n'avoir pas été reconnu malade, etc.

Qu'a donc pu inciter Charles de Foucauld, bon élève par ailleurs, à se diriger vers Saint-Cyr ?

Orphelin de père et de mère, il est élevé par son grand-père, Charles-Gabriel de Morlet, colonel du génie en retraite, qui a quitté Strasbourg annexée pour Nancy. Ce vieux soldat patriote a obligatoirement influencé son petit-fils. Il aurait voulu le voir préparer Polytechnique ; mais le jeune homme, aussi doué que paresseux, préfère Saint-Cyr au concours moins difficile, car néanmoins il veut être militaire. Son classement d'entrée lui a permis de choisir la cavalerie. A-t-il remarqué que 45 de ses camarades de promotion ont opté pour l'Infanterie de Marine, signe tangible de l'attrait de l'outre-mer sur les futurs officiers ?

Philippe Pétain et Charles de Foucauld ont un camarade de promotion, Antoine de Mores, garçon certainement généreux et sincère avec lui-même mais assez exalté. Par sa mère, il est le petit-fils du général duc des Cars, l'un des vainqueurs d'Alger en 1830. Cavalier, il démissionne assez tôt en 1882 et se lance dans un cycle affairiste à travers le monde. Rentré en France, il se montre nationaliste et antisémite et collabore à *La Libre Parole* de Drumont. A plusieurs reprises, il n'hésite pas à provoquer en duel des adversaires politiques. Finalement, écœuré, il quitte l'univers politique et se tourne vers l'Afrique où il échafaude des projets assez chimériques. Victime de ses rêves, il est assassiné dans le Sud Tunisien le 6 juin 1896. Il n'avait que 38 ans.

*

Ils se sont manqués de peu à l'Ecole mais l'univers saharien les réunira. Ils partageront la même fascination pour ces horizons sans fin de sable ou de cailloux, rivés l'un au service de Dieu, l'autre au service de la France. Laperrine d'Hautpoul, qui tient à se faire appeler Laperrine, appartient à la promotion *des Zoulous* (78-80). Il arrive quand Foucauld s'en va. Le fondateur des Compagnies sahariennes trouvera en son ancien, qui n'oublie jamais avoir été un officier français, un allié dans sa politique d'adhésion pacifique des populations. Les deux hommes feront de nombreuses tournées communes. Et, à quatre ans d'intervalle, cette terre, sur laquelle ils ont tant œuvré tous les deux, les verra connaître le même destin tragique.

Avant 1963, ils partageaient une tombe commune à Tamanrasset. Deux plaques mentionnaient :

Ici repose
Le général Laperrine
1860-1920
Pacificateur du Sahara
Commandant la division d'Alger.
Grand officier de la Légion d'honneur
Mort pour la France
le 5 mars 1920
A Anesbarakka en prenant part
A la première traversée
Du Sahara en avion.

Ici repose
Le Vicomte
Charles de Foucauld
1858-1916
Explorateur au Maroc 1883-1884
Prêtre et savant au Sahara
Mort pour la France
le 1er décembre 1916
Assassiné à Tamanrasset
Par les Senoussistes.

(La dépouille de Laperrine a été ramenée en France en 1963 et repose aujourd'hui dans le caveau familial à Carcassonne.)

Les années suivantes ne manquent pas de commandants d'armée de 14-18 : Humbert, Berthelot (81-83), Guillaumat (82-84), Debeney (84-86), Degoutte (88-90). Loyseau de Grandmaison appartient à la promotion *Humbert et Berthelot.* Comme eux, il aurait peut-être commandé une armée en 1918 si le feu allemand, quelque part du côté de Soissons, n'avait interrompu sa course en 1915. A défaut, le général de Grandmaison, plus exactement le colonel, car c'est comme colonel chef du 3e Bureau de l'Etat-Major de l'Armée qu'il a tissé sa légende, n'est pas oublié dans les cercles militaires français. Ses deux conférences à l'Ecole de Guerre au printemps 1911 sont restées célèbres. Les élèves ont pu entendre : «*La défense est une action d'ordre inférieur*» ; «*l'imprudence est la meilleure des sûretés*» ; «*l'énergie de l'exécution rachète toutes les faiblesses et répare toutes les erreurs*». De telles sentences ont fini de privilégier une doctrine offensive qui fut celle appliquée en 1914. Malgré quelques voix discordantes (Gallieni, Pétain), Joffre avait entériné les conclusions du fougueux colonel. Les Cyrards en casoar et gants blancs d'août 1914 s'inscrivent, un peu, dans la résultante de cette prime à l'offensive.

L'Histoire impose de s'attarder sur trois noms : Weygand, Mangin, Gouraud. Si les origines familiales de Maxime Weygand posent encore interrogation, son parcours militaire est parfaitement balisé. L'adolescent, confié à un tuteur, révèle très tôt ses intentions. Il veut être officier et officier français. Officiellement, il est de nationalité belge, déclaré à l'état civil sous le nom de Maxime de Nimal. N'étant pas français, il lui est impossible de présenter le concours de Saint-Cyr. Certes, il pourrait être admis à l'Ecole sans concours en tant qu'étranger, mais cela il ne le veut pas. Son ambition est formelle. Finalement, Maxime de Nimal obtient de concourir comme les jeunes Français de son âge. Il passe l'écrit le 11 juin 1885 et l'oral le 12 août.

Reçu mais étranger, il ne saurait prendre rang normalement au classement. Il est donc le numéro 58 bis. A la sortie, il aura gagné des places, mais sera encore un numéro bis. Le 20 bis très exactement. Dans une promotion (*de l'Annam*) de 407 élèves, il a pu sans difficulté opter pour la cavalerie. Il se retrouve ainsi sous-lieutenant à Saumur et toujours à titre étranger. C'est pourquoi il n'apparaît pas dans l'annuaire des officiers au 1er janvier 1888. Heureusement pour lui, sa demande de naturalisation, avec changement d'état civil, aboutit. Le 18 octobre 1888, le sous-lieutenant Maxime Weygand, officier français maintenant, est affecté au 4e régiment de dragons, en garnison à Chambéry. Le futur bras droit de Foch a gardé bon souvenir de son passage à Saint-Cyr dont il apporte dans ses *Mémoires* un témoignage instructif :

« Saint-Cyr, malgré son austérité, sa rigueur, les exigences de travail et d'entraînement physique qui remplissaient la journée, me parut une délivrance. Le régime très sévère, car aucune faute ne nous était pardonnée, était juste.

Notre promotion comptait quatre cent quinze élèves dont quelques étrangers. Parmi ces derniers, deux marquaient par leur haute situation dans leur pays. Chérif Pacha, fils de Saïd Pacha, ministre des Affaires Etrangères du Sultan, était déjà décoré de la Légion d'honneur ; sa croix était toujours saluée par le capitaine lorsqu'il passait l'inspection de sa compagnie. Le prince Hoto Hito Kan-In, neveu de l'empereur du Japon, devait se distinguer en Mandchourie à la tête d'une brigade de cavalerie à la bataille de Liao Yang et devenir maréchal. Je le revis à Fontainebleau au cours d'un voyage en France du prince héritier du Japon qu'il accompagnait; nous étions alors l'un et l'autre Inspecteur général de notre armée.

A une extrémité de l'Ecole, sur un petit mouvement de terrain, du côté opposé aux vieux bâtiments de Madame de Maintenon, un petit édifice d'aspect accueillant dominait la sévère perspective de la cour Wagram et du "Marchfeld". On accédait à ce paradis par une allée ombragée et montante. Aller à l'infirmerie, c'était monter au Paradis. Là, dans de beaux draps blancs, nous n'avions plus qu'à nous abandonner aux soins attentifs que nous prodiguaient des religieuses, anges gardiens de ce lieu de repos. Leur sollicitude et notre reconnaissance ne nous empêchaient pas de les affubler de surnoms dont elles riaient les premières, par rang d'âge on allait de la sœur "Vieux Bahut" à la "Sœur Peaufine", en passant par la "Sœur Millimètre" qui n'était pas la plus grande.

L'aumônier de l'Ecole faisait aux malades de fréquentes visites. L'abbé Lanusse, déjà fort âgé, avait été aumônier de la Légion Etrangère qu'il avait accompagnée sur les champs de bataille de l'Afrique et du Mexique. Il avait exalté les faits d'armes de la glorieuse phalange dans des enluminures qui remplissaient de grands albums. Il posait ces albums sur nos lits et en tournait les feuilles avec dévotion en égrenant ses souvenirs héroïques. Il s'arrêtait plus longuement sur la page consacrée au glorieux fait d'armes de Camerone...

Les deux années de Saint-Cyr passèrent très vite; la seule impression pénible qui m'en reste se rapporte à la visite du général Boulanger, qui devint ministre de la Guerre pendant notre séjour à l'Ecole. Ce général barbu avait rendu le port de la barbe obligatoire dans l'armée, et notre coquetterie souffrait d'abriter sous notre casoar du dimanche un visage auquel notre poil mal poussé donnait un aspect ridicule mais cela n'est rien. Le général Boulanger vint un jour passer l'inspection de l'Ecole. Après des exercices, une manœuvre et une revue finale, il réunit autour de lui dans la cour Wagram les instructeurs et les élèves. Dans une pose et avec une voix de ténor il nous parla de beaucoup de choses, mais non des devoirs qui nous attendaient, et il termina dans un trémolo: "Ouvrez, jeunes gens, ouvrez largement vos esprits aux idées nouvelles." Nous venions de faire connaissance avec un général politicien[1]*...* »

Boulanger n'a été qu'un bref moment dans la vie de l'Ecole. Par contre, des générations ont goûté à la quiétude du Paradis, connu la «*Sœur Peaufine*» ou la «*Sœur Millimètre*» et le célèbre abbé Lanusse.

Ah, que ce Bazar ressemble bien peu à son ancien ! Pourtant, ils seront l'un et l'autre, Charles Mangin et Maxime Weygand, à des postes bien différents et chacun avec son style, de grands artisans de la même revanche.

La revanche, c'est elle qui pousse Charles Mangin à se diriger vers Saint-Cyr. La victoire obtenue, il dira :

«*Lorrain de père, de mère et de naissance, il n'y a guère de jour depuis que j'ai l'âge d'homme où je n'aie pensé au recouvrement des provinces perdues.*»

Le Cyrard Mangin est bien loin du Cyrard Weygand. Après des études en dents de scie, il intègre malgré tout dans un rang convenable : 94e sur 417. Ce n'est pas si mal lorsqu'il y a près de 2000 candidats. Après quoi, les choses se gâtent. L'élève Mangin ne se montre pas à son avantage. Il encourt d'innombrables punitions. Il manque de peu d'être renvoyé de l'Ecole et n'est sauvé que par le souvenir de son frère aîné tué glorieusement à Langson, au Tonkin, en 1885. Résultat de ses frasques et de son manque d'application, il sort dans les derniers, 389e sur 406. Ce mauvais classement ne l'a pas empêché de choisir l'Infanterie de Marine. Là sera son salut.

De son séjour à l'Ecole, à l'encontre de Weygand, il garde plus qu'un mauvais souvenir. Evoquant ses Petits Cos, il parlera de ses compagnons de chaînes et épanchera sa bile dans une apostrophe vengeresse sur l'enseignement de la Maison :

«*Tout ce qui pense, tout ce qui marche, tout ce qui trouve, tout ce qui a dans le commandement autre chose que la leçon piètrement récitée, vient de la tribu des mauvais élèves. Leur intelligence s'est affranchie du joug de celle des autres, ils vivent d'eux-mêmes*[2]*.*»

Ces mauvais débuts se paieront quelque peu. Mangin passera capitaine à l'ancienneté bien qu'ayant été le plus jeune sous-lieutenant décoré de la Légion d'honneur. Après quoi, il s'envolera. Ce sera Fachoda, Marrakech, Douaumont et surtout la

1. *Idéal vécu.* O.C., p. 16-17.
2. *Le général Mangin.* O.C., p. 21.

Xe Armée dans la forêt de Villers-Cotterêts, le 18 juillet 1918, prélude de la victoire finale. Ironie, le mauvais sujet de l'Ecole sera le parrain d'une promotion de Saint-Cyr (29-31) !

Encore un autre grand artisan de la Revanche, Henri Gouraud, le glorieux manchot. Il n'appartient pas à une famille militaire et se montre, dans ses études, brillant élève. Premier prix d'Histoire au Concours général, il aurait pu choisir une autre voie et pourtant il entre à Saint-Cyr, promotion *du Grand Triomphe*, 1888-1890. La flèche de la cathédrale de Strasbourg a dû lui servir de phare sans se douter que trente ans plus tard il aurait l'honneur d'entrer en vainqueur dans la capitale de l'Alsace libérée du joug prussien[1].

Est-ce l'épopée coloniale, aujourd'hui de mauvaise presse, à laquelle son nom est lié qui écarte le soldat du Soudan, de Mauritanie, du Maroc, du Levant, d'un parrainage d'une promotion de l'Ecole ? Sur sa longue route outre-mer, Henri Gouraud ne pensait pourtant, uniquement, qu'à y semer la France.

Tous ces noms connus, Weygand, Mangin, Gouraud, estompent une longue phalange de bons serviteurs écartés des projecteurs. Ils sont les adjoints ou les compagnons indispensables des figures de proue des temps coloniaux ou de la Grande Guerre. Qui nommer ? Ils sont si nombreux ! Louis Monteil (74-76) déjà évoqué. Famin, son camarade de promotion, appartient aux «*bâtisseurs d'empire*», présent en Afrique comme en Extrême-Orient, avant de devenir Directeur des Troupes Coloniales. Lamy (77-79), tombé sur les bords du Tchad le 22 avril 1900, assure à la France la liaison entre ses possessions africaines du Maghreb et de l'Afrique Noire. Reibell (85-87) est son fidèle second dans cette épopée. Baud lui aussi (85-87) parcourt l'A.O.F., l'Indochine, la Chine avant d'être emporté par la maladie à Madagascar en 1904. Mouret (90-91), mortellement blessé en août 1914, est, avec Coppolani, un grand précurseur de la présence française en Mauritanie.

1891-1893. Promotion du Soudan. Il n'est pas inutile de s'attarder sur cette promotion à la mi-temps des quarante années séparant la défaite de l'heure de la revanche. Parcourir l'annuaire de l'Armée française au 1er janvier 1893 permet de

1. Son ami Mangin aurait dû connaître la même fierté à Metz. Une mauvaise chute de cheval lui interdit le matin même son entrée dans la ville à la tête de ses troupes.

bien situer qui entre à Saint-Cyr même si la lecture de la liste des élèves de la Première Division, les anciens de *la Soudan,* peut s'annoncer monotone ou fastidieuse.

Agel, Alavoine, Alix, Allain-Dupré, Allard, Allardet, André, Angé, Antoine, Ardusset, Arnould, Argentière D', Aubert, Auvard, Auvergne d'.

Bacharach, Baills, Ballé, Barbet-Massin, Barbier, Bardonne, Barth, Barthas, Baunard, Bausil, Bavoux, Belgrand, Belin, Belval, Bénézech, Bergeron, Bergueman, Bernard Charles, Bernard Etienne, Bertin, Besaucèle, Besset, Biellut, Biesse, Bigoudot, Biovès, Blanchard, Boisanger de, Boismarin de, Boissier, Boissieu de, Bonhomme, Bonneau, Bonnet, Bonneterre, Bonvalot, Boquel, Bordier, Bornèque, Bouchart, Bouchony de, Bouillerie de La, Bourgeois, Boussat, Boutle, Boyveau de, Brallion, Branun, Braquet, Brémond de, Brenet, Bricogne, Bride, Brisson, Bron, Brosset, Broussey, Brun, Burguière.

Cahen, Caillet, Cambefort, Campagne, Capdeville, Capperon Louis, Capperon Pierre, Carbonel, Cartier, Casanave, Castel, Castelbajac De, Castelnau, Cavard, Cazères, Cénac, Chabot de, Chairay, Chamagne, Chambeau, Charloteaux, Charve (américain), Chat, Chateauboudeau de, Chateaubriand de, Chevalerie de La, Chevalier, Chicot, Christin, Cimetière, Civatte, Claudel, Clavière de, Clément Frédéric, Clément Pierre, Colesson, Colin, Collet-Meygret, Collombier, Combet, Constans, Contencin de, Cordebas, Cornier, Cornillon, Cornu, Coudin, Coulon, Coup, Couppé, Courcy de, Courtois, Curie, Cuvillier.

Daillier, Dantin, Darnault, Degraix, Dekyndt, Delbreil, Delemolle, Demay Léon, Demay Victor, Dérozier, Deschamps Emile, Deschamps Henri, Desfrères, Desjobert, Desrayaux, Dessaint, Détroyat, Devincet, Dez, Doe, Dominé, Domont, Douglas de, Douillet, Douville de, Drouhard, Dubrulle, Dubulle, Duchemin, Ducrot, Dufieux, Dufoulou, Dufour, Dumas.

Epinay d', Espivent.

Fabre Paul, Fabre René, Faramarz (persan), Fatoux, Faucher, Faudot, Fauvel, Feist, Flamand, Flaubert, Fleuriot, Foisset, Fontaine, Fontane, Forgemol, Forget, Formet, Fouchard, Fouin, Fouquet, Froidefond de, Fromenty.

Gagnepain, Gaimar, Gallaud, Gamelin, Garde de La, Gardier du, Garnier, Gascuel, Gault, Gautruche, Gavet, Genet, Geoffroy, Gillmann, Ginier, Girard de, Gireaudeau, Glaizot, Gleizes, Gonzalès, Goubeau, Gouney, Grialon, Grou, Groult, Guidon,

Guignot, Guillaume, Guillebon de, Guillemin, Guillet, Guitton, Gurgy de, Gury.

Haldat De, Harcourt d', Hatzfeld, Havard, Hellerie de La, Henry Augustin, Henry Georges, Heray, Hervieux, Hogue de La, Huet, Huguet, Huzar.

Ibos, Ionett, Ivry d'.

Jacobi, Jacomet, Jacques Hippolyte, Jacques Théophile, Jalabert, Jeanningros, Jeanpierre, Jehenne, Jobert, Jordan, Jouandon, Joulia, Jutteau.

Kastler, Kérauten de, Kersauson de.

Lachèvre, Lacroix, Lagarde, Lamarche, Landais, Lanne, Lapeyre, Lassagne de, Lastic de, Latreille, Lauffray Laurent, Le Ber, Leflou, Legou, Leiris de, Lemerre, Lemoigne, Lesdos, Leseurre, Létoudot, Letourneur, Liebenguth, Lienhart, Ligonnès de, Linarès, Loncle, Louis Charles, Louis Constant, Lugand, Luuyt, Luze de.

Macaire, Maison, Marchal, Maréchal, Marion, Marquezy, Marteau, Martel, Marzloff, Mathan de, Mathieu, Méchat, Mène, Menettrier, Mensier, Mercier Alfred, Mercier Gabriel, Merlet, Merlin, Meyer, Michaud, Michel, Molin, Molles des, Monaco de (Monégasque), Montesquiou de, Montmorillon de, Moriccio, Morice, Morin, Motte.

Naud, Navel, Nérot, Nicolay, Noailles de, Normand Alfred, Normand Eugène, Noue de La.

Olivié.

Pallier, Panouillot, Parlange, Pasquet, Pauvrehomme, Pellegrin, Perfetti, Péroux, Perret, Perron, Perséguers, Pétin, Peupion, Peyre, Peyrousère, Philippe, Philouze, Picot, Pighetti de, Pinczon, Plaisant, Pointurier, Poirier, Pons, Potier, Poulléau, Pourcher, Pradelle, Prémorel de, Presty, Puig, Puntous.

Quillet Jules, Quillet Paul, Quinet.

Rachou, Rangot de, Raudot, Raymond, Réals de, Reau de, Rebeyre, Redon, Rigault, Rivain, Robin, Rodes, Rodrigue, Roger Joseph, Roger René, Rolland de, Romieux, Roque Jean, Roques Louis, Roques Paul, Rothé, Roubaud, Roubert, Rouget, Rousse, Ruffié, Ruty de.

Saget, Saglio, Sainjon, Saint-Triviers de, Sala, Salone, Sambucy de, Sancery, Sapin, Sauget, Savourey, Schérer, Schilizzi, Schwerer, Sédouy De, Segonne, Seiler, Selancy de, Sierp, Soulié, Source de La, Soursac, Speltz, Stieglitz.

Tarade de, Taute, Taylor, Teitgen, Tertre du, Thiessard, Tiersonnier, Tilly de, Tixier Georges, Tixier Jean, Tournemire de, Tribouillet, Tribout, Trousson, Tugny de.

Vainguedroyc, Valence de, Valentin, Vallée, Vallette, Vanhuffel, Vanwtherghe, Vassal, Vergé, Vergue de La, Vernhet, Vernholes, Vetelay, Vidalin, Vidon, Virel de, Vivier, Voisin Albert, Voisin Auguste, Voisin Charles, Voisin Léon.

Wagner, Waymel, Wehrlé, Weiller, Weyer, Witt De.

Zaigue, Zerbini, Zevaco.

Au soir du triomphe de leur promo, les 463 Cyrards de *la Soudan* ont encore devant eux 19 années de paix avant que n'éclatent les premiers coups de feu de la Revanche. 127 y disparaîtront comme capitaines, commandants ou lieutenants-colonels. Quelques-uns de leurs Petits Cos seront déjà tombés outre-mer, le premier, le sous-lieutenant Gleizes, au Tonkin en 1895. Le dernier des 150 morts pour la France de *la Soudan* sera le général Lugand, à Buchenwald, en 1945.

Le lecteur intéressé aura latitude de reprendre ces 463 noms et de les rapprocher de Saint-Cyriens plus récents. Sans aller jusqu'à cette relecture, ce qui mènerait fort loin, des noms retiennent toutefois l'attention :

- Allard. Plusieurs généraux Allard se dénombrent dans les annuaires de la Saint-Cyrienne.
- Brosset, le fougueux patron de la 1re DFL disparu tragiquement en novembre 1944, est-il un parent du Cyrard Brosset de *la Soudan* ?
- De Boissieu. Là encore des généraux de Boissieu, dont l'un, gendre de Charles de Gaulle.
- Forget. Un camp du 3e REI porte aujourd'hui le nom du chef de bataillon Forget tombé sur la RC 4 en octobre 1950.
- Huet. Un commandant Huet était, en 1944, le patron militaire du Vercors.
- Jeanningros. Les anciens légionnaires n'ignorent pas que le colonel commandant la Légion au Mexique à l'heure de Camerone en 1863 s'appelait Jeanningros. (Le capitaine Jeanningros de *la Soudan* sera tué dans les Vosges en 1914.)
- Jeanpierre. Est-il à rappeler que la promo 1959-1961 porte ce nom en hommage au colonel commandant le 1er REP ?
- Lapeyre. Quel lien avec Pol Lapeyre, l'héroïque défenseur du poste de Beni Derkoul ? Le commandant Lapeyre de *la Soudan* tombe en 1918.
- Morin. Avec la réminiscence du prestigieux parrain de la promotion *Commandant Morin* (1994-1997).

Ces similitudes pourraient se multiplier. La présence de prénoms pour distinguer des homonymes est fréquente. Simple homonymie ou appartenance à une même famille ? Difficile de se prononcer sans effectuer des recherches poussées mais une évidence éclate. Il existe des lignées militaires. Beaucoup hantent la Maison de Madame de Maintenon. Les vocables à particule (12,7 % de la promo) le précisent sans ambiguïté. Pour les roturiers, il est des analogies qui ne trompent pas.

Dans les lettres G, le nom de Gamelin a certainement été remarqué avec une pointe d'interrogation. S'agit-il du calamiteux généralissime de 40, celui dont Churchill découvrait avec stupeur qu'il n'avait pas prévu de réserves dans son dispositif ? Effectivement, oui ! Maurice Gamelin, entré à Saint-Cyr le 31 octobre 1891, à l'âge de 19 ans, avec le n° 44 et sorti major de l'Ecole deux ans plus tard, nanti de notes plus que flatteuses :

« Ne mérite que des éloges ; parfait sous tous les rapports ; deviendra un officier remarquable. »

Signé général de brigade Potas d'Hestreux,
commandant l'ESM.

Effectivement, les débuts sont plutôt bons, mais la fin du parcours ne met que trop en l'esprit les vers de Boileau :

Après l'Agésilas
Hélas !
Mais après l'Attila
Holà !

Sans s'immiscer dans les détails du *Hélas* ou du *Holà* du cursus de Maurice Gamelin, son cas conduit à un examen sur la valeur des notes et classements de sortie de l'Ecole. La vie ne les entérine pas obligatoirement. L'immense majorité des majors de Saint-Cyr sombre dans l'obscurité. Peut-être sont-ils intellectuellement brillants, mais leur manque-t-il cette qualité, impossible à discerner à l'Ecole : le caractère ? Le caractère, vertu des temps difficiles, affirmait de Gaulle qui, lui, n'en manquait pas. Incontestablement, le manque de caractère de Gamelin devant l'adversité, en 40, précipite son fiasco personnel.

Confirmé par les faits, il est Alphonse Juin. Sorti major de sa promotion, il ne déçoit pas les espoirs placés en lui. Sa campagne d'Italie en 1944 est un chef-d'œuvre d'intelligence et de savoir-faire militaires. Outre Juin, d'autres majors connaissent également de brillants parcours : de Langle de Cary (1869-70),

Maistre (77-79), Humbert (81-83), Guillaumat (82-84), commandent des armées ou des groupes d'armées en 14-18.

Si Touny (1904-1906) ne conduit pas des divisions au feu, il fait mieux, il organise et dirige une armée clandestine dans la Résistance.

Les critères d'appréciation de l'Ecole sont-ils donc toujours bons ? L'exemple d'Eugène Titeux permet de s'interroger. Titeux sort major en 1859 et termine lieutenant-colonel, grade à priori modeste. Il consacre alors son activité à la rédaction d'une Histoire de Saint-Cyr de 1802 à 1897, travail de bénédictin remarquable par sa documentation et son illustration[1]. Les croquis, plans et dessins, tous de la main de l'auteur, frappent par leur qualité et leur précision. Titeux se montre là sous son vrai jour. Dessinateur de talent, il devait, à l'Ecole, remettre des rapports et des cahiers «mili» d'excellente facture et faire impression. D'où son classement que sa carrière militaire ne confirme pas.

Parmi tous ces majors de Saint-Cyr, il est aussi un cas douloureux : Henri Dentz de la promotion *du Tchad*. Le parcours de cet Alsacien germanophobe, dont la famille a choisi la France en 1870, est celui d'un bon serviteur, loyal, courageux, intelligent. Pour son malheur, ce passé irréprochable fait du général Dentz, en décembre 1940, un Haut-Commissaire en Syrie et Commandant en chef des troupes du Levant. Son esprit de discipline, la résistance qu'il oppose à l'agression des Britanniques et des Français libres durant la guerre de Syrie en juin 1941, le conduisent en Haute Cour, en avril 1945. Condamné à mort, il meurt d'épuisement en prison alors qu'il venait d'être gracié.

Les majors passés à la postérité ne sont pas si nombreux. En revanche, les bien classés, dans la «*Botte*» dit-on à Polytechnique, confirment mieux. Cas de Lyautey, Franchet d'Esperey, Frère, de Gaulle, Leclerc et tant d'autres. A l'inverse, Mangin, de Lattre sortent en queue de peloton mais savent ce qu'ils veulent et le démontrent.

*

De glorieux soldats dans cette promotion de *la Soudan*.

Charles Aubert est de ceux-là. A l'Ecole, il est sergent-major, dans les premiers à sa sortie. Il choisit l'Infanterie de

1. *Saint-Cyr et l'Ecole Spéciale Militaire en France*, 1897. Ouvrage réédité en 2000 par Laurent Forissier, Paris.

Marine, au grand dam de son instructeur qui grommelle : « *Il n'y a que les têtes brûlées dans cette arme !* » Avec les marsouins, il ira au Tonkin, à Madagascar, au Tadla au Maroc avant le front français et, à nouveau, le Maroc où il se fait un point d'honneur de servir fidèlement Lyautey.

Drot (93-95), parfait officier de tirailleurs sénégalais au Dahomey comme au Gourma, avant d'être tué à l'ennemi, le 25 septembre 1915.

Toujours dans *la Soudan*, un autre nom ne passe pas inaperçu : Monaco (de), avec une précision complémentaire, Monégasque. Pas d'erreur ! Il s'agit bien d'un Grimaldi, de la famille régnante en Principauté, et de surcroît héritier du trône. Louis de Monaco, futur Louis II, appartient à la promo de Gamelin, Aubert et Drot. Il aime la France, à l'image de son père qui a servi volontairement dans la Royale en 1870. Après Saint-Cyr, Louis de Monaco ira à Saumur. Se battra avec la Légion dans le Sud-Oranais où il gagnera la Légion d'honneur. En 1914, il reprendra du service, sera cité trois fois et terminera sa carrière militaire française avec les étoiles de général. Encore un Saint-Cyrien étranger bon serviteur de la France.

De *la Soudan* encore, le général Pierre Ibos est moins connu hormis chez lui, à Toulouse. Pourtant, le soldat d'Exrême-Orient, de Madagascar, du Maroc, de 14-18, se double d'un écrivain apprécié. Il prouve qu'il est possible de servir son pays à la fois par son épée et par sa plume. Ibos, en littérature *Pierre Khorat*, accompagne sa carrière militaire et sa retraite d'articles, d'études, d'ouvrages faisant autorité.

Promotion *d'Alexandre III* (1894-1896) :

Pruneau (94-96) fait campagne au Soudan, en Chine, en Extrême-Orient, en France, en Orient, au Maroc et devient, en 1917, le plus jeune général de France, et le premier de sa promotion à atteindre ce grade.

Pruneau sera vite oublié mais l'un de ses Petits Cos bien qu'ayant progressé moins rapidement ne le sera pas. A la Légion, tout au moins.

Paul Rollet constitue à la Légion un monument incontournable. Celui qui sera baptisé le « Père de la Légion » y est présent partout. Il intègre en 1894 à dix-neuf ans, 56e sur 600. Si le classement d'entrée est bon, celui de sortie l'est moins, seulement 311e.

Le jeune Rollet préfère de loin le *mili* à la pompe et excelle surtout dans les exercices physiques. Un dimanche soir, le permissionnaire s'endort dans le train et ne s'éveille qu'au terminus, à 30 kilomètres de Saint-Cyr. Que faire pour rejoindre l'Ecole à cette heure tardive ? Prendre la route à pied. D'une traite, l'infortuné dormeur avale les 30 kilomètres. Il n'échappe pas à une punition de principe mais a droit aux félicitations du général pour sa résistance et sa volonté. En 1899, après 3 années dans la « Régulière », le lieutenant Rollet découvre la Légion. Débute un mariage d'amour empli de fidélité. En 14-18, il commande le célèbre RMLE, le régiment de Marche de la Légion Etrangère, le régiment au drapeau le plus décoré de France avec celui du RICM, le régiment d'Infanterie Coloniale du Maroc. Entre les deux guerres, il est inspecteur de la Légion, poste créé spécialement à son intention. Rollet, avec sa barbichette, son ombrelle rose pour s'abriter du soleil dans les tranchées, ses 7 palmes sur sa Croix de Guerre 14-18, sa panoplie de médailles de maréchal soviétique, sa gouaille et son franc-parler, façonne un personnage un peu irréel et cependant bien vivant. Ce bougre, comme dirait Clemenceau, sort de Saint-Cyr. Il est bon que l'Ecole possède de tels phénomènes.

Freydenberg (96-98), **Justinard** (97-99) sont des Marocains de Lyautey avec tout ce que le terme implique. Le Résident Général de France au Maroc sait choisir ses gens. A la 96-98 appartient Georges Catroux qui, au lendemain d'une belle carrière attestant autant de ses qualités de diplomate que de militaire, sera le très loyal lieutenant du chef de la France Libre pourtant largement son cadet. Un geste plus que méritoire dans une corporation où le rang hiérarchique et l'ancienneté priment.

Un nom encore, **Frènée** (98-1900), 10 ans de Madagascar comme jeune officier, puis 10 ans encore comme administrateur civil après la Grande Guerre.

Il ne faudrait pas omettre sur cette liste **Frèrejean** (83-85), le Mauritanien dont Psichari dans ses *Lettres du Centurion* écrit :

« *C'est un homme extraordinaire que ce Frèrejean. Je n'ai jamais de ma vie vu un homme aussi dépourvu d'intellectualisme. Mais quel riche caractère ! franc, hardi, actif. Enfin, c'est un soldat, et c'est la première fois que je marche avec un soldat. Frèrejean n'est pas un saint. Je l'ai vu à Saint-Louis ivre comme un Polonais. C'est un soldat comme devaient être ceux de l'Empire. C'est un Soult ou un Lasalle. Comme chef et ami, un homme charmant, aimable, dépourvu de toute nervosité et constant d'humeur. Combien je préfère ce genre à tous nos polytechniciens de l'artillerie, gens savants à lorgnons et à crâne dénudé ! Maintenant, j'ai une conviction : s'il se fait quelque chose d'intéressant en Mauritanie ces années-ci, c'est lui qui le fera. Non qu'il soit fort bien vu en hauts lieux où ses intempérances de langage, ses idées paradoxales et violentes heurtent le caractère rassis des gouvernants. Mais, d'abord, il est indispensable. C'est le seul qui connaisse bien le pays, qui soit craint des Maures et qui puisse agir utilement près d'eux. Et puis il a la hardiesse, l'audace nécessaires, en un mot, l'allant – comme on dit dans l'armée – et de plus, le besoin et la volonté d'agir*[1]. »

Enfin, c'est un soldat ! Quel hommage rendu par le lettré petit-fils de Renan ! Frèrejean n'est pas le Saint-Cyrien type comme le voudraient d'aucuns, mais il vit avec foi et intensité le métier qu'il a choisi. Il mérite sa place dans le long panégyrique des valeureux Anciens. Un Saint-Cyrien se doit d'abord d'être un soldat. Là se situe le sens premier de son entrée à l'Ecole. (Le lieutenant-colonel Frèrejean, grièvement blessé en 1917, ne survivra pas à ses blessures.)

*

Dans quelle catégorie ranger ce Saint-Cyrien de la dernière décade du XIXe siècle connu par la suite sous le nom d'émir **Khaled** ? Est-il ou non un « Croco » ? Juridiquement, il n'est pas citoyen français. Il n'est pas non plus étranger, étant reconnu sujet français. A sa sortie de Saint-Cyr, dans la différenciation malheureuse de l'époque, il aura rang d'officier indigène. Petit-fils d'Abd el-Kader, Khaled el-Hachemi naît à Damas en 1875. Il rentre en Algérie avec son père, l'émir Hachein, en 1892. Grâce à une bourse, il part faire ses études à Louis-le-Grand et est admis à Saint-Cyr (1893-1895) sous réserve de demander sa naturalisation. Ce qu'il ne fera jamais, cette naturalisation impliquant l'abandon de son statut coranique. Son passage à l'Ecole se déroule en deux temps. Ayant été déclaré coupable de mauvais esprit, il est renvoyé durant plusieurs mois en Algérie avant de pouvoir terminer sa scolarité. Ses photographies en Saint-Cyrien montrent un grand gaillard au visage énergique. (Avec les années, sa ressemblance avec son grand-père s'accentuera. Même faciès ovale et racé.) Cavalier comme il se doit pour un

1. *Lettres du Centurion*. O.C., p. 101.

fils de grande tente, il sert au Maroc dans les Spahis. En 1908, il est promu capitaine, grade plafond, un officier indigène plafonnant généralement au grade de capitaine. En 1913, décoré de la Légion d'honneur, il obtiendra un congé de trois ans interrompu par la guerre. Réformé définitivement après maladie en 1916, il entamera alors une carrière politique qui fait de lui, à certains égards, un précurseur du nationalisme algérien. Peu après, un autre lui succède, de même fils de grande tente : Mohammed ben Si Ahmed ben Chérif (Saint-Cyr 1897-1899), petit-fils d'un fidèle compagnon d'Abd el-Kader finalement rallié à la France.

Contrairement à l'émir Khaled, toute sa vie durant il se montrera très francophile, aspirant à devenir un Français à part entière (tout en restant très attaché à sa foi musulmane). Il est l'auteur, en 1920, un an avant sa mort, du premier roman en français d'un Algérien: *Ahmed ben Mostapha, Goumier*, «ouvrage écrit pour exalter la gloire d'une nation qui a su réveiller les élans chevaleresques d'un peuple jadis endormi...». Un demi-siècle s'écoulera avant que d'autres Algériens n'entrent à Saint-Cyr[1].

Leurs origines familiales ont permis à l'émir Khaled et à Ben Cherif d'accéder à Saint-Cyr. Do Huu Chan partage le même privilège. Fils d'un gouverneur de Cochinchine, il appartient à la promotion 1890-1892. Au terme d'une carrière honorable dans l'Armée française, il se retirera comme colonel en 1919.

Khaled, Ben Chérif, Do Huu Chan[2]. Ils sont peu nombreux à intégrer le Saint des Saints de la formation militaire française. Ce constat explique des rancœurs, pour ne pas dire plus.

*

Avec les années 1900 apparaît une autre génération. Elle donnera des lieutenants et des capitaines de la Revanche et les ténors militaires de la Seconde Guerre mondiale.

Les deux premiers sur la liste appartiennent à *la Marchand* (1898-1900).

---

1. Les trois premiers appartiendront à la *Nouveau Bahut* (1945-1947).

Admis initialement à titre étranger comme Syriens, ils sont tous les trois de la descendance d'Abd el-Kader et seront naturalisés après leur sortie de l'Ecole.

L'aîné, Abd el-Kader Ali, sera tué en Indochine le 17 mai 1949. La promotion 59-61 comptera six élèves d'origine algérienne. L'un d'eux restera dans l'Armée française.

2. Mohammed ben Daoud les avait précédés (1865-1867), avant de commander le 3e Régiment de Spahis de 1885 à 1889.

Charles Delestraint sera le chef de l'AS (Armée Secrète). Arrêté en juin 1943 et exécuté par ses gardiens peu avant la libération des camps en avril 1945. La promotion 1988-1991 a choisi le général Delestraint, Compagnon de la Libération, pour parrain.

Henri Giraud a manqué la première marche ou plus exactement il ne l'a pas conservée très longtemps. Ce baroudeur d'une trempe exceptionnelle, après sa troisième évasion réussie, gagne Alger le 9 novembre 1942. L'assassinat de Darlan fait de lui le Commandant en chef civil et militaire. Manifestement, il gêne l'Homme du 18 juin qui, autrement plus expert en roublardises politiques, le pousse vers la sortie. Giraud ne sera pas le Libérateur alors qu'il avait bien des cartes en main. Pour lui, les gros bataillons de l'Armée d'Afrique et la confiance de l'Allié américain. De Gaulle retiré à Colombey, la République lui rendra justice, la veille de sa mort en 1949, par l'attribution de la Médaille militaire accompagnée de sa dernière citation :

« *Chef prestigieux, aux états de services splendides, s'est évadé en avril 1942 de la citadelle de Köningstein, exploit de légende, avec la volonté ardente de reprendre le combat. Présent à Alger à l'heure décisive, a pris une part déterminante à la rentrée de l'Afrique du Nord dans la guerre. A réussi, dans les moindres délais, à jeter les troupes françaises face à l'avance allemande, en couverture des débarquements alliés, préparant par les succès de Medjez el-Bab de Pichon, du Faïd et de Kassérine la libération de la Tunisie. Quelques mois plus tard, en une action d'une audace extrême, avec des moyens réduits uniquement français, s'appuyant sur les combattants des maquis, a libéré la Corse, premier département métropolitain repris à l'ennemi. Enfin, de 1942 à 1944, a hautement contribué à organiser l'Armée française de la Libération qui devait s'illustrer dans les campagnes d'Italie, de France et d'Allemagne. Soldat magnifique, d'un courage jamais abattu, d'une dignité égale à son abnégation, compte parmi les gloires les plus pures de l'Armée française*[1]. »

Pourquoi aucune promotion de Saint-Cyriens, à ce jour, n'a rendu le même tribut à ce grand Ancien ? Les soldats de Juin, de Lattre, Leclerc lui doivent leurs armes.

Dans la liste des très grands Résistants, un autre nom : le colonel Touny, major de la promotion du *Centenaire d'Austerlitz*

1. Cette citation manque sous le nom de Giraud au Musée de l'Armée aux Invalides !

(1904-1906). Le colonel Touny, exécuté par les Allemands le 1er avril 1944 dans les fossés de la citadelle d'Arras, repose aujourd'hui dans la crypte du Mont-Valérien. Combattant héroïque de 14-18, sept fois cité, blessé, il est, avec le colonel Heurteaux, l'un des dirigeants fondateurs de l'OCM, l'Organisation Civile et Militaire, la plus importante organisation de Résistance de la zone nord.

*

Maintenant, comme les trois Mousquetaires, ils sont quatre! Ils sont même cinq en y adjoignant Augustin Guillaume, le cadet. Ils se dénomment: Jean de Lattre, Alphonse Juin, Charles de Gaulle, Marie Antoine Béthouart. La France s'est bien portée de les compter parmi ses fils en 40-45.

L'aîné du groupe est Jean **de Lattre**, l'enfant de Mouilleron-en-Pareds, en Vendée, le village où il voit le jour pour la Chandeleur 1889. Mouilleron s'honore d'une autre célébrité, Georges Clemenceau, le Tigre vendéen. Chez les de Lattre on ne déroge pas aux vieilles fidélités du pays chouan. Un oncle de Jean de Lattre dit Jean l'Ancien, promotion 1880-1882, au lendemain de la mort du duc de Bordeaux, en 1883, est revenu à l'Ecole et a hissé un grand drapeau blanc sur les toits. Lors des Inventaires, il a affiché ouvertement son camp et il était dans la logique de ses convictions qu'il ne puisse effectuer une brillante carrière militaire. Ce chouan des temps modernes devait tomber commandant, non pour la Gueuse mais pour la France, au Fort de Vaux en 1916, la cinquantaine largement dépassée. Son neveu, après avoir clamé qu'il était fier de son parent, montrera plus de souplesse… Lequel neveu aspire à entrer au Borda, l'Ecole navale. Une paratyphoïde l'en détourne. Ce sera Saint-Cyr car il veut être militaire. Sa préparation à l'Ecole fait de lui un «fils de la jésuitière» puisque c'est chez les Jésuites de la célèbre Institution de la rue des Postes qu'il fait sa Corniche. Singulier rapprochement: durant ses études à Paris, rue de Vaugirard, il a comme professeur de philosophie un certain Henri de Gaulle, le père de Charles. Jean de Lattre est doué. Il intègre brillamment 4e sur 226 en 1908, promotion de *Mauritanie*. Suivant les normes du moment, il commence par une année de troupe au 29e Dragons à Provins. Il y découvre la vie de simple cavalier avant d'être promu brigadier. En avait-il trop fait auparavant? Durant ses deux années d'Ecole, il ne se prive pas pour souffler quelque peu et jeter sa gourme. Il sort non pas quatrième mais quatrième avant la fin avec des notes où il est qualifié «*d'esprit brillant un peu artiste*» ou «*d'intelligence vive mais d'esprit peu militaire*». Pour le moins surprenant pour un futur Maréchal de France... mais il est d'autres précédents. Sous-lieutenant, Jean de Lattre, qui a opté pour la Cavalerie, part pour les marches de l'Est, au 12e Dragons en garnison à Pont-à-Mousson. Le boute-selle l'interpelle le 2 août 1914 et c'est avec le 12e Dragons qu'il fera, non sans panache, ses premières armes. En souvenir de son régiment de 1914, le commandant de la Première Armée le reconstituera en 1944.

Au *Triomphe* de *la Mauritanie* de Lattre porte beau en d'Artagnan et campe un mousquetaire plus vrai que nature. De Lattre d'Artagnan est-il destiné à être le chef de file du trio des Juin, de Gaulle et Béthouart, ses *Bazars* de *la Fès*? De Gaulle lui ravira la place et l'amour-propre du d'Artagnan d'occasion, sinon de cœur, en souffrira plus d'une fois. Si, en 1910, de Lattre se présente en ancien qu'on salue, en 1944, il ne sera plus que le féal contraint d'obéir. Celui que ses subordonnés baptiseront le Roi Jean aime la première place.

Auquel attribuer les traits de l'un ou de l'autre des héros d'Alexandre Dumas? Béthouart, le plus effacé, pourrait être Aramis. Il est délicat de trancher pour les autres. Juin peut s'imaginer avec la force tranquille de Porthos et de Gaulle avec l'âme tourmentée d'Athos. Ces réminiscences ne peuvent faire oublier que ces trois Saint-Cyriens ont compté devant l'Histoire, surtout l'un, véritable monument du passé de la France.

Le brigadier de gendarmerie Victor Juin a une ambition: voir son fils Alphonse, né le 16 décembre 1888 à Bône (actuelle Annaba), gagner l'épaulette d'officier. Les parents font les sacrifices financiers nécessaires et le jeune Alphonse entre à la Corniche algérienne fondée en 1883 au grand Lycée d'Alger, futur Lycée Bugeaud [1]. Le 7 octobre 1909, Alphonse Juin reçu numéro 7 sur 209 signe son engagement de quatre ans et part effectuer son année réglementaire au 1er Zouaves à Alger. Un glorieux régiment, ce 1er Zouaves, issu du corps des Zouaves de 1830 et créé le 13 février 1852. Sur son drapeau, Constantine

1. Cette Corniche deviendra le 29 mars 1941 la Corniche Weygand. Les Anciens de cette Corniche aujourd'hui disparue se réunissent chaque année et ont rassemblé les archives de leur classe qu'ils ont pieusement remises au Musée du Souvenir de Coëtquidan.

(1837), Sébastopol (1855), Melegnano (1859), Puebla (1863), Extrême-Orient[1].

Au 1er Zouaves, Alphonse Juin tisse consciencieusement sa toile, ce qui lui vaut d'être promu caporal. Après lui avoir remis son bâton de Maréchal en 1952, le Président de la République, Vincent Auriol, lui demandera si cette distinction lui a fait plaisir. Il s'entendra répondre :

« *Pas autant que mes galons de caporal !* »

Un caporal, il est vrai, représente, en 1910, une autorité. Le refrain militaire l'évoque :

« *Un caporal, c'est une légume.* » Suite scabreuse à rapporter...

Juin, au 1er Zouaves, franchira encore un échelon. Il obtiendra ses galons de sergent, grade que n'atteint pas son Petit Co de Gaulle, alors au 33e RI à Arras, dont le capitaine s'exclame :

« *Que voulez-vous que je nomme sergent un garçon qui ne se sentirait à sa place que connétable !* »

Connétable ! Le vocable fera recette.

Le 15 octobre 1910, Juin franchit pour la première fois le portail de la Maison de Madame de Maintenon. Il est vraiment Cyrard et a réalisé l'ambition paternelle. L'épaulette d'officier est à la sortie de l'Ecole. Sans effort apparent, il s'impose, aussi féru en *pompe* qu'en *mili*, prenant dès la fin de la première année la tête de la *promo*. Ses anciens, dont de Lattre, ont pu se rendre compte de quel bois il se chauffe. Le bahutage est toujours vivant. Un soir, Juin estime que la coupe est pleine. Les anciens se heurtent au mur des Bazars, fusil à la main, baïonnette au canon, rangés derrière Juin annonçant que l'heure des brimades était close. L'affaire fait grand bruit et impose un coup d'arrêt à ces mauvais traitements.

La promo de Juin est baptisée suivant le cérémonial traditionnel le 12 juillet.

Elle reçoit le nom de *Fès*. Pour Juin, ce patronyme est un présage. Le fils du gendarme de Bône fera campagne au Maroc et y sera Résident Général de France de 1947 à 1951.

Major de promotion, Juin est le porte-drapeau de l'Ecole en seconde année, drapeau qu'il remettra l'été 1912 à son Bazar Préaud, futur commandant de l'Ecole repliée à Aix-en-Provence, en 1940.

A « *l'Amphi garnison* », c'est tout naturellement en enfant du Maghreb et fantassin qu'il a décidé d'être, qu'il déclare fièrement

1. Bien des inscriptions se sont ajoutées depuis 1909.

opter pour le 1er Régiment de Tirailleurs Algériens de Blida. Voilà encore un glorieux régiment, ce 1er RTA, héritier du bataillon de Tirailleurs indigènes d'Alger et du Titteri créé le 1er août 1842. Sur son drapeau, à l'arrivée de Juin, on peut lire Laghouat (1852), Sébastopol (1855), Turbigo (1859), San Lorenzo (1863), Extrême-Orient, Tchad (1900). Tchad en rappel de la colonne Foureau-Lamy, à base de tirailleurs du 1er RTA. Choisissant Blida, Juin sait aussi que le régiment envoie régulièrement des renforts au Maroc où Lyautey est souvent dans l'obligation de faire parler la poudre. Sur ce point, il ne sera pas déçu. Il baroudera à l'école de Lyautey, Gouraud, Poeymirau, ses grands Anciens.

Il le voulait. Dès 1904, né en 1890, il n'a que quatorze ans, **Charles de Gaulle** annonce son intention. Il préparera Saint-Cyr. Pourquoi une telle vocation si tôt affirmée ? Le milieu familial ne paraît pas y prédisposer, même si les vertus patriotiques et l'espoir de la revanche y sont largement cultivés. Monsieur de Gaulle père, on le sait, est professeur. Dans ses *Mémoires de Guerre*, l'intéressé écrira : « *Quand j'entrai dans l'armée, elle était une des plus grandes choses du monde.* »

Estime-t-il que ce grand cadre lui fournira une scène à la mesure de son personnage dont il a déjà fort haute opinion ? Ce n'est pas impossible, désir de revanche aidant.

Lorsque Charles de Gaulle veut quelque chose, il ne ménage pas sa peine. L'adolescent travaille. C'est au Collège Stanislas à Paris[1] qu'il prépare Saint-Cyr. Collège où des professeurs laïcs ont remplacé les pères maristes interdits par la loi sur les Congrégations. Le 30 septembre 1909, son père lui apprend qu'il est reçu. 119e sur 221 pour 781 candidats ayant composé. (400 ont été déclarés admissibles. Les épreuves orales et sportives ont joué un grand rôle dans la sélection.) Le 7 octobre, il signe son engagement volontaire pour quatre ans et part effectuer son année de troupe au 33e RI à Arras. Si le 33e RI a derrière lui un glorieux passé sous l'Empire, depuis 1870 il ne se bat pratiquement plus. Seul l'un de ses bataillons a participé à la campagne de Tunisie en 1881-1883. Régiment d'active du corps de bataille de l'Armée métropolitaine, le 33e RI vit et s'instruit dans l'espoir de la revanche. Le soldat de Gaulle découvre les beautés

1. La Corniche du Collège Stanislas a été ouverte en octobre 1865. Elle disparaît en septembre 1965, soit après un siècle d'existence. En 1909, « *Stan* » compte 38 *Cornichons*. 10 dont de Gaulle sont reçus.

de la corvée de quartier et fait ses classes sans être dupe sur l'instruction dispensée. Dans ses lettres, on peut lire : «*En prenant le contre-pied des mesures dont [il a été] victime, des résultats satisfaisants pouvaient être escomptés.*» Déjà sûr de son moi, ce fantassin promu caporal le 10 avril 1910 !

Il pleut à verse le 14 octobre 1910 lorsque Charles de Gaulle découvre son univers pour deux ans. Il est de suite repéré. Sa grande taille, plus de 1 mètre 90, ne le laisse pas passer inaperçu, et le fait vite cataloguer : «*grande asperge*», «*double mètre*», «*melon kilomètres*». Dès le premier soir, un ancien interpelle «*le nommé la gaulle*». Il n'est pas que la haute silhouette. La mémoire prodigieuse, la facilité d'élocution et de plume, l'imagination fertile n'échappent à personne. Plus que tout, le style, le ton volontiers condescendant de Grand d'Espagne ajoutent à ses multiples sobriquets le qualificatif, déjà évoqué par son capitaine du 33e RI, de connétable. Or, ce connétable travaille. Il se range dans la catégorie de ceux que l'on dénomme les «*brutes pompières*». A la fin de la première année, il s'est hissé au 45e rang. En deuxième année, il gagne encore des places pour terminer 13e, battu cependant de plusieurs longueurs par Alphonse Juin. L'appréciation générale du commandement de l'Ecole est bonne sans être toutefois prémonitoire :

«*A été continuellement en progressant depuis son entrée à l'Ecole, a beaucoup de moyens, de l'énergie, du zèle, de l'enthousiasme, du commandement et de la décision. Ne peut manquer de faire un excellent officier.*»

Fera un excellent officier. Un officier qui volontairement choisit l'Infanterie. Pourquoi ? «*Parce que c'est plus militaire*», lancera-t-il, par la suite. Curieux commentaire d'un Cyrard qui laissera plus le souvenir d'un politique que d'un militaire même s'il veillait à se faire appeler : Mon Général.

Une image encore du Saint-Cyrien de Gaulle à l'Ecole, une image insolite, peu en rapport avec la gravité habituelle du faciès de l'Homme du 18 juin. Au triomphe de *la Mauritanie*, de Lattre campait d'Artagnan. Il était dans sa note. Au baptême de *la Fès*, le 12 juillet 1911, de Gaulle est le «marié du village», le chef surmonté d'un formidable gibus. L'année suivante, lors du Triomphe de sa propre promotion, il joue un clown et exécute un numéro de haute voltige.

Le sous-lieutenant Juin est parti sous le soleil d'Afrique. Le sous-lieutenant de Gaulle s'en va à nouveau dans les brumes du Nord à ce 33e RI qu'il connaît bien. Le chef de corps y a bonne réputation et celle-ci aurait influé sur le choix du jeune officier. Son nom? Philippe Pétain. Le sort en est jeté, mais il est à relever que Charles de Gaulle ne sera pas un homme de l'outre-mer. Faut-il y voir certaines explications à ce qui adviendra cinquante ans plus tard?

De Lattre, de Gaulle, malgré les apparences, garderont des rapports distants. Ils se vouvoieront. Béthouart, le vainqueur de Narvik, seule victoire française de 1940, qui les tutoie, assure un peu le lien entre eux. Avec de Lattre, ils furent ensemble en Corniche et sont restés amis; avec de Gaulle, il est son camarade de promotion. Il le servira fidèlement comme chef d'état-major de la Défense nationale avant d'aller commander un corps d'armée sous de Lattre à la Première Armée.

*

Lorsque **Augustin Guillaume**, le futur commandant des Tabors d'Italie en 1944, passe le 8 novembre 1913 sous le porche de l'Ecole, de Lattre et de Gaulle y sont passés définitivement et dans l'autre sens. Le premier deux ans plus tôt, le second l'année précédente. Ces trois Cyrards ne se sont pas connus dans les cours et couloirs de Saint-Cyr; la vie militaire se chargera de les mettre côte à côte à maintes reprises. De Gaulle et Guillaume partageront la même captivité dans un camp de Silésie en 1916. Evoquant le groupe d'officiers ainsi réunis, Guillaume conclura:

«*Et puis, nous dépassant tous de la tête et considérant de très haut, sans y prendre le moindre intérêt, nos problèmes, nos discussions, nos manifestations, le capitaine Charles de Gaulle.*»

Ces quelques lignes laissent présager les relations très tendues, Guillaume-de Gaulle. En revanche, le climat Guillaume-de Lattre sera à l'opposé. Le baroud marocain, au début des années vingt, soude à jamais les deux officiers. Faut-il encore le rappeler:

– *Rien n'unit autant les hommes que les combats livrés de concert.*

De Lattre et Guillaume se tutoient et continueront de se tutoyer même si le cadet appelle en public son ancien : Mon Général.

Guillaume entre à l'Ecole, âgé de dix-huit ans à peine. Il est l'un des plus jeunes de sa promotion, cette *Croix du Drapeau* appelée à verser tant de sang. L'enfant du Queyras, arpentant ses montagnes natales, y fait des rencontres qui ont marqué et orienté sa route:

«L'Armée, nous la voyions constamment: tantôt c'était la garnison du Mont-Dauphin qui exécutait une marche ou un exercice et que je repérais de loin à ses pantalons rouges: tantôt les manœuvres d'été engageaient, sur la route poudreuse du Queyras, des colonnes de chasseurs alpins et d'artillerie de montagne avec les mulets portant les mitrailleuses ou les petits canons de 65. Nous les escortions des journées entières, et c'était pour nous, les garçons, un plaisir sans cesse renouvelé de bavarder avec les troupiers et partager leur gamelle, de gravir à leur côté les sentiers conduisant à un hameau perdu, à un col[1]*.»*

Combien de futurs Saint-Cyriens ont, comme Guillaume gamin, laissé leur imagination s'enflammer, rêvant d'une armée victorieuse, d'une Alsace-Lorraine reconquise, d'une France d'outre-mer agrandie! Combien de vocations se sont ainsi formées, prenant racine sur des images fortes et des ambitions généreuses!

*

Appartenant à la promotion *du Maroc* (1907-1910), il les a tous précédés à l'Ecole. Il lui arrivera de les avoir pour pairs ou de porter une étoile de moins qu'eux. Sa fierté ne s'en offusquera jamais, car ce preux à l'âme droite n'a qu'une ambition : servir son pays partout où le devoir l'envoie… Moine-soldat des temps modernes, Joseph **de Goislard de Monsabert** possède la foi d'un croisé et la vaillance d'un chevalier. Il bataille pour Dieu et la France et ne s'en cache pas. Sa route n'est qu'un combat avec de grands moments qui font de lui le vainqueur du Belvédère et le libérateur de Marseille (n'en déplaise au Roi Jean, son patron) où son premier geste sera de monter à la Bonne Mère pour la remercier. Compagnon de la Libération, distinction rarissime pour un soldat de l'Armée d'Afrique[2]. Les jeunes générations ne se sont pas trompées sur la qualité des

1. *Homme de guerre*. O.C., p. 14.

2. En dehors de ceux de la 1re DFL ou de la 2e DB, les Saint-Cyriens de l'Armée d'Afrique, Compagnons de la Libération, se comptent sur les doigts de la main: Béthouart - de Lattre de Tassigny - Megret de Devise - Méric - de Monsabert. Tous par décret du 20 novembre 1944. Sur cette courte liste, on peut s'étonner de ne pas y lire Juin, du Vigier, Paillole, Gandoet, de Neuchèze, des cadres des commandos comme Bouvet et tant d'autres avec au premier rang Henri Giraud. Mais ce dernier aurait-il accepté? Douteux, ayant refusé la Médaille militaire que de Gaulle voulait lui décerner.

services rendus à la France. La promotion 1982-1985 a pris le général de Monsabert pour parrain.

*

L'Armée se veut une corporation structurée et hiérarchisée mais non dépourvue de risques. La fantaisie n'y est point de mise. Entrer dans l'institution suppose d'accepter de se soumettre à ses règles. « La discipline, force principale des armées », énonce le célèbre article 1er du Règlement de discipline générale[1]. Le Saint-Cyrien, plus que tout autre, est censé s'y soumettre et suivre la voie tracée par en haut. Les voix ne manquent pas pour lui rappeler qu'une carrière honorable est à ce prix. Le non-conformisme est tout autant péché mortel. Les esprits forts sont mal jugés. Lyautey le constate à ses dépens après *Le Rôle social de l'officier*, paru en 1891.

La route d'un Saint-Cyrien est prévue rectiligne. Pourtant, il lui arrive des incartades, s'affranchissant des normes supposées admises. On a vu un Armand Carrel virer de bord. Lyautey n'en fait souvent qu'à sa tête. Lanrezac désobéit ouvertement. Charles de Gaulle donne, le 18 juin 1940, la note d'une insubordination qui se généralise. Leclerc avouera: «*Tout ce que j'ai fait de grand, je l'ai fait en désobéissant.*» La litanie des Saint-Cyriens en rupture d'obéissance n'est pas close. Salan, Jouhaud, Gardes en savent quelque chose. Ces exemples fameux suivis par bien d'autres plus anonymes peuvent laisser rêveur. Apprendrait-on à Saint-Cyr à devenir un rebelle ? Non, bien sûr ! On sort de l'Ecole avec un sentiment puissant. Celui de l'honneur ! Très souvent, fort heureusement, Honneur et Service de la Patrie se confondent. En 14-18, le devoir est clairement fixé. Il conduit à enlever la tranchée d'en face. Surviennent d'autres temps où la confusion règne. Que faire ? Choisir l'honneur au détriment de la discipline. C'est le choix de Leclerc et de ses émules.

Ces voies qui bifurquent possèdent une explication, comme celles qui s'orientent vers l'au-delà. Beaucoup arrivent à Saint-Cyr épris d'absolu. Certains déçus par le quotidien optent pour une autre certitude. Chaque promotion, ou presque, possède son marabout happé par une vocation religieuse. L'annuaire de la Saint-Cyrienne est éloquent sur ce sujet.

---

1. Plus exactement énonçait. Ce n'est plus d'actualité au début du troisième millénaire.

Pourquoi la vie civile à mi-parcours, voire avant, voire après ? Une opportunité intéressante, une carrière mal engagée, ou hélas, des circonstances extérieures qui imposent de quitter l'uniforme. Ce départ est souvent douloureux. Un rêve de jeunesse s'écroule. Bien des générations ont vécu ce drame.

Interviennent encore des parcours ne relevant, à priori, en aucun cas du cheminement normal d'un Saint-Cyrien. Laperrine note le paradoxe de la transformation d'un Charles de Foucauld. Quel mobile conduit le sous-lieutenant Albert Puyou (82-84) à démissionner peu après sa sortie de l'Ecole et à s'engager à la Légion Etrangère où il retrouve ses galons deux ans plus tard avant de quitter l'Armée définitivement en 1892 ? Pourquoi le capitaine Julien Chanoine (88-90), brillant sujet, s'embarque-t-il dans la funeste sédition de Voulet en 1899 et y laisse-t-il la vie ? Des hommes entrent à Saint-Cyr. Leur casoar ne gomme ni leurs révoltes ni leurs passions.

Chapitre VIII

LA GRANDE GUERRE

L'orage grondait dans les lointains. Fin juillet 1914, la bourrasque qui embrasera l'Europe durant quatre années approche de la métropole. Unanime, le peuple de France se dresse. L'Alsace et la Lorraine ne sont pas oubliées.

Saint-Cyr vit dans une attente fébrile. La revanche, enfin ? Le doute fléchit à la menace du bruit du canon qui grandit et chaque minute qui passe précipite vers l'affrontement.

La gravité du moment conduit le général Bigot, commandant l'Ecole, à supprimer les cérémonies et réjouissances du Triomphe de *la Montmirail*, la promotion sortante. Par contre, le baptême des Jeunes de *la Croix du Drapeau* est maintenu. Les Anciens y tiennent. Si leurs cadets partent demain pour le champ de bataille, ils seront officiers arborant fièrement le nom de leur promo. Celle-ci s'appellera *la Croix du Drapeau*, en hommage à l'insigne de Chevalier de la Légion d'honneur accroché le 22 avril précédent par Raymond Poincaré, Président de la République, au drapeau de l'Ecole Spéciale Militaire. Le ministre de la Guerre avait estimé que le prestige de l'Ecole – le grand nombre de ses élèves ayant versé leur sang pour le pays – justifiait cette récompense.

Le 31 juillet, à 20 heures 30, les 998 élèves des deux promotions, en Grand U, sont rassemblés dans la Cour Wagram.

Voizard, le Père Système de *la Montmirail*, qui sera tué durant la guerre, s'adresse à ses Bazars et conclut :

« *Votre promotion s'appellera* Promotion de la Croix du Drapeau. *A vous désormais de lui faire une renommée. Aprement désireux de vouer votre existence entière et totale au service de la Patrie, vous saurez, j'en suis sûr, vous rendre dignes de vos anciens. Je vous salue, Officiers de la Croix du Drapeau.* »

Puis, un ancien, Jean Allard-Méeus, sort des rangs. Il lit ces vers dont il est l'auteur :

DEMAIN

Quarante ans sont passés ; leur drapeau flotte encore
Sur nos forts et nos tours, et chaque jour l'aurore
Se levant sur le Rhin
Comme pour l'embraser, sur la terre endormie
Jette un reflet de feu ; sur la rive ennemie,
Jette un reflet d'airain !

Quarante ans sont passés, amis, la coupe est pleine,
Entendez-vous ces cris qui montent de la plaine ?
« Courage, malgré tout ! »
C'est la voix des vaincus dans l'ombre et le mystère,
Héros obscurs couchés pour toujours sous la terre
Et nous criant « Debout » !

Entendez-vous ces voix plus faibles, mais plus douces,
Voix de mil huit cent six, dont les échos nous poussent
A nous venger... là-bas !
Ce sont les chants guerriers des vainqueurs de l'histoire,
Vétérans de l'Empire, amis de la Victoire,
Nous contant leurs combats.

Les premiers à nos cœurs reprochent l'indolence
Et l'oubli de l'affront, cette antique vaillance
Qui nous allait si bien.
Les autres, les vainqueurs, nous chantent l'espérance
Et nous disent comment, jadis, l'aigle de France
A tué l'oiseau prussien !

Soldats de notre illustre race,
Dormez, vos souvenirs sont beaux !

Le temps n'efface pas la trace
Des noms fameux sur les tombeaux.
Dormez par-delà la frontière ;
Vous dormirez bientôt chez nous,
Notre vaillance reste entière
Et sur vos tombes, à genoux,
Nous viendrons déposer nos armes,
Vengés de nos anciens malheurs,
Les arrosant avec nos larmes
Nous y ferons fleurir nos fleurs !

Vous nous avez volé l'Alsace et la Lorraine,
Vous n'arracherez pas ce sentiment humain,
Germé dans notre cœur et qu'on nomme la haine,
Gardez votre pays... nous y serons demain !

Ah, cette Alsace-Lorraine ! Metz et Strasbourg plus que jamais présentes dans les mémoires. La plaie vive n'a jamais cicatrisé dans l'âme des Saint-Cyriens. Allard-Méeus lance le cri qui fait l'unanimité, cri de guerre et de revanche : « Gardez votre pays... nous y serons demain ! »

Jean Allard-Méeus sera l'un des premiers à tomber, le 22 août 1914. 233 Saint-Cyriens de *la Montmirail*, 310 de *la Croix du Drapeau* partageront le même destin. Plus d'un sur deux...

Le poème d'Allard-Méeus a frappé les esprits. Sous le ciel étoilé de cette belle nuit d'été, les rangs se rompent, de petits groupes se forment et commentent ce qu'ils ont entendu. Ils sont une bonne vingtaine à se serrer autour du poète : de Fayolle, de Blottefière, Durosoy, Le Brizec, Poussin, Cotelle, Devémy, de Saint-Pern, Blanloeil, Hachette, de Salins, d'Amphernet, Robert de Saint-Just, L'Hotte, Loriot de La Salle, Louis Perrault, Le Bal, de Tournadre, de Castelnau, de Brisis, de Rigaud et d'autres. Soudain, Allard-Méeus, le chef de file, élève la voix :

« *Jurons de monter la première fois à l'assaut en casoar et gants blancs...* »

Les casoars et gants blancs de 14-18 ! L'image est entrée dans la légende de Saint-Cyr, signe de cet engagement de lutter et de mourir, avec panache, en portant fièrement la marque de l'Ecole.

Oh, tous les Cyrards présents en ce soir du 31 juillet 1914 ne prêtent pas officiellement un tel serment. Les circonstances ne le permettent pas. Les compagnies se sont éparpillées. Les conversations se prolongent par affinités. Les membres du groupe Allard-Méeus sont sans doute les seuls à avoir souscrit concrètement à la suggestion de leur camarade. Sans avoir besoin de le prononcer, le serment est inscrit au fond des cœurs. Tous sont prêts à marcher à l'ennemi et à faire sacrifice.

L'Histoire a retenu l'exemple de l'un de ces casoars et gants blancs. Alain de Fayolle était aux côtés d'Allard-Méeus, le 31 juillet. Le 22 août, sa section est en première vague d'assaut quelque part en Belgique. Des hommes tombent. Les survivants hésitent à poursuivre. Les regards se tournent vers le jeune chef. Fayolle s'arrête un instant. Il tire son casoar de sa musette, le plante sur son képi. Puis, tranquillement, il enfile ses gants blancs, se redresse et lance avec force :

« En avant, pour la France ! »

Une mitrailleuse allemande le fauche presque aussitôt. Ce fut cela les casoars et gants blancs. En avant ! Pour la France ! Enthousiasme et sens du sacrifice. De Blottefière, Durosoy, Le Brizec, Cotelle, Blanloeil, Hachette, de Salins, d'Amphernet, Loriot de La Salle, de Tournadre, de Castelnau, de Brisis, de Rigaud, presque tous les compagnons d'Allard-Méeus tombent en 14-18.

Les esprits forts s'insurgeront devant ce fol héroïsme, oubliant seulement que ce fol héroïsme, à terme, apportera à la France le 11 novembre 1918.

*

Avant la déclaration de guerre, les épreuves écrites du concours de Saint-Cyr se sont déroulées normalement. La « liste », la fameuse « liste », celle qui donne les noms des admissibles, est sortie en temps voulu. Les événements n'ont pas permis d'aller plus loin et de faire passer les oraux qui désigneront les reçus définitifs. Ils sont ainsi 765 admissibles qui piaffent et brûlent de monter au front.

Ces 765, surnommés « *des échappés du collège* », reçoivent quelques semaines d'instruction, que le général de Larminat a contées avec son humour volontiers caustique :

« *Notre formation fut sommaire, un bon peloton d'élèves caporaux – et quel que soit le terme dont on l'ait badigeonné – à base d'intonations, d'"à droite par quatre" et de "remettez la section en ordre normal". Notre vif espoir était de rejoindre le front, dans un grade que nos ambitions et le sens de notre faible capacité ne nous permettaient pas d'entrevoir au-delà de celui de sergent.*

Il en fut autrement. Le Président de la Saint-Cyrienne était alors le général des Garets (1855-1857), ancien membre du Conseil Supérieur de la Guerre et ayant gardé influence dans l'armée. Il convainquit les pouvoirs de nous nommer sous-lieutenants à titre temporaire car le grade d'aspirant n'existait pas encore. Ceci nous tomba sur la tête en décembre 1914. L'événement a prouvé que ce n'était pas idiot. Mais, à l'époque, c'était quand même assez vif, et d'abord pour nous.

Quinze jours plus tard nous rejoignîmes le front, vêtus d'une capote, d'un sabre et d'un sac sur le dos et d'autant de bonne volonté que d'humilité. Là nous rencontrâmes la solide école des soldats, gradés et officiers, de réserve pour la plupart, formés par six mois de campagne[1]. »

Le nom de baptême de ces 765 sous-lieutenants à 4 mois de service s'inscrit d'entrée dans les esprits : *La Grande Revanche*. Cette *Grande Revanche* paiera le prix fort, le plus fort de toutes les promotions de Saint-Cyr en tués, blessés, mutilés. Lorsque le clairon Sellier, au matin du 11 novembre, sonnera un cessez-le-feu synonyme de victoire, ils ne seront que 339 survivants. 426 de leurs camarades ont disparu, fauchés trop tôt. Ils s'appelaient Azbel, Agenet, d'Amade, Ambec, Ancelet. Impossible de les citer tous. Au nombre des rescapés, on comptera Jean Cailles qui terminera la guerre avec une Croix de Guerre impressionnante, Alessandri qui dirigera la retraite de Chine en 1945, Schlesser qui commandera la 5e DB de la Libération, de Larminat qui rejoindra de Gaulle parmi les premiers.

La Maison de Madame de Maintenon s'est vidée. Pas pour longtemps. A partir d'avril 1915, les vieux murs abritent un Centre d'instruction d'élèves aspirants. Des hommes de troupe, des sous-officiers, souvent blessés et décorés, viennent durant quatre mois apprendre le métier de chef de section. François Ingold, futur Grand Chancelier de l'Ordre de la Libération, sera de ceux-là, ayant déjà plus de deux années de front derrière lui. Mais, évidemment, bien qu'ils soient passés par Saint-Cyr, ils ne sont pas reconnus Cyrards.

1. *Chroniques irrévérencieuses*. O.C., p. 17.

Au printemps 1916, le concours d'admission reprend sous une forme simplifiée et sans oral. Le 18 septembre, une nouvelle promotion intègre. Ils sont 290 à suivre une scolarité intensive de quelques mois avant d'être promus aspirants. En 1917, les Etats-Unis entrent dans la guerre. En l'honneur des Alliés d'outre-Atlantique faisant le voyage inverse de celui de La Fayette, la promotion 16-17 est dénommée *Des Drapeaux et de l'Amitié Américaine.*

Le concours du printemps 1917 est ouvert sous deux volets à l'intention de jeunes gens de la classe 18, incorporés quelques semaines auparavant, et des lycéens de la classe 19. Les premiers, au nombre de 58, forment la promotion *Sainte-Odile* et rejoignent le front comme aspirants en mai 1918. Les seconds, plus nombreux, 218, promotion *La Fayette*, ne sortent que fin juillet. A moins de vingt ans, ils se retrouvent en charge d'une section de briscards, chevronnés par les ultimes semaines de combats. Maints tomberont avant que ne résonne le clairon de la Victoire. Henri de Bournazel, l'Homme Rouge, appartient à *la Sainte-Odile*. Il commence une épopée qui s'achèvera au Sagho le 25 février 1933. Raoul Salan, son cadet, est de la *La Fayette*. Le défenseur obstiné de l'Algérie française fait ses premières armes à la 11e Compagnie du 5e RIC. Il vient d'avoir 19 ans.

Les reçus au concours de 1918 ne voient pas la fin de la guerre. La promotion de *La Victoire,* arrivée à l'Ecole en septembre 1918, aura d'autres occasions de connaître des champs de bataille. Un demi-siècle plus tard, l'un de ses 171 élèves, Gonzalès de Linarès, sera le parrain d'une promo des cadets des années 1970.

4865 Saint-Cyriens sont tombés pour la France durant la Grande Guerre[1].

1. Chiffre annoncé dans le *Livre d'Or de Saint-Cyr*, paru en 1962 et correspondant au détail des tués reportés sur le Monument aux Morts de 1922. Le colonel Le Boulicaut, dans son *Livre d'Or des Saint-Cyriens morts au Champ d'Honneur*, paru en 1990, retient celui de 4848 après un décompte serré nom par nom.

Chapitre IX

L'ENTRE-DEUX-GUERRES

Le drapeau tricolore flotte à nouveau sur Metz et Strasbourg. L'Armée française campe sur la rive gauche du Rhin. Le pays célèbre sa victoire et honore ceux qui l'ont permise. Des monuments aux morts s'élèvent dans toutes les communes de France. Celui de l'Ecole est inauguré le 20 mai 1922, en hommage à tous les anciens disparus.

L'avant-veille, le ministre de la Guerre a cité à l'ordre de l'armée l'Ecole Spéciale Militaire:

«*Par la valeur et l'héroïsme des officiers qu'elle a formés, a consacré au cours de la Grande Guerre sa longue tradition de sacrifice à la Patrie et justifié d'éclatante façon sa devise glorieuse.*»

Le drapeau de l'Ecole se pare d'une Croix de Guerre 1914-1918 avec palme.

*

A l'Ecole, le Centre d'élèves aspirants est dissous. La scolarité traditionnelle peut reprendre. Comme au lendemain de 1870, la fin du conflit conduit à un retour massif des élèves des promotions de la guerre. A tort ou à raison, on juge que l'expérience acquise sur le terrain ne suffit pas. Un vrai Saint-Cyrien se doit de porter la marque de la Maison. Quatre promotions y sont conviées.

La Grande Revanche n'a jamais connu Saint-Cyr. Les *Drapeaux et l'Amitié Américaine* n'y a vécu que quelques mois. Les deux promos arrivent en février 1919. Impressionnante phalange aux poitrines couvertes de Légion d'honneur et de Croix de Guerre. Lors de la présentation du drapeau, la compagnie d'honneur est formée de 159 officiers élèves, tous chevaliers de la Légion d'honneur.

La Croix du Drapeau rejoint en mai, accompagnée de *Sainte-Odile* et *La Fayette*, regroupées en une seule promotion. La première a derrière elle une année complète à l'Ecole, juste avant le déclenchement du conflit. La seconde a moins d'expérience mais peut se targuer d'avoir été au feu.

Henri Navarre, le futur commandant en chef en Indochine de 1953-1954, appartient à la promotion *des Drapeaux et l'Amitié Américaine*. Dans ses souvenirs – *Le temps des vérités* – il relate certains côtés ubuesques de ces retrouvailles avec l'Ecole :

«*Nos anciens de "La Grande Revanche" avaient fait toute la guerre, la plupart dans l'Infanterie et certains dans l'Aviation. Ils avaient subi des pertes énormes. Les survivants revenaient généralement avec trois galons et couverts de décorations. Ma promotion avait fait seize mois de guerre. Nos pertes étaient moindres mais très sévères, cependant. Certains, dont j'étais, revenaient sous-lieutenants. D'autres étaient restés aspirants. Quant à la promotion de nos jeunes, elle n'avait fait que trois mois de guerre et tous ses membres revenaient aspirants.*

En présence "d'élèves" si différents, la direction de l'Ecole fut assez décontenancée. Elle essaya de s'en tirer par la solution la plus simple – pour elle tout au moins : nous déclarer que tout ce que nous avions fait ou vu ne comptait pas et que notre instruction devait être reprise à zéro. D'où des scènes ridicules, où l'on voyait des capitaines, officiers de la Légion d'honneur et dont la croix de guerre s'ornait de plusieurs palmes, s'initier, en prenant volontairement l'attitude du bidasse, aux mystères du "garde-à-vous", du salut réglementaire, du pas cadencé et du maniement d'armes. Devant nos protestations contre ce que nous considérions comme des brimades, la direction se résigna à une attitude plus compréhensive. Nous fûmes autorisés à loger en ville et notre instruction militaire se limita à l'étude théorique de matières dont on voulut bien admettre que nous avions déjà la pratique. La durée de ce second séjour à Saint-Cyr fut heureusement courte et il se termina en août 1919[1]. »

Il appartient au commandant de l'Ecole, le général Tanant, de donner cohésion à cet ensemble peu homogène et au départ peu réceptif. Tanant, ancien patron d'une division de chasseurs, agit avec doigté, redonnant à la Spéciale son visage d'avant-guerre et en jonglant avec un emploi du temps qui impose de participer à de nombreuses cérémonies extérieures. Le 28 juin, lors de la signature du traité de Versailles, l'Ecole assure la haie d'honneur à la galerie des Glaces. Elle défile en bonne place lors de la grande revue de la Victoire du 14 juillet 1919. Le porteur du drapeau est un jeune capitaine aviateur de *la Croix du Drapeau*, Hay de Slade, officier de la Légion d'honneur, dont le ruban de la Croix de Guerre s'orne de 15 palmes (19 victoires en combat aérien). A la mi-septembre, un Triomphe à grand spectacle clôt le séjour avant que ces officiers élèves ne repartent vers leurs corps de troupe respectifs.

En 1921, le général Gouraud, le glorieux manchot des Dardanelles, remet à l'Ecole son septième drapeau. Au lendemain de la guerre de 1870, la vieille devise datant de Napoléon avait été légèrement modifiée : «*Ils s'instruisent pour défendre la Patrie.*» Elle retrouve cette fois sa formule originelle et ne variera plus.

«**Ils s'instruisent pour vaincre**» est définitivement la devise de Saint-Cyr portée sur son drapeau. Pour le clamer haut et fort, la promotion 1920-1922 s'appellera la *Devise du Drapeau.*

Tanant commande Saint-Cyr jusqu'en 1925, assurant la transition vers les promotions de l'après-guerre qui retrouvent le concours traditionnel. Son nom symbolise un peu ces familles militaires qui se perpétuent. Ses deux fils seront Saint-Cyriens. Pierre Tanant, Saint-Cyr 27-29, officier de chasseurs comme son père, sera grièvement blessé en Norvège au printemps 1940 avant d'être, en 1944, le fidèle chef d'état-major du commandant Huet, Saint-Cyr 23-25, le patron du maquis du Vercors.

*

1. *Le temps des vérités*. O.C., p. 18.

Le Saint-Cyr des années vingt, comme celui des années trente, car bien peu a changé, trouve sa description la plus pertinente sous la plume du général Beaufre :

«*J'entrai à Saint-Cyr en 1921, en dépit du conseil de mon père, car, pensait-il, il ne devait plus y avoir de guerres...*

Malgré la meilleure préparation psychologique, le contact avec Saint-Cyr était rude. Le halo prestigieux des casoars et gants blancs de 1914 recouvrait en réalité une institution vénérable, partie caserne, partie collège, partie séminaire, où se mêlaient les traditions les plus diverses. A l'Ecole, nous étions des soldats plus que des étudiants, habillés sans élégance en poilus bleu horizon, dans des tenues qu'on nous faisait changer six fois par jour pour nous gymnastiquer et que nous rehaussions par des gants de couleurs diverses : blancs pour les interrogations, jaunes pour monter à cheval, bleu horizon (en laine) pour l'exercice. Harcelés par les brimades des anciens – qui avaient tous les droits sur nous –, étroitement encadrés par une discipline impitoyable qui exigeait des paquetages toujours parfaits, des lits carrés, des semelles de souliers cirées, les clous astiqués, nous vivions les premières semaines dans une sorte d'enfer où l'on se demandait ce qu'il y avait de réel dans cette course perpétuellement affolée, rebondissant d'avatars en catastrophes, de brimades en punitions. Et puis le rythme se calmait un peu, l'entraînement aidant, la vie devenait plus facile. Selon la terminologie de l'Ecole, nous nous "bahutions"[1].»

Vie du jeune Saint-Cyrien de 1921 ! Celle de son homologue de 1951, à la mi-temps du XXe siècle, sera sensiblement identique sous réserve d'un changement de cadre. Quand des habitudes sont prises, elles persistent. Certains les célèbrent comme des traditions. Mais il faut revenir à André Beaufre, futur général d'armée :

«*J'étais heureux et fier d'être à Saint-Cyr. D'emblée, j'avais atteint l'objectif que je poursuivais instinctivement.*

J'y trouvais un équilibre sage entre l'activité intellectuelle et l'activité physique. La seconde était dure, comme je m'y attendais, mais j'étais conscient de cette période d'épreuves où devaient se tremper mes vingt ans. L'activité intellectuelle, à ma surprise, se révélait substantielle : nous avions des professeurs de qualité et les matières étaient intéressantes... En Histoire, le

1. *Le drame de 1940*. O.C., p. 29.

capitaine de Gaulle, jeune, élégant, avec de hautes bottes jaunes, des culottes collantes et une tenue bleu pastel, plein de dignité déjà, nous expliquait en langage noble Richelieu, Mazarin et le traité de Westphalie... J'avais été profondément frappé par ce cours qui tranchait sur tout ce que j'avais vu jusque-là. La structure intime de son tempérament s'y révélait déjà. Je n'ai jamais pu le voir, depuis, autrement que sous la personnalité combinée de ces deux grands premiers ministres... »

Beaufre n'est pas le seul à avoir été marqué par le professeur adjoint d'Histoire, Charles de Gaulle. Ses anciens de la *Devise du Drapeau* partagent le même sentiment. Le général Nérot raconte, rappelant la réaction de ses camarades :

« *Mais c'est de Gaulle qui nous impressionnait le plus. Chacune de ses conférences était, à proprement parler, un événement...*

Il n'était pas le seul à entrer dans le grand amphithéâtre, le sabre au côté. Mais tout cela prenait chez lui un aspect solennel et saisissant. Il ôtait son képi, détachait son sabre, le posait à côté de son couvre-chef sur le bureau et, gardant ses gants, regardait l'auditoire d'une façon qui n'appartenait qu'à lui... Immense, cambré, le col raide serrant le cou trop long, il parlait deux heures sans consulter ses notes. Il nous subjuguait. La sensation produite sur son auditoire était telle que, bientôt, on vit s'asseoir au premier rang les cadres de l'Ecole, des officiers supérieurs, puis des généraux !

Le moment culminant de ces conférences – une douzaine en tout – fut celui où, évoquant les combattants de Verdun, il fit un long silence, puis rugit : "Messieurs, debout !" et l'on vit se dresser aussi bien les généraux présents que nous autres, les simples élèves, tandis qu'il rendait hommage aux morts de Douaumont... C'est dire l'extraordinaire ascendant de ce capitaine sur les hommes de tous âges et de tous grades[1]... »

Déjà Napoléon perçait sous Bonaparte. En cet amphi du Vieux Bahut, des jeunes Cyrards de vingt ans voient se lever l'un des plus extraordinaires destins de la France au XXᵉ siècle.

Mais il est à revenir au récit du général Beaufre :

« *Il y avait des points faibles. Celui que je perçus le plus clairement fut la médiocrité du cours de tactique. Etait-ce là vraiment "l'art militaire" ? Je restais sur ma faim. Je ne devais comprendre que plus tard la raison de cette lacune.* »

---

1. *De Gaulle le Rebelle*. O.C., p. 113.

Effectivement, André Beaufre y voit plus clair comme capitaine stagiaire à l'Ecole Supérieure de Guerre, réplique, une pointure au-dessus, de l'Ecole Spéciale Militaire. Il écrit :

« *Mais surtout le vice de l'Ecole (de Guerre) provenait de ce qu'on y enseignait une doctrine étroite où la tactique, toujours à simple action, prenait l'aspect d'un devis d'ingénieur. La guerre de 1914-1918 codifiée par Debeney et Pétain avait conduit à tout placer sous le signe de barèmes, d'effectifs, de munitions, de tonnes, de délais, de pertes, le tout ramené au kilomètre courant. C'était technique et commode, voire rassurant, mais foncièrement faux, on le vit bien en 1940, parce que l'élément humain y manquait.* »

Saint-Cyr, Ecole de Guerre, même enseignement avec seulement une différence de niveau. On parle groupe, section, accessoirement compagnie dans l'une, divisions, armées dans l'autre. André Beaufre souligne encore un point qui l'a interpellé durant son passage à l'Ecole :

« *Une autre lacune dont j'ai depuis mesuré toute la gravité était l'absence de toute culture politique. L'apolitisme de règle dans l'Armée conduisait ainsi à nous laisser imprégner de vues sommaires formées au hasard des milieux familiaux. Dans les moments de crise qui ne nous seraient pas ménagés par la suite, cet analphabétisme politique allait être fatal à beaucoup d'entre nous et surtout à l'Armée.* »

A cette situation faisant de l'officier un sous-développé politique, Beaufre pourrait ajouter une méconnaissance de la société civile, publique ou privée. Elle constitue un tout autre monde ignoré et en marge. (Phénomène courant chez le Saint-Cyrien de tradition familiale militaire.)

Ce regard d'André Beaufre se complète par celui d'Edmond Jouhaud (24-26), plus terre à terre peut-être mais combien révélateur de la vie du Saint-Cyrien d'avant 1939 :

« *En moins d'une heure, dès son arrivée, il (l'élève) semblait avoir changé d'identité, sinon de monde ; de civil, il devenait militaire, en aspect tout au moins. Ce qui frappait le plus les jeunes recrues, dénommées "bazars", était la discipline qui régnait à Saint-Cyr. Elle était sévère, accentuée par l'autorité accordée aux élèves de deuxième année, les anciens, et en particulier à ceux dont le classement avait valu les grades de sergent-chef à caporal. Ces derniers, qui formaient "la gradaille", prenaient parfois leur rôle trop au sérieux et leur commandement était dépourvu d'indulgence. Il ne fallait pas leur en garder rancune, ils avaient une large excuse ; on leur confiait des fonctions d'autant plus délicates qu'elles s'exerçaient sur des camarades de même âge. Le commandement en était parfaitement conscient, mais son but était atteint lorsque l'obéissance devenait réflexe. Le futur officier saurait accepter les ordres "sans murmure".*

Le régime de l'Ecole était des plus stricts. Du réveil, fixé à 6 heures, jusqu'à l'extinction des feux, l'élève n'avait guère le temps de flâner. En trente minutes, le "bazar" devait être habillé, avoir plié ses draps, s'être si possible lavé, avoir absorbé un petit déjeuner brûlant, s'être rendu dans la cour par nécessité d'hygiène et avoir pu, avec beaucoup de chance, accéder à l'unique vespasienne réservée à la promotion des Jeunes ; c'était ensuite exercices physiques, instruction militaire et cours de culture générale.

Cet emploi du temps aurait suffi à dégourdir les plus lymphatiques, sans que les anciens ne se croient obligés de se manifester par des brimades, de tradition dans les écoles militaires. Aussi, rapidement, le potache perdait de son laisser-aller pour devenir un militaire. Le commandement l'estimait un jour enfin apte à déambuler dans Paris. Le "bazar", après une sévère revue passée par l'officier de service, était autorisé à se montrer dans la capitale, revêtu de son uniforme de parade, casoar, gants blancs et baïonnette anachronique au côté. Pour cette première sortie, les gants perdaient rapidement de leur netteté, car les "bazars" devaient, ce jour-là, occuper l'impériale, pleine de suie, d'un train poussif, le Crampton[1], réservé aux Saint-Cyriens, tandis que les anciens se prélassaient dans de "confortables compartiments".»

Après une journée parisienne, arrive le retour à Saint-Cyr et Jouhaud poursuit son récit : «*Nous étions harassés, ayant hâte de gagner notre lit, à une heure aussi insolite que 11 heures du soir. Pourtant le spectacle qui nous attendait, des moins réjouissants, allait nous tenir un long moment éveillés et furieux. Dans notre chambrée, où couchaient une centaine d'élèves, tous les paquetages jonchaient le sol, enchevêtrés les uns dans les autres. Il paraissait impossible de retrouver ses affaires, identifiées par un matricule, et pourtant, tant bien que mal, après plus*

1. Du nom de l'ingénieur de cette ancienne locomotive à vapeur.

d'une heure d'efforts, nous avions récupéré l'essentiel et le sommeil se faisait pressant. A peine étions-nous endormis que retentissaient les hurlements des anciens: "Cul sur le bahut, les hommes." Il convenait alors de se précipiter sur le bahut, où étaient entreposées les affaires personnelles, et de faire claquer le couvercle en hurlant : "Cul sur le bahut, madame Dubois[1]*."*

La formation militaire était assurée par des officiers, ayant l'expérience de la guerre. Elle était bien conduite et à l'issue de deux années, le Saint-Cyrien devenait un chef de section solide, tant sur le plan moral que militaire. La priorité était donnée à l'Infanterie; la considération accordée aux chars était déjà limitée, tandis que l'aviation faisait figure de parent pauvre...

Quant à la culture générale, elle était assurée par des officiers, souvent mal préparés à ce rôle. Par ailleurs, les cours professés se situaient dans un éventail trop restreint, alors qu'il eût été nécessaire d'éveiller les esprits en abordant des sujets plus variés: littérature, philosophie, sciences. Il eût été souhaitable qu'une troisième année fût presque exclusivement consacrée à l'instruction générale. Jean Jaurès, dont on peut ne pas suivre toutes les conclusions, n'avait pas tous les torts quand il préconisait un contact plus intime entre les écoles militaires et l'Université pour "ouvrir toute grande la fenêtre de l'enseignement militaire à la lumière du dehors". On peut penser qu'un autre état d'esprit aurait pu voir le jour. Comme l'écrivait le tribun socialiste: "Dans ces écoles (militaires), le professeur est avant tout un chef, un supérieur. Il n'enseigne pas, il commande ou plutôt son enseignement même est un commandement. Entre ses subordonnés et lui, il n'y a pas cette familiarité, cette liberté de causerie qui seules permettent l'éveil des idées. Jusque dans le travail de l'intelligence, intervient une discipline mécanique, automatique, qui pèse toute la vie sur les habitudes de pensée." Je crois que c'était profondément exact, étant donné qu'à Saint-Cyr la discussion n'était pas entrée dans les mœurs[2]*.»*

Jouhaud fait allusion à l'Aviation révélée par la Grande Guerre. Saint-Cyr y donne désormais accès[3].

1. Cette fameuse madame Dubois appartient au passé folklorique de Saint-Cyr d'avant 1870. Epouse du chef de la petite gare de Bellevue entre Saint-Cyr et Paris, elle était saluée de la sorte par les Saint-Cyriens permissionnaires.
2. E. Jouhaud, *La vie est un combat*. O.C., p. 13-16.
3. Cf. plus loin.

*

La Grande Guerre a coûté trop cher au pays. Près d'un million quatre cent mille morts. Les Français sont unanimes : *« Plus jamais ça !* » Aristide Briand traduit leurs pensées en une formule choc : «*Arrière, les fusils, les mitrailleuses, les canons ! Place à la conciliation, à l'arbitrage, à la paix !* » Vœux pieux qui oublient les nommés Adolf Hitler ou Joseph Staline.

Ce pacifisme compréhensible se teinte à l'occasion d'un antimilitarisme d'une autre veine. Dans ce concert, les Surréalistes se taillent une place de choix. En septembre 1919, Georges Sadoul et Jean Caupenne adressent une lettre au « Premier des reçus de Saint-Cyr » de l'année, Keller. Après avoir affirmé que s'ils étaient contraints de faire la guerre, ce serait au moins « sous le glorieux casque à pointe allemand », ils menacent le Major d'entrée de le fesser publiquement s'il ne donnait pas sa démission d'élève de l'Ecole. Keller porte plainte. Caupenne préfère se rétracter. Sadoul, persistant, est condamné à trois mois de prison.

Ce climat général n'est pas sans incidences sur les candidatures à Saint-Cyr. Ils ne sont que 386 à se présenter au concours en 1920, 879 en 1924, 600 en 1927. La courbe ne s'infléchira dans le bons sens qu'avec les années trente et la conscience du danger outre-Rhin. Ce phénomène n'est pas propre à Saint-Cyr. Polytechnique, qui a donné Joffre, Foch, Fayolle, voit grandement sa source se tarir, au profit des armes savantes. Les X préfèrent opter pour le civil. La pénurie est telle qu'à partir de 1927, les Saint-Cyriens peuvent s'en aller vers l'Artillerie.

*

Il sort de l'une des toutes premières promos de l'après-guerre : *du Souvenir* (21-23), celle de Beaufre. Son nom s'inscrit en lettres d'or. Son héroïsme fera l'objet d'un film à la gloire de son Ecole [1]. La promotion 26-28 l'aura pour parrain. Ce Saint-Cyrien qui s'est si bien souvenu de l'exemple de ses anciens se nomme Pol Lapeyre. Il a dix-huit ans seulement lorsqu'il intègre. Encore sous-lieutenant à la 8ᵉ compagnie du 5ᵉ RTS, il commande, au printemps 1925, le poste de Beni Derkoul sur la rive droite de

1. *Trois de Saint-Cyr*, sorti en 1938 avec Jean Chevrier et Hélène Perdrière.

l'Ouergha, dans le Rif. Avec lui, ils ne sont que 40 : 5 Européens, 35 gradés ou tirailleurs sénégalais. A partir du 15 avril, Beni Derkoul ne cesse d'être attaqué par les Rifains. Sa garnison résiste mais la position devient de plus en plus menacée. Alors que l'évacuation est prévue pour la nuit du 14 au 15 juin, le poste se trouve assailli, d'abord au canon puis submergé par des centaines d'adversaires. Le 14, à 19 heures 10, après un ultime message : « *Tour prise, tirez dessus* », Pol Lapeyre fait sauter son fort, ensevelissant sous les ruines une partie des assaillants.

La citation à titre posthume du sous-lieutenant Pol Lapeyre mentionne :

« *Commandant le poste de Beni Derkoul, a tenu en échec pendant soixante et un jours un ennemi ardent et nombreux ; a conservé jusqu'au dernier jour un moral superbe, sans une plainte, sans un appel à l'aide. Submergé par le flot ennemi, a fait sauter son poste, ensevelissant la garnison sous ses ruines plutôt que de se rendre. Mérite que son nom soit inscrit au livre d'or de l'Armée comme un exemple de l'esprit du devoir et du sentiment de l'honneur poussé jusqu'au sacrifice.* »

Né le 8 mai 1903, Pol Lapeyre venait d'avoir 22 ans. Un monument sera érigé à sa mémoire Cour Wagram, en 1931. En partie détruit par les bombardements de 1944, il sera reconstitué sur l'emplacement du manège de la Guérinière.

*

Dans une vision prémonitoire, le jeune Saint-Cyrien de la *Metz et Strasbourg* (22-24) pouvait-il imaginer qu'un jour pas si lointain, le 2 mars 1941, se présentant comme le colonel Leclerc, il lancerait le fameux serment de Koufra ? « *Nous ne nous arrêterons que quand le drapeau français flottera aussi sur Metz et Strasbourg.* »

Entrant à Saint-Cyr, il s'appelait Philippe de Hauteclocque et il avait tout juste vingt ans. Son classement d'entrée, il est cinquième, lui permet de choisir l'escadron, il en sortira major. Un avenir fulgurant s'érige devant lui.

Philippe de Hauteclocque a dû les *bahuter* puisque ces deux Cyrards, au destin contrasté mais unis par le même sens du devoir, sont de ses Bazars de la *Bayard*. Le premier, le capitaine Maurice Anjot, Bayard dans la clandestinité, indicatif choisi par fidélité à sa promotion, tombera au plateau des Glières en mars 1944. Le second, le général d'armée aérienne

Saint-Cyr. La Cour Rivoli avec la statue du « cavalier » Marceau.

Saint-Cyr. Le monument aux morts.

Charles de Foucauld.
Promotion *De Plevna*, 1876-1878.

Hubert Lyautey.
Promotion
De l'Archiduc Albert,
1873-1875.

Alphonse Juin.
Promotion *De Fès*,
1909-1912.

Charles de Gaulle.
Promotion *De Fès*, 1909-1912.

Henri de Bournazel.
Promotion *De Sainte-Odile et de La Fayette*, 1917-1918

Pol Lapeyre.
Promotion *Du Souvenir*,
1921-1923.

Maurice Challe.
Promotion *Du Chevalier Bayard*,
1923-1925.

Philippe Leclerc de Hauteclocque.
Promotion *De Metz et de Strasbourg*,
1922-1924.

Pierre Hyvernaud.
Promotion *Foch*, 1928-1930.

Théodore Morel.
Promotion *Du Maréchal Lyautey*,
1935-1937.

Pierre Francoville.
Père système de
la promotion
Maréchal de Lattre,
1951-1953.

Ci-dessus : Saint-Cyr en ruine après les bombardements de 1944.

Ci-dessous : Saint-Cyr, aujourd'hui reconstruit, est devenu lycée militaire.

De Gaulle chez les premiers Cadets, le 21 août 1940.

Cadets de la France Libre.
Retour d'exercice.

Le manoir de Ribbesford abritera les Cadets de la France Libre de 1942 à 1944.

Cadets de la France Libre en tenue de parade.

De Gaulle
lors du baptême
de la promotion
Bir Hakeim
des Cadets de la
France Libre.
9 décembre 1942.

Cherchell. L'école en 1962.

Cherchell devenue école d'officiers de réserve, après la guerre.
Le drapeau et sa garde.

Cherchell. Le monument aux morts.

Le général de division Hervé de Luze (promotion *Amitié franco-britannique*, 1939-1940), Grand Croix de la Légion d'honneur 2002.
Ici, lieutenant-colonel sur la base stratégique de Bizerte, en 1963.

De l'après-guerre à aujourd'hui, quatre Saint-Cyriens sur le terrain, au service de la France.

Le général d'armée Maurice Schmitt (promotion *Général Frère*, 1948-1950). Chef d'Etat-Major des armées 1987/1991, Gouverneur des Invalides, 1992/1998. Ici, en Algérie, en 1958. Il est alors capitaine.

Le général d’armée Jean Delaunay (promotion *Veille au Drapeau*, 1943). Chef d’Etat-Major de l’armée de terre 1980/1983. En tournée d’inspection, dans les années 80.

Parachutiste des Troupes de Marine, le général de corps d’armée Michel Franceschi (promotion *Maréchal de Lattre*, 1951-1953) en Nouvelle-Calédonie, en 1987, lors d’une manifestation officielle.

Saint-Cyr-Coëtquidan. Défilé devant le menhir des Cadets de la France Libre.

Saint-Cyr aujourd'hui. Le drapeau et sa garde.

Saint-Cyr-Coëtquidan. Le premier bataillon de France devant la statue de Marceau.

Saint-Cyr-Coëtquidan. La « passerelle » de commandement.

Photos :coll. de l'auteur. photos Kistori. Association des Amis du Musée du Souvenir de Coëtquidan et D.R.

Fête nationale du 14 juillet. Les Saint-Cyriens sur les Champs-Elysées.

Maurice Challe, refusera l'abandon d'une terre qu'il juge française.

*

Promotion aux grands noms, cette promo *du Rif* (24-26), ce Maroc septentrional où la révolte d'Abd el-Krim a fait craindre le pire :

Henri Frenay, grand Résistant, est le fondateur de Combat.

Edmond Jouhaud rivé à sa terre natale d'Algérie en paie lourdement le prix.

Aviateur aussi, Charles Pijeaud, premier chef d'état-major des FAFL, disparu au début de 1942.

Dimitri Amilakvari, à El Himeimat près d'El-Alamein, connaît le destin de tant d'officiers de Légion.

Jean Olié, leur major, premier partout, conduit une carrière exemplaire qui ne lui fait oublier ni l'honneur ni la camaraderie. Olié, un futur parrain d'une promotion de Saint-Cyr.

Toujours dans cette promo *du Rif*, un précurseur de l'arme d'élite de demain, Henri Sauvagnac, futur brevet parachutiste militaire «*numéro un*».

Après eux, il y a *Maroc et Syrie* (25-27). On se bat toujours au Maroc et les Français sont retournés en terre franque. De 1920 à 1930 tombent, en Syrie, 54 Saint-Cyriens. A cette promo *Maroc et Syrie*[1] appartiennent les capitaines Jourdier et Pillafort, le chef d'escadrons de Neuchèze. Paul Jourdier, premier Saint-Cyrien promu Compagnon de la Libération, le 1er février 1941. Basé au Levant et refusant l'armistice de juin 1940, Jourdier entraîne son escadron de spahis en Palestine britannique. Son unité est à l'origine du 1er RSM de la 2e DB, régiment Compagnon de la Libération. Autre Compagnon, Pillafort, un des artisans du succès du débarquement allié le 8 novembre 1942 à Alger; c'est là qu'il trouvera la mort. De Neuchèze est le héros d'une magnifique aventure. Il s'évade de France par sous-marin, avec l'étendard de son régiment, le 2e Dragons, ceint autour de sa taille. Evasion menée à bien grâce

1. Cette promotion *Maroc et Syrie* permet de jeter un regard sur les places offertes à l'*amphi-arme*. Infanterie métropolitaine : 176 ; Chars de Combat : 8 ; Infanterie coloniale : 55 ; Artillerie coloniale : 10 ; Cavalerie : 35 ; Aéronautique : 32. Ce sur un total de 317. L'Infanterie, métropolitaine ou coloniale, se taille la part du lion surtout par rapport aux Chars de Combat.

à son camarade de promotion Paul Paillole, des services spéciaux. Le commandant De Neuchèze sera tué devant Autun, en septembre 1944. Il serait justice qu'une nouvelle promotion porte le souvenir de cette noble figure de la Résistance et de la Libération.

Il se devait que le glorieux ancien Joseph Gallieni, disparu en 1916 et promu Maréchal à titre posthume en 1921, soit choisi pour parrain. C'est chose faite en 27-29. Jean-Claude Laurent-Champrosay et Roger Gaucher sont les deux personnalités marquantes de cette *Gallieni*. Le 6 juillet 1940, le capitaine Laurent-Champrosay, de Bobo-Dioulasso en Haute-Volta (actuel Burkina-Faso), entraîne sa batterie d'artillerie à passer en Côte-de-l'Or britannique (actuel Ghana) et à rallier de Gaulle. Il appartient à la petite phalange des premiers Français Libres. Il entame un long périple qui le mène à Bir Hakeim et en Italie. Une mine allemande, le 18 juin 1944, stoppe à jamais la course du lieutenant-colonel commandant le 1er RA de la 1re DFL, Compagnon de la Libération.

Le capitaine Gaucher, le légionnaire du 5e REI au Tonkin, fait la retraite de Chine en 1945. Lieutenant-colonel, il est l'un des successeurs d'Amilakvari à la tête de la 13e DBLE, et tombe à Diên Biên Phu en 1954. La promotion 1983-1986 porte son nom.

*

La promotion 1928-1930 rend naturellement hommage au commandant en chef des armées alliées disparu le 20 mars 1929. Dans les rangs de cette *Foch,* Hyvernaud l'aviateur de mai 1940, Amyot-d'Inville le légionnaire de Tunisie, Langlais le para de Diên Biên Phu, Megret de Devise qui sera fait Compagnon comme Bollardière, Massu et Farret. Pourquoi un homme de main des Tribunaux d'exception se glisse-t-il parmi eux et ne fait-il pas métier de Saint-Cyrien ? Ce Fouquier-Tinville moderne préfère les envolées du prétoire au fracas des batailles. Mieux vaut taire son nom et oublier qu'il fut Saint-Cyrien.

*

Guynemer et ses compagnons ont donné leurs lettres de noblesse à ce qui n'est pas encore appelé l'Armée de l'Air. Celle-ci n'apparaît officiellement qu'en 1928. D'ores et déjà, il n'est pas interdit à un Cyrard d'envisager d'aller y servir.

Curieusement, toutefois, cette éventualité, de plus en plus fréquente, est assez mal considérée. L'aviation est regardée comme temple du laisser-aller et de l'indiscipline ! Quelques élèves sont ainsi notés : «*Incapable de faire un bon militaire, pourrait s'affirmer dans l'aviation.*» Passant outre, on commence à opter pour l'aviation, ce qui implique deux années à l'Ecole d'Application de Versailles. En octobre 1932, est créée l'escadrille, équivalent de l'escadron. C'est au choix en fin de première année qu'on y est admis. La spécialisation Air se développe.

Le 4 novembre 1935, l'Ecole de Versailles accueille le premier contingent de candidats reçus au concours spécial Air. L'Ecole de l'Air de Salon de Provence, *Le Piège*, prend le relais en octobre 1937.

Le recrutement Saint-Cyr des aviateurs est définitivement terminé. Il a donné bien des grands noms aux ailes françaises : Jean-Louis Tulasne (31-33), Maurice Challe (23-25), Edmond Jouhaud (24-26), Pierre Hyvernaud (28-30), Louis Dodelier (22-24), Charles Pijeaud (24-26), Louis Delfino (31-33). Outre ces anciens sortis directement dans l'aviation, il faut aussi rappeler ceux qui après un début dans l'Armée de terre sont devenus aviateurs avant, durant ou après la Grande Guerre : François d'Astier de La Vigerie (07-10), Bertrand Pujo (97-99), Martial Valin (17-18), de Tricornot de Rose (95-96), brevet de pilote militaire N° 1 en 1911, Heurteaux (12-14), un As parmi les As, commandant de l'escadrille des Cigognes et futur grand résistant.

*

La décennie 1930 marque la séparation avec les «*fanas Avia*», ceux qui optaient pour l'Aéronautique suivant la terminologie en vigueur. Elle connaît aussi une nette remontée des candidatures et une augmentation des reçus. 1204 candidats en 1931, 1629 en 1932, 1730 en 1933, 1831 en 1937, 1823 en 1938. Les diatribes des amis de Maurice Thorez contre les «*Gueules de vaches*» – traduire : les officiers –, les charges des pacifistes, les Céline, les Giraudoux, les Martin du Gard, les Giono, les Drieu La Rochelle, n'entravent pas l'ardeur des jeunes *Cornichons*. Les 300 reçus sont, sauf exception en 1933, toujours dépassés, avec un pourcentage d'admis se situant autour de 20 %, témoignage de la sélectivité du concours d'entrée. L'approche de la Seconde Guerre mondiale déclenche une ferveur patriotique : 2452 candidats en 1939 avec 762 reçus.

Les Cyrards de ces années trente seront les lieutenants et les capitaines de 39-45, c'est-à-dire des chefs de sections ou des commandants de compagnies, ces places de l'avant où, suivant le mot de l'Empereur, il faut voir l'ennemi dans le blanc des yeux. Sans atteindre l'hémorragie de la guerre précédente, le tribut payé sera élevé dans leurs rangs. Leurs Anciens, rescapés de 14-18, guerroieront à leurs côtés. Au total, 1 374 Saint-Cyriens de tous grades mourront pour la France durant le conflit, tués au combat, fusillés ou morts en déportation.

Ces années trente sont un retour aux traditions vestimentaires. Le Cyrard de l'après-guerre est habillé de la tenue bleu horizon qui est celle de l'arme métropolitaine. Seul écart autorisé, le shako, le casoar, les épaulettes et les gants blancs. En 1933, réapparition du GU avec veste noire et pantalon rouge à bande bleue. Ces retrouvailles avec le passé sont célébrées comme il se doit. Pourquoi ces temps de pénitence de 1918 à 1933 ? Les raisons n'apparaissent pas nettement. Hommage rendu au Poilu à la tenue bleu horizon ? Deuil après tant de morts ? Souci d'uniformité au sein de l'Armée française ? Tous ces éléments ont dû intervenir.

L'état des effectifs de l'encadrement confirme au passage que l'E.S.M., avec l'âge, a pris de l'ampleur. Moins de vingt officiers en 1823, le triple un demi-siècle après. En 1921, le général Tanant est à la tête de 104 officiers, 82 affectés et 22 détachés du 103e RI. Ce nombre ne variera guère jusqu'en 1940. Pour la petite histoire et au grand dam de Messieurs les Contrôleurs de l'Armée, les manèges abritent plus de 400 chevaux qu'il faut bien nourrir. Une dépense qui alourdit la masse…

Un devis de chauffage central réalisé en 1929 apprend encore qu'un souci de confort se manifeste. Les dortoirs seront chauffés correctement. Par l'occasion, se découvrent leurs noms évocateurs de victoires : Ypres, Isly, Sébastopol, Puebla, Marengo, Magenta, Saint-Quentin, Fleurus, Solferino, Auerstaedt, Montebello, Smala, Fontenoy, Denain. Chanzy aussi. De quoi enflammer les rêves des Saint-Cyriens.

*

L'Armée française victorieuse jouit d'un prestige international considérable. Elle fait figure de première armée du monde. La Roche Tarpéienne de 1940 n'en sera que plus douloureuse. Il est donc prisé de venir s'instruire près de cette armée qui a su vaincre. Les «Crocos», les étrangers, sont plus nombreux que jamais à Saint-Cyr, venant d'Iran, de Roumanie, de Tchécoslovaquie, de Lituanie, d'Albanie, d'Afghanistan, de Chine, du Pérou, du Venezuela, d'Ethiopie, d'Egypte, du Luxembourg, de Thaïlande. Leur palette est large où prédominent ceux originaires de Roumanie ou d'Iran.

*

L'Ecole a su mériter de grands patrons. Quatre d'entre eux, on l'a mentionné, émergent : Bellavène, Baraguey d'Hilliers, Hanrion, Frère.

Aubert Frère appartient à la promotion *du Tchad* (1900-1902). Elève de la rue des Postes, il intègre en *bizuth*[1], quatrième sur 533. Il sort toujours dans les premiers rangs avec dans ses notes : «*Nature très sympathique, sujet admirablement doué et tout à fait d'élite. Qualités remarquables.*» Les confins algéro-marocains comme officier de tirailleurs pendant près de dix ans, la Grande Guerre comme officier de ligne ou de chasseurs, confirment le combattant et le chef. Le 11 novembre 1918, il termine quatre années de combats lieutenant-colonel, commandeur de la Légion d'honneur, trois blessures, huit citations dont cinq à l'ordre de l'armée. La voie est tracée de celui dont l'un de ses Petits Cos écrira :

«*Frère était de ma promotion de Saint-Cyr : un Homme, un Français, un Soldat tel qu'on en rencontre un si l'on a beaucoup de chance dans une vie humaine. Il était beau, il était bon, il savait tout, comprenant tout. Sa supériorité s'imposait à ce point que cet officier intègre, étranger à toute politique, a précédé de loin dans l'avancement tous ses camarades de promotion. Nous n'étions pas des saints. Il y avait parmi nous des ambitieux, sans doute des envieux. Eh bien ! aucun de nous n'a jamais eu pour Frère un sentiment de jalousie, jamais que de l'admiration, et une grande affection. Toute la promotion, sans exception, était fière et heureuse de son succès*[2].»

Ce succès le conduit tout naturellement au commandement de Saint-Cyr, poste exigeant des qualités militaires et humaines, avec une mission de choix : *former les officiers de demain*. Il s'y assigne un but : faire des élèves des hommes totalement dévoués

1. C'est-à-dire en première année de Corniche, sans avoir à redoubler.
2. Général Weygand, *Le général Frère*. O.C., p. 103.

au service du pays. Bien que sans complaisance sur la discipline, il sait être à l'écoute et se rapprocher de ceux dont il a la charge. Il n'oublie pas les détails qui comptent. C'est lui qui obtient de rétablir le GU. L'Ecole formant aussi maintenant des Elèves Officiers de Réserve, il tend par des mesures concrètes à souder les futurs cadres civils et militaires de la nation.

Ce chef, qui a imprimé sa marque au long de son passage (1931-1935), reste égal à lui-même dans l'adversité. Ayant pris la direction de l'ORA, l'Organisation de Résistance de l'Armée, arrêté, déporté, il mourra sans une plainte au camp d'extermination du Struthof, le 13 juin 1944. Le souvenir de ce Saint-Cyrien qui honore l'homme se perpétue. Sitôt la fin de la Seconde Guerre mondiale, la promotion 1948-1950 prendra le nom du général Frère.

*

La promotion 30-32 tient à honorer le généralissime de 1914, bien qu'il ne soit pas Cyrard. Le maréchal Joffre, disparu le 3 janvier 1931, devient tout à fait normalement son parrain comme Foch, autre Polytechnicien, l'avait été de la promotion 28-30. Cette *Joffre* lègue O'Neill, Compagnon de la Libération, tué en Algérie en 1956; le capitaine de Lamaze, autre Compagnon, tué à Bir Hakeim; le commandant Segrétain, le chef du 1er BEP, bataillon décimé sur la RC 4, en octobre 1950. Elle est aussi la promo de Paul Ducournau, le brillant capitaine des Commandos d'Afrique et colonel para d'Indochine ; de Georges Masselot, le légionnaire aussi ferme devant ses engagements que sous la mitraille.

Leurs Bazars appartiendront à *la Tafilalet*, ce Sud Marocain où la pacification s'achève sans que les combats perdent d'âpreté. Les Berbères de l'Atlas sont de rudes guerriers. Ralliés, ils seront dans dix ans les goumiers de Guillaume, des Abruzzes aux Vosges. Cette *Tafilalet*, comme toutes les promotions du moment, inclura plusieurs aviateurs dont Jean-Louis Tulasne, le commandant du Régiment Normandie-Niémen, tombé sur le front de l'Est le 17 juillet 1943. Il avait trente ans.

Bournazel se proclamait fièrement le gouverneur du Tafilalet. Les oasis du Tafilalet seront sa base de départ pour son ultime baroud au Bou Gafer dans la rocaille du Sagho. *L'Homme*

Rouge[1], mortellement blessé le 29 février 1933, est entré dans la légende des preux qui honorent les armes françaises, comme les Bayard, La Tour d'Auvergne, Pol Lapeyre, Tom Morel. La promotion 32-34 est fière de son parrainage.

Le roi Albert Ier était très estimé en France. Son attitude, son courage en 14-18 l'avaient fait baptiser le «Roi Chevalier». Ce preux se tue accidentellement en faisant de l'escalade, au début de 1934. Naturellement, il est choisi pour parrain de la promo de Pierre Buchoud le parachutiste, de Gabriel Brunet de Sairigné et de Barthélemy Raffali, les deux légionnaires unis par une amitié de Corniche et de Saint-Cyr qui auront un destin similaire.

Sairigné est lieutenant à la 13e DBLE en Norvège et reste en Grande-Bretagne «*pour tirer la dernière cartouche*». Il vit toute l'épopée de l'unité et disparaît en Indochine le 1er mars 1948, lieutenant-colonel et chef de corps de cette demi-brigade qu'il a suivie sans interruption pendant la campagne 40-45.

Raffali opte pour la cavalerie. Il se bat dans ses rangs avant de rallier l'infanterie en Italie et les paras en Indochine. En fin de séjour, à la tête du 2e BEP, au Tonkin, en août 1952, il est mortellement blessé.

Sairigné est le parrain de la promo 1967-1969; Raffali de celle de 1998-2001. Il est de tradition que le camp du 2e BEP, puis du 2e REP, porte le nom du chef d'escadrons Raffali. C'est aujourd'hui le cas de celui du 2e REP à Calvi.

Est-il des promotions d'un meilleur cru? Impossible de se prononcer. Un jugement serait aussi peu fondé qu'irrespectueux. Les circonstances qui permettent de mieux s'épanouir entrent en jeu. Force est toutefois de reconnaître des regroupements exceptionnels. *La Maréchal Lyautey* (1935-1937) rassemble des garçons d'une trempe hors du commun: Morel, Bréchignac, Gardes, Darthenay, Camors, de Blignières, André, Girouse, pour ne citer que les plus connus. Tous ces Petits Cos possèdent une caractéristique identique. Issus du même moule, façonnés par les mêmes règles d'application de la discipline et d'exécution des ordres reçus, ils se révèlent devenir à un moment de leur existence des rebelles. Le fait est paradoxal mais réel. Encore une fois, l'E.S.M. de Saint-Cyr fabrique-t-elle des révoltés? La question sera encore plus aiguë quand se présenteront les cas de De Gaulle, de Leclerc, et de leurs compagnons. La réponse à cette

1. Il portait la veste rouge des spahis.

interrogation ne variera pas. Le Saint-Cyrien sort de l'Ecole avec le culte de l'Honneur et de la Patrie légué par l'exemple de ses Anciens. C'est pourquoi il se dresse lorsque l'Honneur et la Patrie lui paraissent être mis en cause. Oh, certes, tous les Cyrards ne sont pas des Tom Morel ! Les défaillances existent. Les options discutables également. Pourquoi une poignée de Saint-Cyriens[1] se dirigera-t-elle, sous l'uniforme allemand, sans voir les monstruosités du nazisme, se battre sur le front de l'Est où les risques toutefois n'étaient pas minces ? Les intéressés ont sans doute le sentiment de combattre pour la France mais aucune mention «*Mort pour la France*» n'accompagnera les disparus.

Avec Morel surgit une figure mythique de la Résistance. Ce jeune officier a tout pour lui. Un beau visage lumineux. Un courage sans faille qui lui vaut la Légion d'honneur pour les combats de 1940 avec la SES du 27e BCA. Un patriotisme farouche et sans compromissions. Un ascendant sur son entourage qui exalte les énergies et en fait un extraordinaire entraîneur d'hommes. Instructeur à Saint-Cyr en 41-42, il inculque à ses élèves le précepte qui guide sa vie :

«*Si vous hésitez entre deux devoirs, choisissez celui qui vous coûte le plus, où il y a le plus de sacrifices à faire. Ainsi vous êtes sûrs de ne pas vous tromper.*»

Cette voie la plus dure l'a conduit au commandement du plateau des Glières, poste où il trouve la mort dans la nuit du 9 au 10 mars 1944. Il sera fait Compagnon de la Libération à titre posthume le 20 novembre 1944.

Le lieutenant Elisée Darthenay, après avoir réussi à s'évader d'Allemagne en 1942, fait cet aveu à l'un de ses proches :

«*Je me réjouis d'avoir réussi deux grandes choses : l'entrée à Saint-Cyr et mon évasion.*»

Devenu le lieutenant Naucourt, l'un des bras droits du colonel Romans-Petit, le chef des maquis de l'Ain, il réussit encore, ô combien plus difficile ! Arrêté, torturé, il ne parle pas. S'il parle, la vie de centaines de maquisards dont il connaît l'emplacement

1. Ils se comptent sur les doigts des deux mains. Le plus connu est le commandant Bridoux (30-32), fils du général secrétaire d'Etat à la Guerre puis à la Défense de Vichy. Il servira à la LVF avant de s'éclipser discrètement. «Fugit non bene», aurait dit Horace ; Victor de Bourmont (1927-1929) et Emile Raybaud (1930-1932) commandent chacun un régiment de la division Charlemagne. Bourmont disparaîtra en Poméranie en mars 1945. Raybaud reviendra avec une jambe en moins.

des camps est menacée. Le 11 avril 1944, une rafale de mitraillette met fin à ses souffrances.

Darthenay et Morel, les deux maquisards, ont chacun leur parrainage, 1974-1976 pour le lieutenant Darthenay, 1987-1990 pour le lieutenant Tom Morel. Ces deux héros de la Résistance n'avaient même pas profité des circonstances et de leurs responsabilités pour s'octroyer quelques galons supplémentaires. Ils servaient sans se servir[1].

Leur promotion donc, *la Lyautey*, inaugure un signe distinctif appelé à se maintenir. L'insigne de promo se veut une carte d'identité. Il comporte un casoar et une épée, en principe pointe vers le haut, auxquels se rajoutent des indices caractéristiques du parrainage. Celui de *la Maréchal de Lattre* (1951-1953), sur fond bleu de nuit, s'auréole de sept étoiles et de l'inscription ***Ne Pas Subir***, devise de Jean de Lattre de Tassigny. Celui de *la Laperrine*, également sur fond bleu de nuit, porte trois étoiles, une Croix du Sud et l'inscription Laperrine.

Un autre futur maquisard fameux arrive, deux années après Darthenay et Morel. Promotion *Marne et Verdun* (37-39). A l'état civil, il se nomme Etienne Poitau. Pour ses hommes, il sera le capitaine Stéphane. Véritable boutefeu de la guérilla, il fait un chef exceptionnel, intelligent et audacieux, entouré d'une troupe fascinée par son exemple. De l'automne 1943 à l'été 1944, il mène en Grésivaudan une action de guerre, marquée par la mobilité, qui fait date. Instructeur à Saint-Cyr après les hostilités, ce baroudeur de la lignée des meilleurs part pour l'Indochine où il tombe en 1952. La promotion 1992-1995 l'a choisi pour parrain.

*

Avant la Grande Guerre, Saint-Cyr s'honorait du ministère de l'abbé Lanusse[2]. Entre les deux guerres, l'Ecole bénéficie d'un autre très grand aumônier, l'abbé Henocque, ancien curé d'un village picard. Malgré son âge, quarante-quatre ans en 1914, il est volontaire et part pour le front. Il termine la campagne officier de la Légion d'honneur, titulaire de onze citations. La grande faucheuse n'avait pas voulu de lui alors que sous la mitraille et les obus il se portait pour secourir les blessés et réconforter les mourants.

1. Morel sera toutefois promu lieutenant-colonel, à titre posthume.
2. Avec le titre honorifique de Monseigneur.

De 1921 à 1939, il est l'aumônier, le «*Marab*», de *la Spéciale*.

Résistant bien sûr, déporté, il aura encore la «baraka» de survivre à Buchenwald et Dachau. Cc prêtre au patriotisme intransigeant sera élevé à la dignité de Grand Officier de la Légion d'honneur. On perçoit aisément son ascendant auprès de ses ouailles saint-cyriennes.

Chapitre X

1939-1940

Depuis le 11 novembre, les générations de Cyrards qui se sont succédé ont vécu dans le souvenir du terrible holocauste de leurs aînés. Près de la moitié d'entre elles ont rappelé les hauts lieux et les grands noms de 14-18. La France continue d'aspirer à la paix en ignorant qu'Hitler et les nazis ont d'autres ambitions. L'Anschluss en mars 1938, la question des Sudètes un an plus tard, annoncent l'inéluctable que la dérobade des démocraties à Munich et le Pacte germano-soviétique précipitent. Le 1er septembre 1939, l'Allemagne envahit la Pologne. Respectueuses de leurs signatures, la Grande-Bretagne et la France se portent solidaires du peuple polonais. La Seconde Guerre mondiale s'enclenche. L'agression allemande contre son ex-allié soviétique le 22 juin 1941, l'attaque de Pearl Harbor le 7 décembre, élargissent le conflit à l'ensemble du globe. L'humanité s'enfonce dans la plus terrible guerre de son histoire[1].

*

1. Cf. *La Grande Histoire de la Seconde Guerre mondiale*, du même auteur, chez le même éditeur (10 volumes).

Avec la déclaration de guerre, le 3 septembre 1939, tout se précipite. Les Cyrards de *Marne et Verdun*, permissionnaires au lendemain de leur Triomphe, sont rappelés d'urgence. Pas de difficultés, leur scolarité complète est terminée. Promus sous-lieutenants avec quelques semaines d'anticipation, ils partent rejoindre leur corps. Leurs Bazars de *la Plus Grande France* n'ont derrière eux qu'un an d'Ecole. Les précédents de 1870 et 1914 se reproduisent. Ils reçoivent leurs galons de sous-lieutenants et s'éloignent vers les armées.

Le concours 1939 s'est déroulé normalement avec 2452 candidats. Là encore, 1914 se renouvelle. Les 762 admissibles sont déclarés reçus, sans subir d'oral. Leur formation de futurs cavaliers et tringlots est aussitôt mise en œuvre dans les Ecoles d'application. Ceux restés à Saint-Cyr reçoivent une formation accélérée. Au bout de six mois, ils prennent à leur tour la direction des unités. Leur parrainage s'est voulu de circonstance: *De l'Amitié franco-britannique*.

*

Après huit mois de «drôle de guerre», la bataille qui s'engage le 10 mai 1940 est menée par des ancêtres. Gamelin et Georges, son adjoint, ont largement plus de soixante ans. Les deux commandants de groupe d'armées, Billotte et Prételat, accusent le même âge. Cela n'explique pas tout mais y contribue. En six semaines, le désastre est consommé. Weygand, ultime joker de dernière minute, n'y peut rien. L'Armée française est enfoncée. L'armistice du 25 juin entérine une défaite et l'occupation de la majeure partie du pays.

Inutile de se voiler la face. L'Armée française et ses chefs ne sortent pas grandis de cette déconfiture soudaine. Le généralissime, dépassé et sans énergie, est la première cible de l'opprobre. Les bonnes âmes ne se privent pas pour rappeler qu'il est Saint-Cyrien, comme plus d'un de son entourage. Le coup est dur pour l'Ecole.

Pourtant, le Saint-Cyrien de base n'a pas failli. Loin de là ! Il s'est dépensé et battu avec une énergie farouche, refusant de subir. Les exemples abondent des sous-lieutenants, des lieutenants, des capitaines qui s'accrochent à leurs positions en Belgique, dans les Ardennes, sur la Somme ou sur la Loire à l'instar du lieutenant Jacques Desplats (35-37), défenseur opiniâtre de l'île de Gennes devant Saumur. Leurs Anciens, les colonels, les généraux, rescapés de 14-18, ne leur cèdent en rien bien qu'ils aient tous dépassé la cinquantaine, voire plus. Onze généraux disparaissent en première ligne: Billotte (94-96), Berniquet (96-98), Ardant du Picq (97-99), Pigeaud (90-01), Bouffet (1900-1902), Cailles (1900-1902), Barbe (1902-1904), d'Humières (1902-1904), Deslaurens (1903-1905) Thierry d'Argenlieu (1906-1909), de Vasselot de Regne (1908-1911).

«Où sont nos aviateurs?» s'insurgeaient les fantassins cloués au sol par les Stukas. Pourtant, ils étaient là. Pas assez nombreux, mal employés peut-être. C'est un autre débat relevant des responsabilités de ceux qui avaient mission de préparer et engager l'aviation française. Les pilotes, eux, ne se sont pas dérobés, quelles que soient leurs origines. Pierre Hyvernaud et tous ses camarades cyrards ont affronté l'ennemi sans défaillance, parfois à un contre quatre. Plus de trente Saint-Cyriens aviateurs ont péri en combat aérien au printemps 40.

Les combattants de 1940 ont mauvaise presse. L'opinion publique retient les débandades ou les longues colonnes de prisonniers marchant vers les stalags. Ces images ne doivent pas tout gommer. 90 000 hommes sont tombés en mai-juin 1940. Le pourcentage des pertes en six semaines de combats excède celui des équivalents de 14-18. Sur les 1 374 Saint-Cyriens morts pour la France durant la Seconde Guerre mondiale, 503 tombent[1] en 1940. 503, un chiffre qui incite à réfléchir et à réviser certains jugements sommaires.

*

La France vaincue et humiliée fait confiance dans son immense majorité à un Saint-Cyrien pour se relever. L'historien Henri Amouroux parlera, non sans raison, de «Quarante millions de Pétainistes». En cet été 1940, où tout va si mal mais où le pire n'a pas encore été atteint, bien peu se rangent derrière un autre Saint-Cyrien. Le 18 juin, à Londres, Charles de Gaulle a lancé son célèbre Appel affirmant en substance: «La France a perdu une bataille mais la France n'a pas perdu la guerre.» L'avenir prouvera que le connétable voyait juste. Le camp gaulliste de juillet-août 1940 est encore bien modeste. Il peut du moins s'appuyer sur un carré résolu de Saint-Cyriens: Catroux

---

1. Chiffre, à quelques unités près, suivant les circonstances exactes de la mort.

(96-98), Legentilhomme (05-07), de Larminat (14), Magrin-Vernerey (12-14), de Hauteclocque (22-24), Amilakvari (24-26). En métropole même, comme en Afrique du Nord, le flambeau de la Résistance ne tarde pas à s'allumer. Frère (00-02), Delestraint (98-00), Frenay (26-24), Touny (04-06), se trouvent au premier rang de ces porteurs de la flamme de l'espérance. Pour tous, où qu'ils soient, la route sera longue et périlleuse.

Pétain-de Gaulle. L'affrontement de deux Saint-Cyriens. Le divorce tourne très vite à un heurt sans merci. Le capitaine de Gaulle, dans les années 1920, fut pourtant très proche du maréchal. Pour leurs camarades, un terrible drame de conscience se pose. Qui suivre ? Le défenseur de Verdun paré de toute sa gloire passée, légalement intronisé chef de l'Etat, dont les thuriféraires ne cessent de proclamer : «*Pouvez-vous être plus français que lui*?» Le général rebelle, allié aux agresseurs de Mers el-Kébir, se réclamant de l'honneur et de la libération de la France occupée, et refusant de se regarder comme un vaincu ? Quel camp choisir ? Les Saint-Cyriens, libéraux sous la monarchie restaurée, républicains sous l'Empire, royalistes ou catholiques sous la République, n'ont jamais vécu un tel dilemme. Ils doivent trancher même s'il est parfois plus aisé d'obéir au nom des vieux préceptes militaires.

Conscient de cet antagonisme entre les impératifs de la discipline et l'action de résistance déjà amorcée, Henri Frenay, le 24 janvier 1941, demande un congé d'armistice. Au colonel qui essaie de le retenir et qu'il regarde comme un patriote, il déclare :

«*Je ne veux pas avoir un jour en moi un conflit entre le devoir d'obéissance et le devoir que me commandera probablement l'action que j'ai entreprise.*»

Le déchirement devient guerre fratricide entre anciens de l'Ecole. La Syrie, la mauvaise guerre par excellence, en apporte en 1941 le terrible exemple. Pétainistes contre Gaullistes. Tous au nom de la France et de l'honneur ! Tous germanophobes et n'aspirant qu'à une autre revanche ! Tous portant dans leur cœur le même drapeau ! Dentz (00-02) contre Legentilhomme (05-07). Des Petits Cos face à face. Amilakvari-Perdrix (24-26). De Chevigné-Rebuffel (27-29). Soixante-deux Saint-Cyriens sont victimes de cet affrontement dramatique. Sur la liste de ces morts, le colonel Génin (18-20) à peine arrivé de Vichy pour rallier la France Libre est tué par des balles françaises le 17 juin.

Ces combats au Levant coûtent encore la vie à Henri Dentz, le major de la promotion *du Tchad* (1900-1902[1]). La Syrie, tragique réalité des situations auxquelles se trouvent confrontés les Saint-Cyriens de ces années noires avant que l'horizon ne s'éclaire sans ambiguïté ! Il faudra pour cela attendre l'après 8 novembre 1942.

Pour l'heure, dans les mois suivant l'armistice du 25 juin 1940, le Saint-Cyrien fidèle à Pétain, qui ne voit pas ou ne veut pas voir certains à-côtés du régime, n'a en aucun cas le sentiment de trahir. Il obéit au pouvoir légal ; il contribue dans la mesure de ses moyens au redressement surnommé Révolution Nationale ; il ne lui est pas interdit en conscience de se préparer à d'autres lendemains. Un de Lattre, un Juin, dans leurs commandements respectifs en métropole ou en AFN, sont persuadés d'œuvrer dans la perspective d'une éventuelle revanche. Un Béthouart, un Monsabert tout autant. Un colonel Schlesser à Auch ou un lieutenant Morel à Aix de même. Ils ignorent totalement comment interviendra ce que de Gaulle appelle « l'événement », mais ils espèrent que cet « événement » se produira. L'Armée française, un jour, reprendra le combat. Mais il faudra être prêt. Dans ce climat, l'existence d'un Saint-Cyr replié en Provence n'a rien de contradictoire.

---

1. Cf. page 114.

Chapitre XI

AIX-EN-PROVENCE

Devant l'invasion, l'Ecole a quitté Saint-Cyr. Elle se situait là depuis 1808. 132 ans. Personne n'a imaginé que ce départ imposé par la menace ennemie puisse être un adieu définitif à ces bâtiments séculaires où se sont formés tant de futurs officiers.

Les conditions de l'armistice conclu entre la France et l'Allemagne en entrant en vigueur le 25 juin 1940 s'avèrent très sévères :

– Occupation du territoire national situé à l'ouest ou au nord d'une ligne passant par Orthez, Mont-de-Marsan, Libourne, Angoulême, Angers, Tours, Bourges, Paray-le-Monial, Dole.

– Démobilisation de l'Armée française, à l'exception des troupes nécessaires au maintien de l'ordre.

– Remise à l'Allemagne du matériel militaire.

– Regroupement de la flotte française dans des ports à déterminer pour y être démobilisée et désarmée.

– Maintien en captivité des prisonniers de guerre français jusqu'à la conclusion de la paix.

Dans ce cadre très strict, l'Armée française, dite Armée de l'armistice, se réduit à 100 000 hommes dont 4 000 officiers, 15 000 sous-officiers et 6 000 gardes mobiles. S'y adjoignent sur l'ensemble du territoire national 60 000 gendarmes, 10 000 pompiers de Paris[1] et 15000 travailleurs coloniaux ne pouvant être rapatriés, essentiellement indochinois et malgaches.

Saint-Cyr ne peut plus exister à Saint-Cyr occupée par la Wehrmacht, mais le principe d'une école de formation d'officiers n'est pas remis en cause. Une école commune, regroupant l'E.S.M. de Saint-Cyr et l'Ecole Militaire de Saint-Maixent, s'installe caserne Miollis[2] à Aix-en-Provence, sous le commandement du général Préaud (10-13). Les deux recrutements cohabiteront avec des régimes et des cours différents.

*

Elle n'est pas très grande cette caserne Miollis avec ses constructions typiques de l'architecture militaire de la seconde moitié du XIXe siècle. Une grande cour carrée avec, en pourtour, trois bâtiments «troupe» de cinq étages et un quatrième plus modeste surmonté d'un campanile et destiné à servir de PC. Pourtant, cet espace limité doit abriter du monde: des Saint-Cyriens, des Saint-Maixentais et leur encadrement. Heureusement, en vis-à-vis, la caserne Forbin, du nom d'un célèbre marin lui aussi enfant d'Aix, offre des possibilités d'annexes et un vaste espace dégagé vite reconverti en «*Marchfeld*». La cour centrale de Miollis, servant de place d'armes, est entourée d'arbres qui, manifestement, sous le beau ciel de Provence, ont manqué d'eau. Les anciens en feront des perchoirs privilégiés à l'intention de Messieurs les *Bazars*. Car, à Aix, les traditions ne perdent pas leurs droits. Le *bahutage* est toujours de règle. De cette fidélité au *Vieux Bahut*, le Livre d'Or de la promotion 41-42 rapporte:

«*Le cadre, un peu décevant tout de même pour ceux qui avaient appris à connaître, tout en pâlissant sur de noirs bouquins, le domaine de Madame de Maintenon, portait des noms qui nous étaient familiers. Nous retrouvions le Grand Carré dominant la Cour Wagram, sur laquelle s'ouvraient les Marquises, où se trouvaient l'Arbre Bleu et l'Arbre Rouge, le 240 à l'angle d'une façade, le Quinconce à côté des "goguenots" et derrière, la Cour Rivoli avec Café Turc et Bar Américain; de l'autre côté de l'avenue d'accès à Miollis s'étendait le Marchfeld et au quartier*

1. Qui sont, on le sait, des militaires.
2. Général Miollis (1759-1828). Né et mort à Aix-en-Provence, il a fait les campagnes d'Amérique, de la Révolution et de l'Empire.

Forbin, il y avait le Paradis à côté de la Basane. Certainement, la ville d'Aix avait dû à son brillant passé gallo-romain de ne pas troquer son nom contre celui de Saint-Cyr-l'Ecole. »

Les Cyrards sont nombreux. Les premiers à se présenter sont les derniers reçus au concours des 15 et 16 mai 1940. Ils étaient 4005 à concourir, illustration manifeste de l'ardeur patriotique d'une certaine jeunesse de France. La défaite, les contraintes d'armistice ne permettent d'en accepter que 177, soit 4,3 %. Pourcentage jamais constaté. On ne pourra cette année-là discuter de la sélectivité de l'examen d'entrée.

Les anciens par contre arrivent en masse. Ils étaient, rappelons-le, 762 à constituer l'*Amitié franco-britannique*. Mais il en manque ! Les prisonniers et les morts. Quinze ont déjà été tués. Certes, ils ont presque tous combattu, mais leur instruction de moins de six mois a été sommaire. Ils reviennent pour un complément de formation qui les contraint à abandonner pour quelque temps leurs galons de sous-lieutenants jugés trop vite octroyés. Eu égard aux possibilités, ils sont répartis en deux sessions :

- la première de novembre 1940 à mars 1941 ;
- la seconde d'avril 1941 à août 1941.

La caserne Miollis ne déroge pas à la grande tradition des habitats militaires et dispose d'un confort plus que limité. Les conditions d'hébergement sont rudimentaires. Une salle d'eau par étage et les toilettes sont à l'extérieur. La nourriture n'est pas plus privilégiée. Pourtant, le rythme physique imposé exigerait des gamelles mieux remplies. Le tout donne un régime spartiate.

La France subit les conséquences de la défaite et les contraintes de l'armistice. Les moyens en matériel moderne manquent. L'Ecole ne possède aucun armement lourd; juste des fusils, quelques armes automatiques (mitrailleuses Hotchkiss ou FM 24-29), six mortiers de 60 et de 81, et deux canons de 25 mm. Le parc véhicules comprend essentiellement des bicyclettes : 350. Dans de telles conditions, l'instruction militaire reste obligatoirement limitée. Elle se cantonne principalement dans l'apprentissage au métier de chef de section d'infanterie. L'escadron ne peut que s'exercer à l'art de monter à cheval. Bilan, la pompe et le *mili* s'équilibrent, le *mili* reprenant l'avantage grâce à un séjour d'un mois au camp de la Courtine niché sur le plateau de Millevaches avec ses « *molards* » et son célèbre arbre de la Dègue[1].

1. Les *molards* sont de petits étangs ; l'arbre de la *Dègue* est un repère bien connu des unités manœuvrant à la Courtine.

Fort heureusement, dans ce contexte difficile, l'Ecole est entre de bonnes mains. Le général Préaud, cavalier de belle allure, passe bien. Il a de «la gueule», disent ses subordonnés et «la gueule», dans l'Armée, ça compte. A défaut, vous risquez de manquer de prestige. L'encadrement est dans l'ensemble de grande qualité. Le commandant Agostini, après de très belles campagnes, sera le premier patron de Coëtquidan en 1945. Le commandant Huet, en 1944, mènera les combats du Vercors. Le commandant de Reynies, responsable de l'AS Isère, sera assassiné par les Allemands. Le capitaine Lecuyer, Sapin dans la Résistance, organisera et dirigera les maquis des Alpes-Maritimes. Le capitaine Craplet commandera la brigade ORA de Haute Corrèze, forte de trois bataillons. Parmi les chefs de peloton ou de section, on relève les lieutenants de Galbert et Morel. Morel au cours des manœuvres dans l'arrière-pays porte toujours un gros sac avec des cordes. L'alpin qu'il est n'oublie pas d'initier ses élèves à l'escalade et au rappel.

Rançon des temps, les cérémonies à grand spectacle sont supprimées ainsi que le port du GU. Seul le shako avec son Caso échappe aux vicissitudes présentes. Les premiers, les arrivants reçus au concours de 1940, ont à se choisir un parrainage. Dans le climat du moment, rares sont ceux qui s'étonnent ou déplorent que le choix se porte sur Philippe Pétain. L'Ecole comme la France est pétainiste ; de Gaulle reste encore un personnage peu connu. Le 26 août 1941, est officiellement baptisée la *Maréchal Pétain*. Ah, qu'il sera, certains jours, délicat à porter ce patronyme !

Francis Boulnois a fini normalement sa scolarité. Il est jeune sous-lieutenant lorsque l'invasion de la zone libre, en novembre 1942, conduit à la dissolution de l'Armée de l'armistice. Via les Pyrénées et le sinistre camp de Miranda, Boulnois passe en Afrique du Nord. Giraud, à cette date Commandant en chef civil et militaire, a décrété que les évadés de France, en récompense, auraient le choix de leur corps. Boulnois opte pour la Légion. A Sidi Bel Abbès, il lui est proposé la «13». La «13» pourquoi pas ? La demi-brigade s'auréole d'une légende glorieuse. Arrivé à Nabeul, en Tunisie, le jeune sous-lieutenant est affecté au bataillon Morel et part se présenter à son futur patron :

– «*Sous-lieutenant Boulnois, nouvellement affecté, à vos ordres, mon commandant.*

– *Origine* ?

– *Saint-Cyr. Evadé de France, mon commandant.*
– *Promotion?*
– 40-42, *Maréchal Pétain, mon commandant.* »

Maréchal Pétain. Le nom qu'un Cyrard ne devrait jamais prononcer devant le Saint-Maixentais et très gaulliste Morel. La guitoune manque d'exploser.

Le 21 mai 1944, Boulnois sera blessé en Italie. Il s'entendra dire: «*Enfin, vous voilà dédouané!*»

Oui, il n'est pas facile à porter ce nom de promotion *Maréchal Pétain.* Cela n'empêchera pas 40 Anciens sur 172 de la *Maréchal Pétain* de mourir pour la France.

*

Les choses, si l'on peut dire, retrouvent à peu près leur ordre habituel à l'automne 1941. Les examens ont eu lieu aussi bien en zone libre qu'en zone occupée. Ils sont 305 à intégrer sur 2058 candidats. Le pourcentage d'élus est très faible, à peine 15%. Comme les précédents, au début de l'été 1942, ils ont à se choisir un parrain. Weygand est avancé. Les idées de l'ancien généralissime sur la revanche sont bien connues et à ce titre, sur ordre des Allemands, fin novembre 1941, il a été relevé de son proconsulat en Afrique du Nord. L'ancien bras droit de Foch fait un peu figure de symbole auprès des jeunes. Pressenti, l'intéressé se récuse. Non sans bon sens, il répond qu'il est préférable de retenir un disparu qu'un vivant. Nul ne sait ce que réserve l'avenir. La promotion entrée en octobre 1941 se nommera *Charles de Foucauld*, l'ascète du Hoggar assassiné aussi bien pour sa foi que pour sa fidélité à une Patrie qu'il continuait de servir dans son univers saharien.

Le nombre de reçus est un peu plus fort à la rentrée d'octobre 1942, 365, mais avec un taux sensiblement identique par rapport aux 1800 candidats. Les reçus de la zone libre rejoignent la caserne Miollis les 13, 14 et 15 octobre, ceux de la zone occupée avec deux semaines de retard.

Les événements se précipitent et le cours de la guerre bascule. Les Britanniques viennent à peine de l'emporter à El-Alamein quand les Alliés débarquent en Afrique du Nord, le 8 novembre. L'Armée d'Afrique reprend les armes amenant ses gros bataillons, même s'ils sont encore bien mal équipés. Les atermoiements de chefs indécis ont hélas, auparavant, coûté bien des vies. A Alger, le capitaine Pillafort (25-27) est mortellement blessé. Au Maroc, à Port-Lyautey, actuel Kenitra, l'obéissance aux ordres décime les officiers de deux bataillons du 1er RTM. Ils croyaient partir pour rejeter les Allemands à la mer et tombent sur des Américains alors que leurs consignes, contre les supposés envahisseurs, n'ont pas été rectifiées. L'histoire du 1er RTM rapporte: «*Les cadres s'exposent au feu sans lancer leurs hommes à fond. Pour beaucoup, c'est un véritable suicide.*» Les capitaines Saint-Raymond (26-28) et Job (29-31) sont tués avec six autres camarades officiers. *Grandeur et servitude militaire,* écrivait Alfred de Vigny.

Hitler avait prévu un revirement français. Sa directive n° 19 du 10 décembre 1940 envisageait l'occupation totale de la France. La situation à Alger lui donne prétexte d'intervention. Le 11 novembre, à 4 heures, les premiers éléments de la Wehrmacht franchissent la ligne de démarcation. Bridoux, le ministre de la Guerre de Vichy, ordonne de ne pas bouger. Les généraux obtempèrent sauf deux: de Lattre à Montpellier, Laffargue à Grenoble, geste lourd de lendemains mais sans portée immédiate. La Wehrmacht roule librement vers le sud avec un objectif de choix, Toulon, où l'amiral de Laborde s'obstine à refuser de faire appareiller sa flotte. (Les résultats de cette funeste obstination ne sont que trop connus...) Au passage sur la route de Toulon, se situe Aix-en-Provence.

Le 12 novembre, les Allemands sont à Aix, les Italiens aussi, outrage peut-être encore plus insupportable, car les soldats du Duce n'ont pas brillé en 1940. Faute de mieux, dans l'attente des décisions supérieures, les cours théoriques continuent. Le 27 novembre, un détachement allemand en armes pénètre dans la cour de l'Ecole et met des mitrailleuses en batterie à toutes les issues. La dissolution de l'Armée de l'armistice est annoncée ainsi que l'évacuation de l'Ecole. Le lendemain, les Saint-Maixentais partent les premiers. Pour Saint-Cyr, le départ est retardé en principe au 3 décembre. Une vie factice s'instaure sous la surveillance des «Boches».

Le 2 décembre, les *Casos* sont remis aux *Bazars*. Discrètement, dans les chambrées. Le 4, le télégramme ordonnant la démobilisation immédiate survient. A 11 heures, l'Ecole se rassemble à l'amphi Guibert. Les Jeunes arrivés début octobre n'ont que six semaines de présence mais leur engagement leur mérite un nom de promotion. Un ancien élève, lors du cinquantenaire de la promo, a rappelé les faits:

«*Quel nom de baptême proposez-vous*? demande en substance le colonel commandant.

"Mon Colonel, nous choisissons Sainte-Victoire!"

C'était à la fois un symbole et le nom de la montagne qui domine Aix où nous crapahutions.

Impossible avec les Allemands cernant l'Ecole, nous fait comprendre le colonel, vous serez la Croix de Provence. Pour nous, c'était presque la même chose car, avec ses 1 000 mètres d'altitude, elle marque le point culminant de la Sainte-Victoire[1].»

Cette *Croix de Provence* sera riche en parrainages:

- Gérard de Cathelineau, ancien maquisard, tombé comme capitaine en Algérie, donne son nom à la promotion «76-78».
- Jacques Morin, résistant, maquisard, déporté, fondateur des parachutistes de la Légion, adjoint au colonel Jeanpierre au 1er REP, à celle de «94-97». Morin, personnalité rayonnante, qui eut l'honneur de porter la main du capitaine Danjou un 30 avril à Aubagne, a laissé à la Légion un souvenir impérissable.

Le 5 décembre à midi, tout est terminé. Miollis est évacuée, colonne par six en direction de la gare. Avant de quitter définitivement les lieux, le colonel Thiébault, qui a succédé au général Préaud à la rentrée d'octobre, n'oublie pas une règle sacrée. Un drapeau ne doit jamais tomber aux mains de l'ennemi. Avec soin, le colonel détache de sa hampe la soie du drapeau de l'Ecole et la confie au colonel Le Page, chef de la division des Saint-Cyriens. Le Page s'éloigne, dissimulant le précieux emblème, et ira le camoufler chez son beau-père, monsieur Marchand, à Thoissey dans l'Ain. Cette demeure refuge est la maison natale de Marchand. Elle appartient au frère aîné du héros de Fachoda et ne pouvait fournir de retraite plus symbolique. A la Libération, le colonel Le Page viendra rechercher le drapeau qui sera, le 2 avril 1945, remis à l'Ecole de Cherchell avant de rejoindre définitivement Coëtquidan les mois suivants.

Les anciens de la *Charles de Foucauld* seront promus sous-lieutenants avec consigne pour ceux de l'ancienne zone libre de rejoindre les Chantiers de jeunesse et pour ceux de l'ex-zone occupée de rentrer chez eux. En février 1943, ces derniers seront

1. Allocution du général Sambouret, à l'occasion du parrainage de la promotion *Capitaine Stéphane*, 1992-1995.

convoqués à Paris pour un véritable *amphi-garnison* orienté naturellement vers des débouchés civils : Sciences Po, écoles d'ingénieurs, universités, haras même. Les jeunes de zone libre, en janvier, recevront instruction de rejoindre les Chantiers de jeunesse afin d'y effectuer leur temps légal de huit mois. Les autres, comme leurs anciens, sont incités à s'inscrire dans des facultés ou écoles.

En fait, c'est pratiquement une liberté d'action qui est accordée à chacun. Les tempéraments, les circonstances dicteront les orientations : Chantiers de jeunesse, maquis, Résistance, Afrique du Nord via l'Espagne ou simplement retour au foyer familial. Ainsi 56 élèves de la *Croix de Provence* tentent l'évasion par l'Espagne. 80 % d'entre eux réussissent. Les instructeurs engagés dans la Résistance s'efforcent de rallier ceux qu'ils peuvent contacter. Le capitaine Lecuyer parviendra à regrouper une bonne partie de ses élèves dans ses maquis des Alpes-Maritimes. Morel, de son réduit alpin, lancera un appel très ferme :

« ... *Aujourd'hui, en plein accord avec nos chefs militaires, je parle de ceux qui sont encore dignes de ce nom, je vous rappelle notre dernière réunion de la chambre Rocroi. Il est temps de me rejoindre. Votre place n'est plus dans les organisations douteuses qui font le travail de l'ennemi, encore moins dans des situations civiles ou des études de petits bourgeois amorphes. C'est le sort de notre pays qui se joue : Cyrards de la Promo Charles de Foucauld, à l'exemple de votre patron, il faut tout quitter pour la France.*

Je vous attends donc, assuré que vous serez fidèles à la tradition. Ce n'est pas à la légère que je vous donne cet ordre. A défaut de vie facile, de gloire apparente, c'est le chemin de l'honneur, de votre honneur de soldat et de votre avenir d'officier que je vous indique. J'en assume comme chef toute la responsabilité.

Haut les cœurs et vive la France ! »

Pour situer ces parcours, il est intéressant de se pencher sur la promotion *Charles de Foucauld*, la plus représentative des trois promos d'Aix-en-Provence, par son effectif et la durée de son temps passé à l'Ecole. Sur ses 306 Cyrards :

80 meurent pour la France.

32 méritent la Médaille de la Résistance.

32 parviennent à s'évader de France en 43-44.

19 sont déportés.

4 sont fusillés par les Allemands.

Parmi les tués, deux, Roure et Haezebrouck, disparaissent au Vercors ; un, le sous-lieutenant Magdelaine, parachutiste SAS, tombe lors de l'attaque de Sennecey-le-Grand le 4 septembre 1944. Les anciens évadés de France ou résistants maquisards donneront de valeureux soldats de la Libération, d'Indochine ou d'Algérie : Henri Vaillant, Robert Caillaud, Charles Met, Jean Pouget, pour ne citer que les plus connus.

Il y avait incontestablement dans cette *Charles de Foucauld* une soif de service et d'absolu dont rendent compte les sacrifices consentis. Pourcentage exceptionnel : trois des siens bifurqueront vers la vie religieuse.

L'objectivité historique impose de tout rapporter. Quelques-uns, passivité ou faiblesse, ne bougeront pas. Un engagement, à priori insolite pour un Saint-Cyrien, ne va pas à l'encontre de ce qui a été avancé un peu plus haut, car la route choisie était loin d'être sans risques. Alors que l'immense majorité de la promo marche résolument sur le chemin de la revanche, un élève choisit une autre voie. Dans le conflit présent, s'abstenir lui paraît une lâcheté. Par hostilité au communisme et au gaullisme, séquelle sur ce dernier point de la Syrie, il part pour le front de l'Est dans la LVF. Par miracle, il en reviendra, après deux années de campagne et deux autres années dans les camps soviétiques. Ses Petits Cos peuvent s'étonner de cette orientation mais ne lui jettent pas la pierre et lui conservent leur amitié. Ses anciens instructeurs, aux titres de guerre faisant autorité, viendront témoigner en sa faveur à son procès. Mettre sa peau dans la balance de ses idées implique d'être sincère envers soi-même et n'est pas à la portée de tous… Eu égard au climat et aux passions du moment, l'inculpé s'en sort bien. Un an de prison ferme (qu'il fera). Il est perdu pour l'Armée malgré une expérience militaire d'une richesse indiscutable[1].

Par la suite, une commission d'enquête, créée par l'ordonnance Diethelm du 27 août 1944, jugera et tranchera en fonction des comportements. L'exemple des décisions prises dans le cas de *la Croix de Provence* illustre la diversité des cas rencontrés :

---

1. Jean X…, n'ayant même pas 18 ans, vit le même parcours pour des mobiles identiques. La mort ne veut pas de lui. Rentré, il est acquitté car mineur au moment des faits avec obligation toutefois d'aller effectuer son service militaire. Sa vocation était certainement le métier des armes. Son passé estompé, devenu sous-officier, il présente Saint-Cyr division corps de troupe (deuxième bataillon). Il terminera sa carrière colonel et figure aujourd'hui dans l'annuaire de la Saint-Cyrienne.

– Ceux qui ont rejoint la Résistance ou un maquis avant le 1er mai 1944 sont nommés sous-lieutenants à date de leur entrée dans la Résistance.

– Ceux qui sont passés en AFN sont nommés sous-lieutenants à date de leur évasion de France.

– Ceux qui ont été arrêtés par les Allemands alors qu'ils tentaient de quitter la France sont nommés sous-lieutenants à date de leur évasion manquée ou de leur entrée dans la Résistance.

– Les tués sont nommés sous-lieutenants à titre posthume avec pension pour leurs familles.

– L'attitude de ceux qui sont passés par l'Ecole de la Garde de Guéret ou la gendarmerie[1] est sévèrement étudiée. Si elle est jugée positive, ils sont nommés sous-lieutenants à date de leur entrée dans la Résistance.

– Même décision pour les anciens du Premier Régiment de France mais nomination seulement au grade d'aspirant à compter du premier octobre 1944.

– Décision identique pour les anciens des Chantiers de jeunesse. (Les titres réels de Résistance permettent d'être nommés sous-lieutenant à date d'entrée dans la Résistance.)

– Idem pour les anciens de l'encadrement du STO (s'ils se sont bien conduits en Allemagne).

– Ceux qui avaient rejoint les facultés et écoles sont incités à s'engager.

– Quant aux quelques-uns ayant intégré l'école des cadres de la Milice, ils sont purement et simplement dégradés (et parfois sanctionnés).

En bilan global, l'immense majorité des rescapés sera appelée à gagner Cherchell pour parfaire son instruction[2].

*

L'ambiance à Aix-en-Provence était plutôt *maréchaliste*, on l'a vu avec le parrainage de la promotion 40-42. En ces lendemains

1. Après la dissolution de l'Armée de l'armistice, ont subsisté des unités de gendarmerie et de garde ainsi qu'un régiment, le Premier Régiment de France. Des Jeunes, patriotes, se sont tournés vers ces unités dans l'espoir d'y acquérir une formation et surtout des armes (l'Ecole de la Garde de Guéret, le Premier Régiment de France, passeront effectivement au maquis au printemps et à l'été 1944).

2. Cf. plus loin.

de défaite, le commandant en chef des armées françaises de 1918 semblait offrir une garantie incontestable de patriotisme. La ferveur qui l'entoure trouve là sa première explication et se répercute sur des garçons foncièrement apolitiques et soucieux avant tout de servir le pays. L'après 8 novembre 1942 montre le fondement de l'état d'esprit des Cyrards d'Aix-en-Provence. 53 tombent dans les combats menés par les forces de libération de la Tunisie au Danube, 22 au maquis sur le sol métropolitain, 23 en déportation ou exécutés par les Allemands [1].

*

La caserne Miollis s'est vidée. Pour un peu plus de deux ans, l'Ecole Spéciale Militaire n'existe plus en métropole. La flamme saint-cyrienne pourtant ne s'est pas éteinte dans la jeunesse de France. Elle brille toujours en Grande-Bretagne et en Algérie. C'est là qu'il faut aller la retrouver.

---

1. Soit 32 pour la *Maréchal Pétain*, 45 pour la *Charles de Foucauld*, 21 pour la *Croix de Provence*.

Chapitre XII

LES CADETS DE LA FRANCE LIBRE

La loi N° 54-292 du 17 mars 1954 énonce:
Article Premier – Les anciens élèves de *l'Ecole Militaire des Cadets* de la France Libre, ayant satisfait aux examens de sortie de cette école, sont considérés, à tous points de vue, comme issus de l'Ecole Spéciale Militaire.

Le Ministre de la Défense nationale: R. Pleven.

Ces anciens élèves sont donc, très officiellement, des Saint-Cyriens.

Leur histoire remonte aux premières heures de la France Libre, à l'été 1940. Les audacieux qui osent rejoindre l'Homme du 18 juin se comptent aisément. Le 8 juillet, ils ne sont que 98 officiers, 133 sous-officiers et 716 hommes de troupe[1], soit 947 volontaires en uniforme, aptes à servir. De Gaulle le reconnaîtra dans ses Mémoires: «*Le tronçon du glaive serait fortement trempé. Mais, mon Dieu! qu'il était court*[2]*!*»

A côté de ces 947 volontaires, se trouvent environ 200 jeunes de moins de 18 ans. Avec l'enthousiasme de leur âge, ils se sont

1. Majoritairement des légionnaires de la 13e DBLE.
2. *Mémoires de Guerre*. O.C. Tome 1, p. 79.

ralliés à de Gaulle pour l'aider à relever la patrie. Presque tous ont rejoint la Grande-Bretagne dans ce but et sont complètement coupés de leurs familles. Leur grande aventure débute comme un camp scout. Ils en ont la tenue, les «guitounes» de toile et l'emploi du temps quelque part au pays de Galles. Le capitaine Lescure, un ancien de la 15e DIM, rallié parmi les premiers, assure le commandement de cette «*Légion de jeunes volontaires français*» qui compte une vingtaine de fils de pêcheurs de l'île de Sein partis avec leurs pères.

Bien qu'au pays de Baden-Powell, le fondateur du scoutisme, cette existence de boy-scouts ne saurait se prolonger. Tous ces garçons n'aspirent qu'à une chose: s'engager pour se battre. Dans l'immédiat, ils n'en ont pas l'âge et les Britanniques, qui sont les maîtres à bord, ne plaisantent pas sur le sujet. Pas d'incorporation avant 18 ans! Le 21 août, le général de Gaulle inspecte le camp. L'ardeur qu'il constate le conduit à envisager la création d'un Prytanée militaire, première étape avant une véritable Ecole militaire destinée à former de futurs officiers.

Le 5 septembre, ils sont 71 à rejoindre le manoir de Rake-Manor, près de Milford, à 55 kilomètres au sud de Londres. Le terme manoir ne saurait faire illusion. Les arrivants ne vont en rien connaître la vie de château. Ils sont hébergés dans les communs avec un confort plus que relatif. Pas de chauffage. Eléments d'hygiène réduits à pratiquement zéro. Salles de cours dans un orphelinat à cinq kilomètres. Heureusement, les élus ont une foi qui soulève les montagnes. Ils veulent réussir pour aller se battre au plus vite. (Quelques-uns entre novembre et janvier s'engageront dans la Marine.) Les soixante-quatre restants sont scindés en deux sections : les bacheliers et assimilés, et les non bacheliers. Au programme, la formation générale classique et puis bientôt, à la grande joie de tous, l'instruction militaire. Seul regret, la modestie des moyens en limite la portée.

Fin octobre, le capitaine Lescure[1] sera relevé par le capitaine Mondot. Ce départ est durement ressenti. Lescure était apprécié et son successeur passe mal. Passy, le futur colonel chef du

1. En l'absence de De Gaulle alors parti en Afrique Noire, la direction des FFL est en proie à de multiples tiraillements internes auxquels la personnalité de l'amiral Muselier n'est pas étrangère. Dans le cas précis de Lescure, il lui est reproché d'avoir violemment critiqué l'opération engagée par de Gaulle contre Dakar le 23 septembre.

BCRA, doit se déplacer pour imposer le respect des décisions prises. A mi-novembre, est affecté à Rake-Manor un civil déguisé en adjudant. André Beaudouin, professeur à Kaboul, a rallié la France Libre. Simple deuxième classe, il a été promu adjudant avant de connaître un avancement accéléré. Il sera commandant le 17 décembre 1942. L'homme le mérite. Prenant très vite le relais de Mondot, il incarnera l'Ecole des Cadets de la France Libre dont il sera le chef et l'animateur. Pédagogue de par ses origines professionnelles, il montrera tout autant son sens de l'organisation et des qualités de cœur près d'une jeunesse coupée de ses racines.

Les conditions de vie trop précaires n'autorisent pas un travail sérieux. Le 4 février 1941, Rake-Manor est abandonné. Les jeunes Français s'installent à Malvern au nord-ouest d'Oxford, dans une authentique «Public School», collège huppé, où un bâtiment, le numéro 5, leur a été spécialement réservé. Ils y trouvent un confort inhabituel. Petites chambres individuelles, salles d'études pour deux ou quatre, etc. Il existe même une piscine utilisable deux fois par semaine. Tout s'en ressent alors que l'encadrement s'étoffe. Les choses sérieuses commencent. Preuve directe de cette mutation, on commence à parler des Cadets à l'instar de ceux de Sandhurst, le Saint-Cyr britannique. Le 11 juin, Beaudouin peut écrire:

«L'Ecole des Cadets des F.F.L. est, avant tout, une Ecole Militaire et ce caractère s'est affirmé nettement pendant ce trimestre.

Mais étant donné, d'une part, l'âge moyen et les antécédents des Cadets, d'autre part, le pays dans lequel ils résident, une part importante de l'emploi du temps est réservée à la formation générale de l'intelligence et à la pratique des sports. L'instruction générale donnée aux Cadets a pour objet de leur fournir un complément de culture adapté aux circonstances très spéciales de leur situation. La base de l'enseignement qu'ils reçoivent est constituée, comme il convient à de futurs officiers, par les mathématiques et les sciences. On a envisagé ces dernières surtout sous leur aspect pratique…»

C'est dire que les sports et le «mili» l'emportent sur la «pompe». 26 heures au total par semaine pour les premiers contre 16 pour la seconde. Beaudouin ne le précise pas : l'étude de l'anglais occupe une part importante, phénomène normal étant donné la situation présente. Il s'agit aussi déjà de pouvoir répondre correctement à l'accueil sympathique réservé par la population britannique aux jeunes Cadets souvent reçus dans les familles.

Dans ce cadre dont la finalité profonde est de recréer Saint-Cyr pour donner au plus vite des officiers à la France Libre, il ne saurait être question de reconstituer l'appareil extérieur de la vieille école. Les moyens matériels, le temps ne le permettent pas. Donc, pas de Grand U ou de shakos avec casoar. Il faut faire avec les moyens disponibles. Pour le travail courant, le battle-dress britannique. Pour les prises d'armes ou cérémonies diverses, la tenue bleue des chasseurs alpins, héritée des paquetages du corps expéditionnaire de Norvège. Cet uniforme bleu foncé, rehaussé par une fourragère blanche, avec comme coiffure la célèbre «Tarte» des Alpins, sera jusqu'au bout celui des grands jours pour les Cadets. En septembre 1941, de Gaulle viendra lui-même remettre son fanion à l'Ecole, fanion qui présidera désormais au premier rang dans tous les défilés [1].

Fin août-début septembre 1941, un examen général sélectionne ceux qui auront l'honneur d'appartenir au premier véritable peloton d'élèves aspirants. Auparavant, on était encore sous le signe d'un Prytanée préparatoire. Ils seront 25 élus pour un cycle de formation prévu sur huit mois. Ayant désormais plus de 18 ans, ils peuvent enfin, le 15 octobre, signer un engagement volontaire dans les Forces Françaises Libres et en porter l'insigne. Ce 15 octobre 1941 marque véritablement la date de création de l'Ecole des Cadets en tant qu'Ecole de futurs officiers. Dès lors, l'enseignement militaire est assuré, sous la direction du capitaine de La Joncière [2], Saint-Cyrien de la promotion *Bournazel* (32-34), blessé sur la Somme en juin 1940 et rallié aux FFL. La Joncière connaît son métier. Avec lui, les élèves aspirants ne chôment pas mais personne ne s'en plaint à commencer par les intéressés. Ils ont soif de «*s'instruire pour vaincre*», suivant la vieille devise de Saint-Cyr. Parallèlement, la section dite préparatoire regroupe 19 plus jeunes qui poursuivent leur formation universitaire dans la perspective d'accéder un jour au peloton d'élèves aspirants. C'est à cette section préparatoire que sont affectés fin 1941 des garçons qui viennent de réaliser un exploit extraordinaire. Reynold Lefèbre, les deux frères

1. Ce fanion est aujourd'hui au Musée du Souvenir de Saint-Cyr Coëtquidan.

2. De son vrai nom René de Lajudie.

Richard, et les deux frères Lavoix[1] ont réussi à traverser la Manche en canoë et à atteindre l'Angleterre. Cette épopée leur vaudra l'insigne honneur d'être reçus et félicités personnellement par Winston Churchill. Elle rend compte de l'ardeur animant les Cadets et de l'ambiance qui règne à l'Ecole.

Le planning est respecté. Il prévoyait huit mois de stage. Le 5 mai 1942, les examens de sortie débutent. Une partie à Malvern, une autre à Camberley pour les épreuves spécifiquement militaires. Parmi les examinateurs, des personnalités connues de la France Libre. Le capitaine de Boissieu[2] pour le combat, le commandant Crespin pour la topographie.

13 récoltent les lauriers. Y sont adjoints deux instructeurs, le sergent Taravel et l'adjudant Fèvre[3]. Le 28 mai, le général Legentilhomme, commissaire national à la Guerre, préside le baptême de la promotion *Libération*. Ce nom de *Libération* n'a pas été choisi à la légère. Il fixe bien les aspirations de tous. Le rituel traditionnel de Saint-Cyr est respecté, sans casoar ni Anciens évidemment. Quatre jours plus tard, les 15 reçus sont promus aspirants. Ils optent tous pour l'armée d'active, manifestant ainsi leur volonté de rejoindre au plus vite des formations combattantes. Les autres sont autorisés à redoubler ou sont nommés sergents ou caporaux. Sur les 15 nommés le 1er juin 1942, 8, soit plus de la moitié, tomberont pour la France. Un tel pourcentage rejoint celui des hécatombes des promotions de 14-18.

*

Les examens de sortie se sont déroulés alors que l'Ecole était en plein déménagement. Le War Office a besoin de Malvern pour y installer des services de recherches sur le radar. Le collège, qui était mixte franco-britannique, est abandonné. Les Britanniques partent pour Harrow, les Français pour Bewdley, sur les bords de la Severn. Le vieux manoir de Ribbesford, à 1 000 mètres au sud de Bewdley, a été réquisitionné à leur intention. C'est dans ce cadre vieillot et humide que l'Ecole des

1. L'aîné des frères Lavoix s'engage immédiatement. L'un des Richard entre aux élèves aspirants.

2. Futur gendre du général de Gaulle.

3. Fèvre sera tué dans les rangs de la 1re DFL, le 21 avril 1945. Il sera fait Compagnon de la Libération, à titre posthume, le 16 octobre 1945.

Cadets de la France Libre séjournera jusqu'à sa fermeture définitive. Les aménagements exigeront quelque temps mais l'emplacement n'est pas si mauvais, il offre des possibilités. Une esplanade fournit un parvis de rassemblement. Le champ de tir, les terrains d'exercices sont à 30 minutes.

Les cours reprennent le 15 juillet avec des nouveaux visages. Des élèves sont des évadés de France après bien des péripéties, d'autres arrivent de pays à partir desquels ils ont pu gagner l'Angleterre. L'âge moyen s'en ressent. Il excède de près d'un an celui de la série précédente (18 ans 10 mois). Quelles que soient leurs origines, tous sont animés d'un profond esprit FFL. Le débarquement allié en Afrique du Nord surviendra durant leur cycle scolaire. S'ils se réjouiront de la rentrée de l'Armée d'Afrique dans la guerre, ils ne seront pas sans s'inquiéter de certaines conséquences politiques possibles. Leur cœur, naturellement, battra pour de Gaulle et non pour Giraud.

Trois sections ont été constituées. La première, de 24, regroupe les élèves aspirants. En fin de stage, ils subiront les épreuves du concours. Agés de 18 ans au moins, et 23 au plus. La deuxième section de 23 et la troisième section de 8 représentent les sections préparatoires à dominante universitaire pour les moins de 18 ans. Cette «*pompe*» n'est pas facile à organiser. Le niveau scolaire des élèves est obligatoirement très disparate. A mi-parcours, Beaudouin écrit:

«*Le travail est satisfaisant à la section des élèves aspirants, nettement moins bon en 2e section et franchement mauvais en 3e... Je n'éprouve aucune difficulté quant à la discipline et suis très satisfait de l'état d'esprit. Je signale pourtant que les derniers arrivés de France sont quelques fois victimes de dépression physique et morale, réaction naturelle après les épreuves qu'ils ont subies et la tension nerveuse à laquelle ils ont été soumis. Il est donc juste de leur donner le temps de se reprendre et de s'adapter...*»

Beaudouin fait là allusion en particulier à ceux qui ont connu les geôles espagnoles, à Miranda ou ailleurs et aux obstacles rencontrés pour arriver jusqu'au Portugal ou à Gibraltar, portes d'accès à la Grande-Bretagne... Si ce passé de résistant, d'interné, a obligatoirement marqué les organismes, il ne peut, en contrepartie, que souder les rangs et conforter les adhésions derrière de Gaulle.

Le concours de sortie pour les élèves aspirants débute le 26 novembre 42. La session n'a duré que cinq mois et demi. Ils sont 26 à se présenter. 15 sont reçus et nommés officiers à compter du 10 décembre. A l'amphi-garnison où se décident, suivant le classement, les affectations, ils opteront pour les Parachutistes, la Coloniale et l'Arme blindée.

Le 9 décembre, de Gaulle vient présider le baptême de cette nouvelle promotion au nom *de Bir Hakeim,* haut lieu de la France Libre. Six anciens de *Bir Hakeim* tomberont pour la France. Dans l'annuaire de la Saint-Cyrienne reportant la liste des anciens Saint-Cyriens, il est deux noms identiques côte à côte. Tous les deux portent la mention MF, Mort pour la France. Seules les initiales de leurs prénoms les distinguent. L'aîné, Paul Camors, promotion de Saint-Cyr 35-37, est tué le 1er février 1946, à la tête de la 3e compagnie du 23e RIC au Sud Annam. Le cadet Jean-Claude, dit Raoul, dit Caulaincourt, dit Noël, évadé de France en 1940, grand Résistant, avait rejoint la promotion *Bir Hakeim* pour parfaire sa formation militaire. Chef du réseau Bordeaux-Loupiac en métropole, dans le cadre du BCRA, repéré par sa haute taille, il est abattu par la Gestapo à Rennes, le 11 octobre 1943. Son réseau a réussi à faire sortir de France plus de 300 aviateurs alliés. Promu commandant à titre posthume, Jean-Claude Camors est l'un des sept Compagnons de la Libération issus des Cadets de la France Libre.

*

1943 – Une année qui, après la capitulation de la VIe Armée allemande à Stalingrad, verra la capitulation de la Wehrmacht en Tunisie le 13 mai, puis l'armistice italien en septembre.

Si l'issue de la guerre s'annonce encore lointaine, tout donne à penser qu'elle assistera à l'écroulement du nazisme.

Après les congés de Noël et du Jour de l'An, la rentrée à Ribbesford se fait avec quelques instructeurs supplémentaires dont le lieutenant Jacques Chambon, Saint-Cyrien de la promotion de *la Plus Grande France* (1938-1939). Ancien des Corps Francs de la « drôle de guerre » ; il est expérimenté et saura transmettre les arcanes d'un métier qu'il aime et possède parfaitement.

A la première section, celle des élèves aspirants, 12 ont connu Malvern et ont l'âge d'affronter le concours de fin d'études. Ils sont 30 au total, dans cette section qui doit les mener à cette étape indispensable pour acquérir leur épaulette d'officier. La deuxième section, toujours préparatoire, s'élève à 45. Ribbesford compte ainsi près de 80 élèves, aux origines diverses.

Beaudouin dira par la suite à leur sujet :

« Il y a parmi eux des aristocrates, des grands bourgeois, des fils de fonctionnaires, des fils d'ouvriers, des catholiques, des protestants, des israélites, des indifférents, des enfants gâtés et d'autres dont les premières années ont été rudes. Il y a, à côté de Franco-Britanniques, des étrangers complets, Belge, Luxembourgeois, Suédois, Haïtien, Italien, tous ceux qui professent que tout homme a deux patries, la sienne et puis la France. Eh bien, cette entente qui paraît si désespérément impossible à réaliser dans un monde déchiré, dans chaque pays divisé même, elle s'installe solidement ici après une très brève période d'adaptation... »

Ces propos qui soulignent la camaraderie existant à l'Ecole pourraient laisser croire à une certaine internationalisation de Ribbesford. Il n'en est rien. Les Français dominent très largement même s'il est quelques Franco-Britanniques ou ressortissants de pays amis. Avec cet accueil d'étrangers – en petite quantité –, Ribbesford ne fait que répercuter ce qui se passait à Saint-Cyr avant 1939 et se reproduira après la guerre.

Du climat général, de l'ambiance régnant parmi les élèves, deux officiers instructeurs et anciens pensionnaires dans les murs de Madame de Maintenon établissent un parallèle avec leur propre expérience. Le lieutenant Pichon, promotion *Soldat Inconnu* 1936-1938, également instructeur à Saint-Cyr, écrit :

« Je sors de Saint-Cyr où la discipline est archistricte. Ici c'est tout autre chose. Les Cadets ont deux ans de moins, en moyenne, que les élèves de Saint-Cyr[1] *et il y a cette chose totalement spécifique, savoir qu'il n'y a que des volontaires, des garçons qui sont tous plus ou moins séparés de leurs familles, sans nouvelles de ces dernières, quelquefois avec des comportements d'orphelins et qui en souffrent certainement. Il est très difficile pour les instructeurs de comprendre et d'appréhender ces caractéristiques. Il faut apprendre les choses à ces garçons d'une manière tout autre qu'à Saint-Cyr. Les Cyrards ont choisi la carrière des armes alors que les Cadets viennent pour faire la guerre et libérer leur pays. »*

Pichon a parfaitement analysé la motivation profonde de ses élèves. Ils sont là pour œuvrer à la libération de leur patrie. Ils

1. Différence d'âge provenant évidemment du temps de Corniche et de la préparation au concours d'entrée à Saint-Cyr qu'il faut souvent présenter deux voire trois fois.

n'ont pas obligatoirement vocation militaire, on le constatera la guerre terminée : mission accomplie, une large fraction partira endosser le costume civil.

Le lieutenant Jean Sourieau, lui, seulement élève à Saint-Cyr (38-39), a retenu l'aspect particulier de la discipline de ceux qu'il a tâche d'instruire :

« *Etant né en 1919, je n'ai pas une très grande différence d'âge avec eux. Je trouve à l'Ecole un contraste saisissant avec mon récent passé. Avec le Saint-Cyr d'avant-guerre, tout d'abord, où tout était terriblement hiérarchisé et enfermé dans une tradition rigide. Avec l'Espagne, ensuite, où nous étions sales, dévorés de bestioles et affamés. J'arrive en Angleterre et je tombe sur les Cadets. C'est une résurrection où tout devient facile. Surtout sur le plan psychologique : ils en veulent, ils savent pourquoi ils sont là. Ils ont une culture solide. C'est l'un des plus beaux commandements de ma carrière. Cette période de mon existence me marque énormément.* »

Sourieau parle de l'un des plus beaux commandements de sa carrière. Pourtant, cette dernière l'a mené au grade élevé de général de division. Il établit aussi un rapprochement qui n'est pas sans intérêt pour mieux découvrir le Saint-Cyr né de 14-18 avant qu'il ne revienne sur la discipline à Ribbesford :

« *Cyr reflétait, en mieux quelque fois, mais reflétait quand même, l'esprit de l'armée française de l'époque : un système extrêmement figé, processionnel, avec des règles, des interdits. Tout était organisé d'une manière très rigide. Nous y vivions en 1939 l'expérience de l'année 1917 de la Grande Guerre. La guerre statique des tranchées. Le problème essentiel de l'armée d'alors était d'enseigner la responsabilité, mais d'une manière administrative. Il régnait une discipline aveugle à l'école.*

Nous n'y avions pas les rapports qui existent à Ribbesford entre instructeurs et élèves. Le contact ici est très facile, on peut bavarder avec eux, ce qui ne se faisait pas à Saint-Cyr. En dehors des conversations purement professionnelles, il n'y avait pas ce contact humain qui existe à Bewdley. Je ne prétends d'ailleurs pas que tout y soit parfait. Je n'ai pas été instructeur à Saint-Cyr mais j'ai subi l'instruction ; mon lieutenant était un homme très affable mais il était pris, engoncé, dans un système qui le paralysait. Il y avait une réglementation tatillonne, énervante même. Sur les bords de la Severn, la discipline, sans être exagérée, est suffisante. Les Cadets sont disciplinés : leur attitude correspond à la parole de Lyautey: "obéir d'amitié", c'est, à mon avis, le fond des choses.»

Le futur général Sourieau ne manque pas de lucidité et ses observations ne sont pas inutiles pour appréhender Saint-Cyr d'avant 39. Ses observations seront encore de mise pour l'après-guerre. Vision dépassée des conflits potentiels, encadrement lointain et distant. Une seule réserve sur ses propos. «*Obéir d'amitié*» n'est pas du maréchal Lyautey mais du général Frère.

Par-delà les élèves eux-mêmes, leur tempérament et leur engagement, ce que constate Sourieau a sans doute aussi une première explication. L'Ecole des Cadets est commandée par quelqu'un qui est plus un civil qu'un militaire. Qui en douterait? Les Cadets sont très France Libre. Pour eux, il n'est qu'un grand homme, Charles de Gaulle, chef incontestable du combat pour la Libération. A l'heure du duel Giraud-de Gaulle, les esprits s'échauffent. La première section, celle des candidats aspirants, prend une initiative bien peu militaire mais significative. Elle adresse une lettre à de Gaulle, à valeur d'encouragement mais aussi d'incitation à rester intransigeant sur une France Libre, pure et dure. Le destinataire a répondu mais sa missive s'est perdue. Qu'a-t-il donc exprimé exactement à ces jeunes gens audacieux au point de s'affranchir des règles traditionnelles de la hiérarchie militaire? Peut-être a-t-il formulé un satisfecit dans la ligne de ce qu'il écrit dans ses Mémoires:

«*Les événements politiques survenus en Afrique du Nord et en A.O.F. ne sauraient troubler les Français Combattants... La France combattante émergera de toute cette boue comme la seule force nationale solide et pure autour de laquelle doit se faire l'union de l'Empire pour la libération au côté de tous les Alliés.*»

A l'examen de sortie fin mai, 25 élèves aspirants sont déclarés reçus. Avec deux instructeurs, candidats hors classement, ils forment la promotion *Fezzan-Tunisie*, baptisée par de Gaulle le 27 mai. Ce choix de *Fezzan-Tunisie* exprime un hommage aux Français Libres de Leclerc, ceux de Mourzouk et de Koufra au Fezzan, puis de Ksar Rhilane en Tunisie. Peut-il aussi être regardé comme une main tendue vers les camarades de l'Armée d'Afrique, grands artisans d'une campagne où la France Libre, en dehors de Ksar Rhilane, a été relativement peu engagée? Douteux dans l'ambiance du moment, alors que de Gaulle se prépare à partir pour Alger.

A cette promotion *Fezzan-Tunisie* appartient Léopold Hulot. Ayant opté pour les Commandos, Hulot est le Saint-Cyrien plus jeune officier des bérets verts du commandant Kieffer lors du débarquement du 6 juin 1944 en Normandie. Il écope de huit blessures mais la mort, ce jour-là, ne veut pas de lui. C'est quatre ans plus tard, en Indochine, qu'il tombera.

*

L'été 1943 ouvre une phase nouvelle pour l'Ecole des Cadets. Les effectifs, auparavant, restaient limités. 80 élèves au premier semestre 1943. Ce chiffre double au second et s'intensifie avec les arrivées de France. De France et d'ailleurs, comme ce petit contingent malgache qui a pu rejoindre grâce à la libération de la Grande Ile. Du coup, plusieurs sections préparatoires sont formées et le nombre des candidats aspirants s'élève à 36.

Le 22 juillet, deux sections doivent défiler à Londres devant le général Giraud, coprésident avec de Gaulle du Comité Français de Libération Nationale. C'est jouer de la capa devant un jeune taureau plein de fougue.

Un élève refuse de participer. Beaudouin, devant la tension générale, prescrit de ne pas mettre baïonnette au canon. Craint-il de voir un excité se précipiter pour embrocher Giraud ? Possible ! Pas question d'arborer les tenues bleues des grands jours. Le battle-dress quotidien suffira. Heureusement, la fusion se précise. Elle sera effective le 3 août, regroupant FFL et Armée d'Afrique (ce qui n'empêchera pas l'esprit FFL de perdurer).

Cette fusion fait naître la perspective d'un abandon de Ribbesford et d'un regroupement général en Algérie. L'incertitude se prolonge durant plusieurs semaines avant confirmation d'achever la session en cours.

Le 29 octobre, un accident endeuille l'Ecole. Au cours d'un exercice de tir, suite à une maladresse, une grenade à fusil explose prématurément au bout du canon. Un élève est très grièvement blessé ; un autre, Jean Digo, est tué sur le coup.

La quatrième promotion, *Corse et Savoie*, compte 33 élus promus aspirants, le 1er décembre 1943. De Gaulle, maintenant à Alger, n'assiste pas au baptême présidé par le colonel Marchand, commandant des Forces Terrestres de Grande-Bretagne. De cette promo très soudée, comme toutes les promotions de Cadets, se détache le nom de Claude Barrès, petit-fils de l'écrivain. Au terme d'une longue épopée guerrière en France, en Hollande, en Indochine, en Corée, le capitaine Claude Barrès tombera en Algérie en mai 1959, à la tête d'une compagnie du 9e RCP. Grand gaillard d'une vitalité débordante, il aura fait sur cette terre un passage à cent à l'heure.

*

Avant même la sortie de *Corse et Savoie*, une question revient continuellement. L'Ecole devra-t-elle abandonner Ribbesford ? La fusion du 3 août 1943, l'inflation des élèves incitent à le penser au grand dam des Anciens des premières heures. La décision finit par tomber. Les Cadets restent à Ribbesford, ce qui n'est pas sans poser problème de locaux. La solution sur ce point est apportée par la construction de ces Nissen Huts, témoins traditionnels du passage de l'armée britannique. Ces baraques en tôle ondulée, semi-circulaires, construites sur une plate-forme en béton, ont l'avantage d'être vite édifiées.

Pour le reste, le confort n'est guère au rendez-vous. Les enfants de la Grande Ile, les «*Gaches*» dans le jargon de Ribbesford, qui découvrent une neige inconnue chez eux, seront les premiers à souffrir du froid et de l'humidité de la campagne britannique. Ils multiplieront les tricots pour se prémunir. La rentrée de janvier 1944, la dernière, connaît affluence d'élèves aspirants. Ils sont 120, suite à de nouveaux arrivants et à la décision de Beaudouin d'élargir les rangs à partir des sections préparatoires. Le commandant, laissant parler son cœur, juge équitable de donner une chance de promotion à tous ces Jeunes qui ont souvent beaucoup risqué pour rejoindre la France Combattante. Cinq sections d'élèves aspirants sont ainsi formées, structure rendue possible grâce à l'affectation d'instructeurs supplémentaires.

Cette session du premier semestre 1944, plus encore que les autres peut-être, est placée sous le signe de l'exaltation et de l'effort. Le Débarquement se prépare. Les Cadets aspirent à être reçus et à se trouver à la pointe du combat. L'accent est mis avant tout sur la formation militaire et la condition physique. Il faut être prêt pour la bataille proche. D'où la vigueur de l'entraînement, des exercices sur le terrain ou plus simplement des matchs de rugby disputés contre des équipes britanniques.

Courant mars, est tourné un film sur l'Ecole. Titre : *Ils s'instruisent pour vaincre.* Ribbesford se situe bien dans la filiation de Saint-Cyr.

Des officiers de la 2e DB, prêts à débarquer en Normandie, viennent faire passer les épreuves militaires pour la sortie, terminées le 27 mai. Leclerc lui-même rend visite à Ribbesford le 1er juin. Le passage de cet ancien auréolé de son prestige de Koufra et du Fezzan est un grand moment. Le général, renouant avec les traditions de sa génération (et des suivantes), s'offre le luxe d'aller « *saborder* » les dortoirs de ses jeunes Bazars. Ceux-ci, informés de l'origine du méfait, s'estimeront honorés.

Trois noms de baptême ont été proposés à de Gaulle : *18 juin, Armée d'Italie, Croix de Lorraine.* Il n'est pas à s'étonner du choix de celui qui, le 3 juin, deviendra Président du Gouvernement Provisoire de la République Française. A la question qui lui est posée :

– « Mon général, quel nom donnerez-vous à cette promotion ? »

Kœnig, venu présider le cérémonial traditionnel, répond :

– « *18 juin.* »

Ils sont 124 à avoir mérité leur galon. Ils partent là où ils pensent pouvoir le mieux participer à la Libération : 1re DFL, 2e DB, BCRA, MML, SAS [1].

Eux aussi paieront un lourd tribut à la Patrie. La vie réserve des avenirs à priori inattendus. Ses camarades pouvaient-ils imaginer que Paul Vergès deviendrait un jour député communiste de la Réunion ?

*

Une page se tourne. Il n'y aura pas d'autres promotions après celle du *18 juin.* Le 15 juin, Ribbesford ferme définitivement ses portes. Les futurs officiers se formeront désormais en terre française – à cette date – à Cherchell, à l'ouest d'Alger.

Le titre de Saint-Cyrien se mérite. En période normale, il passe par le concours d'entrée, barrière incontournable à franchir[2]. En

1. Bureau central de Renseignements et Action, Missions Militaires de Liaison, Special Air Service (parachutistes).

2. Les éliminations ultérieures, en cours de scolarité, pour faute grave ou incapacité sont rarissimes.

Grande-Bretagne, il s'acquiert par le concours de sortie. L'accès à l'Ecole est un peu le fait du prince. En l'occurrence, l'état-major FFL de Londres tranche sur qui envoyer ou ne pas envoyer à Malvern et Ribbesford au vu des relations familiales, du niveau scolaire, des conditions de ralliement à la France Libre. Tout se joue ensuite avec l'appréciation des instructeurs et les notes obtenues lors des épreuves de fin de cours. Ne seront reconnus Saint-Cyriens et promus officiers que les élèves ayant obtenu une moyenne satisfaisante, en principe de l'ordre de 12. Ils seront ainsi 211 aspirants [1] Saint-Cyriens issus des cinq promotions, *Libération*, *Bir Hakeim*, *Fezzan-Tunisie*, *Corse et Savoie*, *18 juin*[2].

52 sont tombés pour la France, dont 5 en Italie, 29 dans les combats de la Libération, 12 en Indochine, 3 en Algérie. 7 ont mérité l'honneur d'être faits Compagnons de la Libération.

Dans la logique de leur engagement de jeunesse, la majorité des anciens *Cadets* se retrouvera derrière l'Homme du 18 juin lorsqu'il reviendra aux affaires, après le 13 mai 1958. Cet Homme qui avait su trouver les mots pour rendre tribut à tous ces Saint-Cyriens de la France Libre :

«*Dans son chagrin, aux pires heures de son Histoire, ils ont consolé la France.*»

*

Il peut sembler paradoxal, voire même incongru, de traiter de l'Ecole Militaire de Tong après celle des Cadets de la France Libre. Les Cadets offrent l'image d'un gaullisme pur et dur suivant la formule consacrée. Tong relève théoriquement de l'Etat Français même si Vichy se situe à 10 000 kilomètres de là.

Pearl Harbor, le 7 décembre 1941, coupe définitivement l'Indochine de la métropole. La péninsule indochinoise se trouve isolée dans un environnement nippon. Au plan militaire, aucun renfort possible. Les relèves sont totalement interrompues. Pourtant, il faut continuer à assurer l'encadrement des

---

1. Grade non dépourvu d'un côté illogique. Dans l'Armée française de l'époque, un aspirant, étape avant de passer sous-lieutenant, est un sous-officier. (Ce qui explique qu'un aspirant soit décoré de la Médaille militaire, récompense attribuée aux sous-officiers et hommes de troupe, et non de la Légion d'honneur. Ce sera le cas pour 21 anciens Cadets.)

2. Les recalés sont nommés sergents ou caporaux.

60 000 hommes dont 12 000 Français et légionnaires de la petite armée française d'Indochine.

Conscients de ce problème, en 1942, l'amiral Decoux, Gouverneur général de l'Indochine depuis le 20 juillet 1940, et le commandement militaire décident la création d'une Ecole Militaire Interarmes dans le but de former des officiers d'active d'Infanterie et d'Artillerie. Cette Ecole s'installe à Tong à 40 kilomètres de Hanoi. Les élèves sont des sous-officiers sélectionnés en vue d'obtenir l'épaulette.

Le parachutage, en 1943, d'un sous-officier français permet d'établir des liaisons radio avec les Britanniques à Calcutta et les Américains à Kumming en Chine du Sud. (Kumming est devenue la capitale du maréchal Tchang Kaï-Chek qui combat, soutenu par les Alliés.) Ces liaisons débouchent sur quelques parachutages d'armes et de munitions dans la région de Tong.

En 1944, intervient l'installation d'une section Saint-Cyr, avec des jeunes gens recrutés sur concours et devant suivre un cycle d'études de deux ans. Le coup de force japonais met un terme aux activités de l'Ecole, précipitée dans le combat contre les agresseurs. 109 élèves ont suivi, durant un laps de temps, les cours de Tong. 60 au titre de l'Infanterie, 27 à celui de l'Artillerie et 22 en tant que Cyrards. Au début de 1946, les Cyrards de Tong rescapés seront récupérés par le général Leclerc et intégrés comme sous-officiers dans le corps expéditionnaire. Ils partiront ensuite terminer leur scolarité à Coëtquidan, rattachés aux promotions *Veille au Drapeau* ou *Rome et Strasbourg*.

Au Musée du Souvenir de Coëtquidan, une plaque rappelle aujourd'hui l'existence de cette Ecole de Tong, ce petit et lointain Saint-Cyr indochinois, et particulièrement le souvenir du sacrifice de 23 de ses anciens élèves. A courte distance, planté au nord de la Cour Rivoli, un menhir, inauguré en 1966, évoque d'autres sacrifices : ceux des Cadets de la France Libre. Il est bien qu'il en soit ainsi. L'Ecole honore les siens.

Chapitre XIII

CHERCHELL, LE SAINT-CYR AFRICAIN

Lorsqu'il devient, le 13 novembre 1942, Commandant en chef en Afrique du Nord, le général Giraud se donne deux missions majeures :

– «*D'abord, gagner la bataille de Tunisie, en orientant nos Alliés sur ce qu'il fallait faire et en les aidant dans la mesure de nos faibles moyens.*»

– «*Ensuite, et le plus vite possible, mettre sur pied une armée française moderne jouant un rôle décisif dans la Libération de la France*[1]*.*»

Tunisie ! Une campagne trop oubliée. L'Armée d'Afrique y laisse 4500 des siens dont près de cinquante Saint-Cyriens.

Une armée moderne ! Giraud voit grand. Il veut mettre sur pied 500000 hommes pour permettre à la France de contribuer pleinement à sa Libération. Doit-il encore trouver l'armement, les hommes et leur encadrement.

L'armement moderne, Giraud l'obtiendra à Anfa en janvier 1943 et après une visite personnelle aux Etats-Unis quelques mois plus

1. *Un seul but, la Victoire*. O.C., p. 45.

tard. Les hommes, il les lèvera en Afrique du Nord par mobilisation de vingt-six classes d'Européens et en faisant largement appel aux volontaires «indigènes», marocains, tunisiens et algériens. Arrivent aussi 30000 évadés de France.

Reste l'encadrement. L'Armée de terre française disposait de 35000 officiers en 1939. Fin novembre 1942, 11000 sont bloqués en métropole, 1500 réussissent cependant à s'évader en franchissant généralement les Pyrénées. 12000 patientent dans les oflags quelque part en Allemagne.

Les autres sont outre-mer: 1000 chez les FFL, 5000 à l'Armée d'Afrique, 6000 dans les troupes coloniales. Ces 12000 encadreront les forces de Libération. Ils ne sont pas suffisamment nombreux pour fournir les chefs de section ou de peloton des combats de demain. Force est donc de former d'urgence des jeunes gens susceptibles de devenir ces cadres.

Le 29 novembre, le général Prioux, Major général des Forces Terrestres et Aériennes, demande aux «*Hautes Autorités de faire rechercher dans les jeunes classes, au fur et à mesure de leur appel ou de leur rappel, les individus français qui, en raison de leurs titres ou de leur formation, seraient susceptibles de fournir à l'armée des jeunes officiers ou des sous-officiers*».

Cet appel s'accompagne rapidement de mesures pratiques:

Le colonel Cailles, glorieux soldat à la Croix de Guerre impressionnante, se voit confier mission de créer un centre de formation. Ce choix est judicieux. Cailles a du métier et du prestige (la promotion 1986-1989 portera son nom) et son expérience sera précieuse. Il appartient à cette promotion de *la Grande Revanche* lancée dans la tourmente après seulement quelques semaines d'instruction pour être vite décimée. Ce précédent lui rappelle de ne pas bâcler l'instruction[1].

La seconde mesure pratique intervient le 4 décembre. Prioux annonce que le centre de formation à créer se situera en Algérie. Peu après, il se fait plus précis. Le centre s'implantera à Cherchell. Il devra être prêt à fonctionner le 1er janvier 1943 pour instruire les cadres destinés non seulement à l'Infanterie, à la Cavalerie mais aussi à l'Artillerie, au Génie, aux Transmissions

1. A la fin de la première promotion, Cailles, se préparant pour la future campagne d'Italie, sera remplacé par les colonels Guillebaud puis Huguet (1916-1917). Ce dernier commandera Cherchell du 1er octobre 1943 au 30 juin 1945. (En Italie, le colonel Guillebaud remplacera le colonel Roux, tué au Belvédère, à la tête du 4e RTT.)

et au Train. Ce panel est une petite révolution dans l'Armée française. Chaque Ecole avait sa ou ses spécialisations. A Saint-Cyr, le choix de l'arme, Infanterie ou Cavalerie, s'effectuait en fonction du classement soit en cours soit en fin de scolarité. La nouvelle Ecole dérogera à ces règles. Elle comprendra des compagnies d'Infanterie, un ou deux escadrons de Cavalerie, une ou deux batteries d'Artillerie, un peloton du Génie, une compagnie mixte Train-Transmissions. Les élèves seront affectés suivant leurs aspirations ou leurs armes d'origine. Les premières appellations ne mentionneront pas ce large éventail né des enseignements des dernières campagnes. On parlera d'abord du Centre d'Instruction des *Elèves Officiers* ; ensuite, le 1er avril 1943, d'Ecole des *Elèves Aspirants*. Ce n'est que le 13 décembre 1944 que sera officialisé le terme *E.M.I.A.*, Ecole Militaire Interarmes.

Elève Aspirant ou *Elève Officier*? L'incertitude prévaudra avant que le terme d'*Elève Aspirant* ne s'impose, permettant de ne pas hypothéquer l'avenir. Le grade d'aspirant est relativement récent. Il remonte à 1936, créé à l'intention d'une catégorie spécifique d'appelés: les futurs officiers de réserve qui transiteront par ce galon intermédiaire avant d'accéder à l'épaulette. A bien des égards, il possède un petit côté hybride. Officiellement, l'intéressé a rang de sous-officier. Pratiquement, il vit avec les officiers (ce qui n'est pas sans poser quelques problèmes pratiques). Cet étage d'aspirant convient parfaitement aux diplômés de Cherchell. A eux de révéler la suite qu'ils entendent donner au galon obtenu.

Le Centre d'Instruction, future Ecole des Elèves Aspirants, s'installera comme entendu à Cherchell. Pourquoi Cherchell?

Il est, en ce bas monde, des sites privilégiés. La nature leur donne harmonie, beauté et possibilités d'implantation humaine. Cherchell, dans son cadre marin, en fait partie. Au premier plan, une anse s'ouvrant sur les eaux bleu argent de la Méditerranée. Puis, en front de mer, une vaste table propice à l'édification d'une ville. En arrière-plan, une pente, où s'égaillent cactus, lentisques, bruyères, oliviers, pins maritimes et chênes-lièges, s'élève par paliers jusqu'à la ligne faîtière du Dahra. Dans un tel décor, une cité peut s'édifier sans contraintes. La mer qui ouvre vers le large assure des voies de communications. L'arrière-pays offre une nature généreuse pour tous les approvisionnements, à commencer par celui en eau, richesse par excellence en Afrique septentrionale. Les Carthaginois, puis les Romains avaient bien perçu les promesses de l'endroit. Là fut Iol, comptoir punique, puis Césarée, capitale de la Mauritanie Césarienne, où régna Cléopâtre Séléné, fille de la grande Cléopâtre. De ce passé prestigieux, les invasions ont laissé des ruines grandioses retrouvées par les Français à partir de 1840. La colonisation n'a pas toutefois redonné à Césarée, devenue Cherchell, la grandeur d'antan. En 1942, elle n'est qu'une modeste bourgade axée sur la pêche, l'agriculture et un peu de tourisme. Deux mille Européens y côtoient dix mille Musulmans.

Dans son décor mi-méditerranéen mi-romain, Cherchell possède l'avantage de n'être pas trop loin d'Alger et de disposer d'une infrastructure de bâtiments militaires ainsi que de nombreux terrains d'exercices proches. La capitale algérienne se situe, par la route, à 96 kilomètres. Une heure et demie de voiture (par contre le trajet en train est beaucoup plus long. Cinq heures via Blida et El Affroun).

Le quartier Dubourdieu, garnison avant-guerre du 1er bataillon du 1er RTA, occupe un espace rectangulaire au sud de la ville, aux abords du Théâtre romain. Libéré par ses tirailleurs, le casernement ne saurait être regardé comme adapté à sa future destination. Il se compose essentiellement d'un bâtiment central à deux étages et combles dont la construction remonte à la fin du XIXe siècle ; sanitaires, toilettes, chauffage font globalement défaut. Une seule chose règne sans décompte : les punaises ! Ces désagréables hétéroptères, logés depuis des lustres dans les châlits en bois, seront très vite l'ennemi numéro un. Pour suppléer aux carences, le commandement fera sortir de terre de petits locaux à usage de réfectoire ou de salles de cours. L'école, trop à l'étroit, débordera aussi sur le quartier Rivet voisin et occupera encore un ancien magasin militaire, pompeusement baptisé quartier Bournazel. Confort, facilités ne seront pas au rendez-vous des élèves, ceux des premières promotions en particulier.

Cinq promotions sortiront de Cherchell, toutes dûment baptisées :

Weygand : de janvier à avril 1943 avec 582 élèves[1].
Tunisie : de mai à septembre 1943 avec 826 élèves.
Libération : d'octobre 1943 à avril 1944 avec 782 élèves.

1. Il existe également une promotion *Weygand* de 540 élèves à Médiouna, près de Casablanca, au Maroc. Ce sera la seule à Médiouna.

Marche au Rhin: d'avril 1944 à octobre 1944 avec 782 élèves.

Rhin français: de janvier à mai 1945 avec environ 1500 élèves[1]. Promotion de loin la plus nombreuse, car elle voit arriver des élèves de plusieurs directions: élèves des grandes écoles (Saint-Cyr, Polytechnique), des «mili» issus des Armées, des «FFI» ayant obtenu un grade dans la Résistance ou au maquis.

Les parrainages de quatre promotions correspondent à de grandes étapes des combats de l'Armée française pour la Libération. Mais pourquoi Weygand, personnalité relevant en principe du régime de Vichy? L'ancien bras droit de Foch jouit d'une bonne image dans les milieux militaires et la population d'AFN. Il n'est pas tenu pour responsable de la défaite. L'armistice, qu'il souhaitait devant la déconfiture générale du pays, ne lui est pas reproché. Mieux, à Alger, il s'est présenté en partisan d'une revanche qui lui a valu son licenciement et finalement son arrestation par les Allemands. Au début de 1943, il est déporté en Allemagne. Son nom est plus que respecté. Sauf chez les FFL, personne à cette date ne saurait incriminer bien au contraire[2] celui qui, le 10 février 1941, énonçait dans une directive écrite:

«Cadres et troupes devront puiser l'énergie nécessaire dans leur amour de la patrie, leur esprit de sacrifice, et leur désir de revanche.»

*

L'Ecole des Cadets de la France Libre en Grande-Bretagne et celle des Elèves Aspirants de Cherchell en Algérie ont au départ un point commun qui est pour toutes les deux un impératif. Elles doivent, dans un temps record, former des cadres du niveau officier pour les unités au front.

L'analogie s'arrête là à condition de ne pas écarter l'ambition partagée: la Libération de la Patrie. Chez les Cadets, l'obédience et la fidélité à de Gaulle sont totales et inconditionnelles. Elles n'interdisent pas un certain sectarisme né du sentiment d'appartenir à un cercle assez étroit: celui des téméraires qui ont

---

1. Chiffres contestés allant de 1477 à 1511.
2. Inculpé en 1945, à son retour de déportation, il bénéficiera d'un non-lieu flatteur.

refusé l'armistice de juin 1940 et ses hommes, à commencer par Philippe Pétain. A Cherchell, souffle une autre brise durant longtemps. L'Afrique du Nord n'a pas connu l'occupation. (Les commissions de contrôle germano-italiennes étaient peu voyantes.) Le maréchal Pétain y possède un large crédit. Avec l'occupation de la zone libre, vu d'outre-Méditerranée, il fait figure de prisonnier des Allemands. Même si les évadés de France viendront peu à peu rapporter une autre image de la collaboration et du régime de Vichy, le climat à Cherchell sera rarement en rupture totale avec le vainqueur de Verdun. Face au de Gaulle de Dakar et de la guerre de Syrie, Giraud, officier général un peu à la croisée des chemins, refusant un anti-pétainisme de principe et s'appuyant sur son slogan fort: «Un seul but, la Victoire», sera, de loin, la personnalité préférée. En 1943, avant son éviction, tout au moins.

Autre différence d'envergure, les effectifs incriminés. Ceux des Cadets, eu égard aux conditions d'existence de la France Libre, n'excèdent guère 200. A Cherchell, ils sont plusieurs milliers, cinq mille très exactement, apportant à l'Armée française de gros bataillons. En importance, le rapport des deux Ecoles se situe au niveau de celui des armées régulières : FFL d'un côté, troupes de l'Armée d'Afrique de l'autre.

*

Le recrutement initial de Cherchell ne peut reposer que sur les ressources locales, c'est-à-dire sur les jeunes Français résidant au Maroc et en Algérie. (La Tunisie n'est pas encore libérée.) Le pourcentage des enfants d'AFN est particulièrement élevé au départ, de l'ordre de 50 % à la promotion *Weygand*, 30 % à la promotion *Tunisie*, 41 % à la promotion *Libération*. Il chute par la suite, une fois les relations rétablies avec la métropole. 20 % pour *Marche au Rhin* et 10 % seulement pour *Rhin français*. Tous ces garçons, provenant généralement des Chantiers de jeunesse, ont un bagage scolaire en mesure de prétendre au grade d'aspirant. (Il faut y adjoindre leurs compatriotes métropolitains que les circonstances ont amenés en AFN le 8 novembre 1942. Cas des fils de cadres de l'Armée d'Afrique notamment.)

La part des évadés de France dans ce recrutement de Cherchell suit naturellement une courbe inverse. De 1 % à la *Weygand*, 9 % à *Tunisie*, 15 % à *Libération*, 27 % à *Marche au*

Rhin avec évidemment une chute brutale à *Rhin français*, 1,5 %, phénomène logique. Ces arrivants ne sont pas tous obligatoirement civils. On trouve parmi eux des Anciens de *la Croix de Provence* ou des individualités ayant appartenu à l'Armée de l'armistice.

Apparaissent ici tous les éléments d'origine militaire. Ils constituent la seconde composante majeure des élèves de Cherchell. De l'ordre de 38 % à la *Weygand*, 50 % à *Tunisie*, 41 % à *Libération*, 46 % à *Marche au Rhin* et 20 % à *Rhin français*. Ils étaient sous-officiers, hommes de troupe de seconde classe à caporal-chef ou brigadier-chef de l'Armée d'Afrique. Ces « mili » possèdent l'avantage d'un acquis militaire parfois non négligeable surtout pour ceux qui ont déjà combattu. Ils proviennent des unités engagées sur le front d'Italie ou en France en 1944 ou même en 1940.

L'envoi à Cherchell s'effectue sur titres universitaires ou appréciations des chefs de corps[1]. (Un concours d'entrée intervient pour les « mili » sans diplômes à partir de la troisième promotion.) Dans cette désignation qui correspond incontestablement à une sélection, si arbitraire soit-elle, Cherchell n'est pas sans similitudes avec l'Ecole des Cadets. Y entrer ne signifie pas obligatoirement en sortir aspirant. Les examens de fin d'études sont déterminants. La plaquette, « *Ils venaient de Cherchell* », que l'Ecole a consacrée à ses morts au Champ d'Honneur, rend bien compte de cette situation. A côté des noms d'aspirants ou de sous-lieutenants, s'en lisent d'autres accompagnés de la mention : caporal d'Infanterie, sergent d'Infanterie, maréchal des logis chef d'Artillerie, ou sergent du Génie. Ils avaient quitté l'Ecole sans avoir obtenu leur galon d'aspirants[2].

Les effectifs permettent de se rendre compte des difficultés rencontrées aussi bien par les élèves que par les instructeurs, surtout pour les deux premières promotions. L'exiguïté des locaux se double d'une insuffisance notoire de moyens. Les élèves vaquent en bourgerons dignes de Courteline et manœuvrent avec des fusils Lebel d'un autre âge. Ils portent bandes molletières, bidon modèle 1877, havresac « as de carreau » de 1893. Pourtant, personne ne rechigne. A défaut du reste, il y a l'ardeur et la qualité de l'encadrement. Les candidats aspirants savent qu'ils

1. Des désignations interviennent suite aux demandes personnelles.

2. Les pourcentages de réussite, d'où l'accession au grade d'aspirant, sont de 54 % pour *Tunisie*, 75 % pour *Libération*, 78 % pour *Marche au Rhin*.

ne sont pas là pour longtemps et que l'épreuve présente est incontournable. Ils l'acceptent avec sérénité et se dépensent librement.

Les instructeurs ont été choisis avec soin. Au départ, personne n'est volontaire. Ils aspirent d'abord et surtout à une unité combattante mais ont conscience de l'importance de leur mission.

Derrière eux, l'Ecole vit à un rythme fou consacré quasiment à la formation militaire. On court, on marche beaucoup à Cherchell. Chaque matin et chaque soir, il faut avaler la grimpée qui mène au plateau sud, terrain d'exercice privilégié. Pas le temps de s'attarder sur les tortues, garennes et marcassins qui hantent l'endroit ou sur la plainte d'un chacal, la nuit, dans les lointains.

L'objectif de Cherchell est clair : former des chefs de guerre. Rompant avec une tradition de prudence – temps de paix oblige –, l'instruction donnée est résolument réaliste. Elle tend à rapprocher des conditions de combat.

Cette volonté se manifeste dans les séances à tir réel, le maniement des explosifs ou des mines. Ce pragmatisme a un prix. 7 élèves trouveront la mort au cours des 5 stages. Ces sacrifices sont acceptés car chacun connaît l'enjeu: être solide en arrivant à l'épreuve du feu.

Evoquant une inspection en février 1943, le général Prioux écrira dans ses *Souvenirs de guerre*:

«*Régime dur, programmes chargés, examens de sortie sévères. Beaucoup d'appelés ne sont pas élus à la fin des cours; du moins les nouveaux aspirants offriront-ils toutes garanties dans les régiments qui les recevront, et l'épreuve du feu qu'ils affronteront de suite en Tunisie révélera leur qualité*[1].»

Un ancien traduira par une formule:

«*On a appris à en vouloir!*»

Progressivement, à partir de la promotion *Libération*, au second semestre 1943, l'intendance s'améliorera avec l'arrivée des fournitures américaines. Les tenues, celles de sortie principalement,

---

1. Général Prioux, *Souvenirs de guerre*. O.C., p. 232. Prioux sur ce dernier point anticipe un peu. La campagne de Tunisie s'achève le 13 mai 1943. Les anciens de Cherchell ne commenceront véritablement à être engagés qu'en Italie.

se feront élégantes. Le matériel d'instruction s'enrichira, résultat des saisies sur la Wehrmacht en Tunisie et de l'apport de l'armement et des véhicules made in USA. La formation de base pourra plus aisément céder la place à une autre spécialité correspondant aux diverses Armes.

*

Cherchell a vocation de former des aspirants immédiatement opérationnels. Pour l'active ou la réserve ? Le débat n'est pas véritablement tranché. Toutefois, il est une catégorie d'élèves qui aspirent clairement à faire partie de l'active : ceux qui ont été reçus au concours de Saint-Cyr en 1942 (*Les Croix de Provence*) ou ceux qui l'ont préparé en 1943-1944.

Les premiers évadés de France de *la Croix de Provence* commencent à arriver en Afrique du Nord au début de 1943. On sait qu'ils seront une bonne quarantaine à réussir l'exploit. Toujours dans ses souvenirs de guerre, le général Prioux rapporte avoir reçu un soir à dîner deux Saint-Cyriens, anciens d'Aix-en-Provence, venant de rejoindre :

« *Ils nous ont raconté les péripéties de leur évasion ; la pénible marche en montagne, le franchissement de la frontière d'Espagne par les sentiers neigeux non fréquentés pour éviter les sentinelles allemandes, puis l'incarcération dans une prison espagnole, les vexations de toutes sortes, la mauvaise nourriture et enfin, après de longs mois et de multiples démarches, le voyage vers le Maroc ou l'Oranie, vers la liberté et l'action*[1]. »

Juste récompense de leur vaillance, ces évadés de *la Croix de Provence* sont d'emblée nommés sous-lieutenants. Cependant, leur instruction reste à parfaire après seulement six semaines à la Spéciale. 30 d'entre eux vont la poursuivre à Cherchell conjointement aux reçus de la Corniche d'Alger, session 1943. Au total, ils sont une quarantaine à suivre le stage de la promotion *Libération*, troisième de Cherchell d'octobre 1943 à avril 1944, en qualité de Saint-Cyriens.

Cette apparition de Saint-Cyr à Cherchell est encore modeste puisque *Libération* compte 769 élèves. Il en est de même avec *Marche au Rhin*, la quatrième promo de Cherchell, avec une cinquantaine de Saint-Cyriens à des titres divers (évadés ou Corniche

1. Prioux. O.C., p. 235.

d'Alger). Le vrai visage cyrard de l'Ecole s'ancre enfin avec *Rhin français* à la rentrée de janvier 1945.

A la mi-novembre 1942, des Corniches fonctionnaient à peu près normalement en métropole. Si la dissolution de l'Armée de l'armistice, la fermeture d'Aix-en-Provence mettent leur finalité en question, elles n'en persistent pas moins à instruire les candidats qui n'ont pas renoncé. Car, comme l'énonce le colonel Follain, un Ancien de cette époque :

« Il fallait une bonne dose de foi et d'espérance pour être en Corniche en cette année scolaire 1942-1943. »

En juin 1943, se déroule un examen appelé « Concours général entre les élèves des anciennes classes préparatoires à l'Ecole Spéciale Militaire de Saint-Cyr ». (Plus communément baptisé Concours général des Corniches.) Au mépris des circonstances, ils sont 1 279 à le présenter. Fin août, sans qu'il y ait eu d'oral, le ministère de l'Education Nationale fait parvenir à chacun ses notes et son rang de classement. Un mois passe puis les 151 de tête sont déclarés admis et « *invités* » à rejoindre l'Ecole de la Garde à Guéret ou le 1er Régiment de France, seules unités tolérées par les Allemands. En novembre, les autres candidats moins bien classés sont autorisés à s'engager dans la Garde ou la gendarmerie. Ce sont là des voies possibles, avec la perspective d'obtenir des armes, au prix d'un engagement hasardeux. Nombreux ne l'acceptent pas et rejoignent la Résistance. D'autres, 112, tentent de gagner l'AFN. 35 termineront leur parcours dans un camp de déportation en Allemagne. Simultanément, à plus petite échelle, un concours Corniche se déroule en Algérie. 14 candidats sont déclarés reçus. (Quelques collés seront « rattrapés » par la suite.) Il y a aussi des candidats à Dakar. Un peu oubliés au départ, on finira par penser à eux.

En 1943-1944, la fiction du concours général des Corniches disparaît. Le concours d'entrée à HEC, Hautes Etudes Commerciales, la remplace purement et simplement. Les esprits ne sont pas dupes. C'est bien Saint-Cyr qui se prépare dans l'attente du jour proche de la Libération.

Voici un vivier où Cherchell pourra puiser le jour où le pays sera libéré de l'occupant allemand. Ce qui advient pratiquement pour la presque totalité du pays au second semestre 1944. Le gouvernement peut exploiter ce potentiel Corniches-HEC pour ce qui devient, avec la cinquième et dernière promotion, le 13 décembre 1944, l'Ecole Militaire Interarmes de Cherchell.

En octobre, les 250 premiers du concours de 1943 en métropole sont convoqués devant la Commission d'enquête destinée à apprécier leurs titres de Résistance. Sont convoqués également pour parfaire une formation par trop succincte *Les Croix de Provence* (eux aussi soumis à commission, voir plus haut).

Le 19 décembre 1944, les intéressés embarquent à Sète à bord d'un cargo mixte, le *Sidi-Brahim*, dont ils se souviendront. Le *Sidi-Brahim*, vieux serviteur, tangue lourdement sous la houle. Il commence par longer la côte jusqu'à Marseille où il fait le plein de mazout avant de piquer vers le large, escorté par le torpilleur *La Moqueuse*. En cette fin décembre, la Méditerranée se déchaîne. Alger la Blanche qui, au petit matin, paraît plutôt Alger la Rose, est la bienvenue pour les passagers [1].

Les sections sont homogènes. Douze ne rassemblent que des Cyrards. Trois sont mixtes, Saint-Cyr 42 et « Mili ». C'est, volontairement ou non, favoriser l'esprit de chapelle. Au sein de la promotion *Rhin français* se constitue ainsi un véritable état dans l'état. Un petit monde de Saint-Cyriens qui se veut dans la lignée du « Vieux Bahut ». Faut-il encore lui donner un parrainage. *Les Croix de Provence* ont déjà été baptisés et en sont fiers ; mais les autres ? Des noms sont envisagés : *Centenaire de la Galette*, *Centenaire de Sidi-Brahim*, *Renaître et Vaincre*. Finalement, celui de *Veille au Drapeau* retient l'agrément du ministre. Pourquoi *Veille au Drapeau* ? Afin de symboliser l'attente silencieuse, pleine d'espoir mais vigilante, au service de la Patrie, des futurs membres de la promotion au cours de la période comprise entre le concours et la Libération. Attente marquée pour la très grande majorité par la Résistance, les maquis ou l'évasion de France.

Cette *Veille au Drapeau*, à l'examen, est une promotion exceptionnelle dans la vie de Saint-Cyr par les rattachements effectués et la diversité des origines :

9 de ses membres de la promotion *Weygand*,

3 de la promotion *Tunisie*,

38 de la promotion *Libération*,

46 de *Marche au Rhin*,

187 formant le gros noyau, issus de *Rhin français*. Ceux-là renouent à Cherchell avec les traditions saint-cyriennes qu'ils s'efforcent de faire revivre. A défaut du GU, ils portent le

1. Certains, plus chanceux, partent sur la *Ville d'Oran* directement depuis Marseille jusqu'à Alger.

Casoar, rétablissent le cérémonial traditionnel et tenteront même, avec plus ou moins de succès, plutôt moins, un semblant de bahutage vis-à-vis de leurs Jeunes. Le 25 mars 1945, ils reçoivent leurs casoars de la main de leurs Anciens présents de *la Croix de Provence*. Le 20 mai, sur le grand stade de Cherchell, après leur baptême, le drapeau de Saint-Cyr, celui que le colonel Le Page a sauvé, passe de la promotion 1942 à la promotion 1943, telle étant officiellement l'année d'intégration reconnue. Une semaine plus tard, se déroule un Triomphe, ostensiblement célébré sur le plateau sud avec baptême de la promo suivante de 1944 et nouveau transfert du drapeau.

La totalité des reçus de 1943 n'a pu être touchée par les convocations ministérielles. Ils étaient aux Armées, en déportation, ou dispersés pour une raison ou une autre. Les futures promotions, *Victoire*, *Indochine* et *Nouveau Bahut*, issues à partir de 1945 de Coëtquidan, donneront par ordre : 183, 70 et 11 rattachés à *Veille au Drapeau*. 12 élèves de Tong s'y ajouteront. Enfin, fait exceptionnel, 35 candidats à Saint-Cyr, morts pour la France entre 1943 et 1945, seront reconnus Saint-Cyriens sans avoir jamais intégré à la Spéciale suite à une directive générale du ministre de la Guerre du 18 novembre 1944. Ils avaient tenté de gagner l'AFN, avaient rejoint la Résistance ou les maquis, s'étaient engagés à la Première Armée. Juste hommage rendu à titre posthume.

La promotion *Veille au Drapeau* s'élève ainsi à 616, y compris les 35 posthumes. 149 de ses Petits Cos sont morts pour la France.

Dans le cadre de *Rhin français* de Cherchell se trouveront encore d'autres Saint-Cyriens. Ils ont suivi sensiblement le même cursus que ceux de *Veille au Drapeau* ; seule différence, ils ont passé le concours dit HEC avec option Saint-Cyr. Ils constitueront l'embryon de la promotion *Rome et Strasbourg*. Ils se présentent théoriquement en Bazars de leurs camarades de *Veille au Drapeau*. Distinguo difficile à faire reconnaître lorsqu'on partage la même vie d'élèves de la cinquième promotion de Cherchell !

Cette *Rome et Strasbourg* ressemble singulièrement à *Veille au Drapeau*. Même diversité d'origines. Même passage devant la Commission d'enquête[1]. Même éclatement entre Cherchell et

1. Lors de ce passage, quelques-uns sont ajournés définitivement ; d'autres sont invités à se représenter l'année suivante. Certains le feront. Ils présenteront ainsi la particularité d'avoir été reçus deux fois, en 1944 et 1945. Ils intégreront avec la promotion *Nouveau Bahut*. Cf. plus loin.

Coëtquidan avec toutefois une plus forte présence en Bretagne qu'en Algérie (les trois quarts de la promotion environ). Même souci pour ressusciter les traditions saint-cyriennes. Le général François Bosshardt, ancien de *Rome et Strasbourg*, a rédigé une plaquette qui rapporte bien les divers cheminements suivis par tous ses Petits Cos ainsi que les conditions de vie à Cherchell en 1945 :

« *Le concours HEC a eu lieu du 25 au 27 mai 1944 et, notamment dans le sud de la France, s'est terminé sous les bombardements précédant le débarquement du 6 juin. Celui-ci a entraîné le départ immédiat, soit vers les maquis, non sans drames dus à des trahisons comme à Marcilly-en-Villette en Sologne ou à Saucats en Gironde, soit vers le centre d'instruction de la Garde à Cusset, près de Vichy (l'Ecole de Guéret était passée au maquis), soit directement vers les unités françaises ou alliées au fur et à mesure de leur avance. Quatorze de nos Petits Cos sont tombés dans ces combats de la Libération ou en déportation*[1].

En novembre 1944, les 250 premiers de l'option "Saint-Cyr" au concours HEC ont été convoqués devant une commission d'enquête chargée d'apprécier leurs titres de Résistance, avant d'être envoyés à Cherchell.

En fait, ce sont 201 Petits Cos qui se sont embarqués fin décembre 1944 pour l'Algérie, les autres, déduction faite de quelques rares éliminés par la commission d'enquête ou possibles démissionnaires, étant retenus aux armées ou traités dans les hôpitaux ou encore en déportation. Ils ont été rejoints par huit camarades reçus au concours qui avait été organisé en Afrique du Nord...

Nous étions encore à l'Ecole lorsque survint la capitulation allemande le 8 mai 1945. Pas mal d'entre nous se sentirent frustrés de n'avoir pu participer aux derniers combats en Europe. Il restait bien le Japon, mais on sentait, à l'évolution de la guerre dans le Pacifique, que sa capitulation n'était qu'une question de temps.

La vie à Cherchell était assez spartiate. Nous étions entassés dans des chambrées de 48, bourrées de châlits de bois de quatre couchettes, la chambrée logeant généralement une section de Cyrards "44" et une section d'anciens de la "43", avec laquelle nous formions peloton à l'exercice ou au tir. C'est dire que nous

1. Comme leurs 35 camarades de *Veille au Drapeau*, ils bénéficient de la qualification de Saint-Cyriens sans avoir intégré l'Ecole.

nous connaissions souvent mieux entre anciens et jeunes d'une compagnie qu'entre camarades de promo affectés dans des unités différentes.

L'eau ne coulait pas abondamment aux lavabos installés en nombre limité au rez-de-chaussée, à raison d'un robinet pour quinze ou vingt et il n'était pas question d'espérer faire sa toilette au réveil, encore moins de se raser le matin, ce qui valait à ceux dont le poil était rigoureux de collectionner les jours d'arrêt au premier rassemblement.

Mais l'ordinaire était copieux[1]*, ce qui nous changeait des années maigres vécues en métropole, et il était bien agréable de le compléter avec les beignets et les oranges proposés derrière les bâtiments par les yaouleds. Ceux-ci montraient aussi beaucoup d'adresse pour, à grands coups de salive, faire briller "à la glace de Paris" nos chaussures américaines. Ces chaussures n'étaient vraiment adaptées ni au froid (combien de pieds gelés en Italie ou dans la campagne d'hiver !), ni à la marche dans les djebels, et l'entrée de l'infirmerie était, après l'exercice ou la journée de garde, un lieu de rencontre convivial où de braves tirailleurs réparaient les dégâts à coups de bains de pieds dans des solutions de formol.*

Un autre lieu de rencontre était bien sûr le foyer, à l'extérieur de l'Ecole. La boisson à la mode était le moscatel, vin cuit à base de muscat. On le buvait dans des verres fabriqués à partir de culs de bouteilles ; ainsi nous était rappelé que l'Afrique du Nord, qui manquait cruellement d'industrie, était, plus de deux ans après le débarquement américain, encore démunie de produits fabriqués...

Nous avons été présentés au Drapeau de Saint-Cyr, arrivé en avril et porté par un grand ancien de la Croix de Provence, le capitaine Xhaard. Il y a eu le choix du nom de la Promotion, "Rome et Strasbourg", pour évoquer les deux grandes victoires françaises de la libération de Rome par le CEF du général Juin le 5 juin 1944 et celle de Strasbourg par la 2e *DB de Leclerc le 22 novembre 1944. Et notre insigne de promo a été dessiné à Cherchell par notre Petit Co Douillet.* »

La constitution de *Rome et Strasbourg* ne s'arrête pas à Cherchell. 340 connaîtront Coëtquidan en 1945. 160 en 1946. 13 même en 1947. 9 de ces derniers arrivent d'Indochine et ont

1. Tranchant avec celui des premiers stages.

vécu une odyssée exceptionnelle que rapporte encore le général Bosshardt :

« *En Indochine occupée par les Japonais, les corniches avaient fonctionné normalement jusqu'au coup de force du 9 mars 1945. Au concours organisé au printemps 1944, sur le modèle du concours classique, 10 candidats ont été reçus. Soumis à un stage en corps de troupe, ils ont été regroupés dans un peloton au sein du 9e RIC, lequel régiment était largement réparti sur le delta du Tonkin et la moyenne région.*

Ce peloton des Saint-Cyriens était stationné à Tong, à côté d'un escadron du groupe de reconnaissance du régiment. Le 9 mars 1945 au soir, lors du coup de force japonais, l'escadron s'est déployé en couverture de Tong, puis, pressé par les Japonais, s'est replié sans s'occuper du peloton, qui était pourtant sur pied de guerre. Au matin, les Japonais ont attaqué ce qui restait de la garnison, un Petit Co a été tué à coups de sabre et quatre autres ont été blessés.

*Internés par les Japonais, ces 9 survivants ont été envoyés dans un camp de travail dans le Tamdao. Libérés après la capitulation japonaise, ils ont rejoint Hanoi, puis le général Leclerc, alerté, les a fait venir à Saigon, où ils ont été pris comme sous-officiers dans les unités de Leclerc. Ils ont alors participé pendant huit mois aux opérations en Cochinchine, et après le débarquement du 6 mars 1946 à celles du Tonkin. Puis, dirigés sur la métropole en octobre par l'*Ile-de-France, *ils ont rejoint l'EMIA de Coëtquidan en novembre et donc suivi à partir de janvier 1947 les cours de la 8e série.* »

Au final, l'effectif de *Rome et Strasbourg* s'élèvera à 733 mais ils ne seront que 520 à faire carrière après les démissions et la loi de dégagement des cadres de 1946.

*

A l'issue du stage de la promotion *Rhin français*, les Cyrards de 1942, 1943 et 1944 sont promus suivant un véritable casse-tête tenant compte, en bonne partie, des décisions de la Commission d'enquête. Qu'on en juge :

1. Saint-Cyriens, nommés sous-lieutenants par le décret du 18 janvier 1945 (suite à titre de guerre ou de Résistance). Ils conservent leur grade avec date de prise de rang fixée par le décret.

2. Saint-Cyriens n'ayant pas été nommés sous-lieutenants par le décret du 18 janvier 1945.

Promotion 1942 (*Croix de Provence*). Ceux qui avaient été nommés aspirants par la Commission sont nommés sous-lieutenants d'active à compter du premier septembre 1944. Ceux qui n'avaient pas été nommés aspirants sont nommés sous-lieutenants d'active à date du premier octobre 1944.

Promotion 1943 (*Veille au Drapeau*). Ceux qui avaient été nommés aspirants sont nommés sous-lieutenants d'active à compter du premier mai 1945. Ceux qui n'avaient pas été nommés aspirants sont nommés sous-lieutenants d'active à date du premier juin 1945.

Promotion 1944 (*Rome et Strasbourg*). Ceux qui avaient été nommés aspirants sont nommés sous-lieutenants d'active à compter du 2 juin 1945. Ceux qui n'avaient pas été nommés aspirants sont nommés aspirants d'active à compter du 1er juin 1945. Enfin, pour être complet, 23 élèves, suite à résultats insuffisants, doivent redoubler à la prochaine session de Coëtquidan.

Heureusement que toutes les promotions de Saint-Cyr ne présentent pas de tels cas de figure !

Tous ces Saint-Cyriens seront, par excellence, les combattants des guerres d'Indochine et d'Algérie. La première les happera dès leur sortie de l'Ecole.

*

Cherchell se présente habituellement avec l'étiquette d'Ecole d'Officiers de Réserve. Ce fut vrai de juin 1947 à l'année 1962 où le drapeau tricolore est amené à jamais de cette terre algérienne. Tel n'était pas le cas de janvier 1943 à juin 1945. Un peu plus de 50 % des élèves de cette période de deux ans et demi, séduits par les perspectives du métier et l'ambiance de camaraderie, choisissent de rester sous l'uniforme. Combien d'officiers de l'après-guerre sortent de Cherchell, sans avoir obligatoirement titre de Saint-Cyrien ! Leurs états de service, leur bagage intellectuel, à l'issue de leur stage, leur ont permis volontairement de transformer leur galon d'aspirant en celui de sous-lieutenant d'active. Parmi eux, que de grands soldats ! Pour n'en citer que deux : Bernard Cabiro, grand officier de la Légion d'honneur, dix-huit citations, promotion *Rhin français* ; Raymond Muelle, commandeur de la Légion d'honneur, treize citations, promotion *Tunisie*. Un certain nombre, arrivés au grade de chef de bataillon ou de lieutenant-colonel, partiront. Le final tragique de la guerre d'Algérie précipitera bien des départs. Cabiro, Muelle ne verront jamais des étoiles méritées. Ces ponctions n'empêcheront pas le quart des anciens de Cherchell de mener à son terme une destinée militaire normale. S'il est dans la vocation de Saint-Cyr de donner des officiers à la France, Cherchell peut équitablement être qualifié de Saint-Cyr africain.

Cherchell n'a pas l'aura de l'Ecole des Cadets de la France Libre. Les raisons politiques en sont bien connues sans avoir besoin d'insister. L'Ecole n'avait pas la fibre gaulliste. Giraud l'avait portée sur les fonts baptismaux. (Il avait personnellement visité l'Ecole, par deux fois[1].) Cet ostracisme n'enlève rien aux services rendus. Sans minimiser Malvern et Ribbersford qui ont leurs légitimes titres de gloire, l'apport de Cherchell à l'effort de guerre de la France s'avère dix fois supérieur. Est-il à rappeler que 5000 élèves sont passés dans ses murs et que 500 sont tombés pour la Patrie.

Après la tempête et hors de tout sectarisme, la République se souviendra et honorera. En 1950, le ministre de la Défense Nationale citera, à l'ordre de l'Armée, l'Ecole Militaire de Cherchell :

«Du 8 novembre 1942 au 8 mai 1945 et après l'envahissement total de la Métropole, l'Ecole Militaire de Cherchell a maintenu la tradition des Ecoles d'Officiers de France en inculquant aux Elèves Aspirants la foi dans les destinées et la grandeur de la Patrie ; a formé pour les Armées de la Libération des Chefs dignes de leurs aînés, ardents et animés du désir de revanche, qui s'illustrèrent sur les champs de bataille de Tunisie, d'Italie, de France et d'Allemagne.

S'est acquis ainsi, au prix de lourds sacrifices, une part glorieuse dans la victoire de nos Armes.

Cette citation comporte l'attribution de la Croix de Guerre avec palme.»

Le 12 juillet 1950, le général Cailles, le premier patron de Cherchell, remettra au fanion de l'Ecole cette Croix de Guerre avec palme.

---

1. De Gaulle s'y est rendu le 1er août 1944, étant alors chef du Gouvernement provisoire de la République française.

Chapitre XIV

UN NOUVEAU BAHUT : COËTQUIDAN

La libération du pays n'est pas sans destructions inhérentes aux impératifs militaires. Les bombardements alliés frappent les points stratégiques et les concentrations de troupes allemandes. Saint-Cyr, utilisé comme caserne par l'ennemi, n'est pas épargné. Début juin 1944, une première vague de bombardiers s'en prend à la région de Versailles. L'infirmerie de l'Ecole, le célèbre «*Paradis*» où il faisait bon venir souffler quelque peu sous couvert de mauvaises grippes, est touchée. Le 25 juillet, les forteresses volantes reviennent à deux reprises. La Maison de Madame de Maintenon se transforme en amas de ruines. Un ultime bombardement intervient le 12 août. Là où s'élevait l'imposant quadrillage des bâtiments du Grand Siècle, se dressent désormais des pans de murs calcinés. Coup terrible, le Musée du Souvenir a disparu, et avec lui presque tous ses glorieux vestiges. Par miracle Marceau et Kléber ont été à peu près épargnés. Le Coquillard aussi même s'il gît au sol. Pourront encore être sauvés quelques ossements de Madame de Maintenon dont les restes depuis les temps révolutionnaires ont connu bien des aléas. Sauvés aussi quelques volumes de la bibliothèque.

Les frères Tharaud, non sans émotion, ont parcouru ces ruines chargées d'Histoire. L'un d'eux écrit dans *Le Figaro* du 3 mars 1949:

«Je pénètre dans ce champ de décombres par ce qui fut autrefois une rue et qui n'est plus maintenant qu'un ravin à ciel ouvert entre des murs éboulés, lézardés, crevassés. Le sol est couvert de gravats, de moellons, de pierres gravées aux armes de Louis XIV et de Napoléon, de dalles sur lesquelles la piété des promotions successives a inscrit le nom de ses morts. Seule, à l'extrémité de l'étroit passage où je glisse dans la boue, une porte subsiste, d'une noble architecture, miraculeusement échappée à la tourmente. Dans le fronton triangulaire, un aigle aux ailes étendues surmonte une large bande de marbre sombre où l'on peut lire ces mots brûlés par le feu: "ECOLE SPECIALE MILITAIRE." Cette porte est un symbole...

Autour de moi, dans ce triste décor, des toits d'ardoise crevés, des ferrailles tordues, des murailles aux fenêtres béantes, et, caracolant étrangement dans une immense cour, la statue équestre de Marceau, mutilée elle aussi, se détache avec vigueur sur le fond de la chapelle branlante qui n'attend plus, dirait-on, qu'une dernière rafale pour se laisser tomber comme le reste, masse informe sur le sol parmi les pierres écussonnées.»

La France libérée a perdu son Ecole Spéciale Militaire dont elle était si fière. Que faire? La reconstruire? Généreusement, les Américains le proposent. Une reconstruction prendrait du temps et se justifie-t-elle? Le Vieux Bahut même s'il avait pour lui la proximité de Paris manquait d'espace. La guerre moderne impose de manœuvrer large. Les dernières campagnes l'ont démontré. Les esprits sont aux camps aérés hors des villes, offrant possibilités d'entraînement interarmes. Cherchell, sous réserve d'aménagements, pourrait convenir mais présente un grave handicap: l'éloignement avec la traversée de la Méditerranée.

Décision est prise. Une note du 9 avril 1945 de l'Etat-Major Général Guerre précise: «L'EMIA, actuellement à Cherchell, va s'installer au camp de Coëtquidan. Elle devra être en mesure de recevoir, à partir du début de juin 1945, 250 officiers du cadre et 4000 élèves et hommes de troupe.» La nouvelle Ecole d'officiers s'installera en Bretagne, et sera interarmes, c'est-à-dire qu'elle préparera à toutes les armes de l'Armée de Terre. A 50 kilomètres au sud-ouest de Rennes, existe de longue date, depuis 1843 très exactement, un vaste camp militaire. La place ne manque pas. Environ 5000 hectares de landes. Cet atout fait oublier le reste: la distance depuis Paris, la modicité des locaux comprenant plus de baraquements en bois que de bâtiments en dur. Le site se nomme Coëtquidan, ce qui signifierait en breton : « la lande au-dessous du bois ». Dans ce décor champêtre, à leurs moments de loisirs, s'ils en ont, les élèves pourront rêver. Le camp jouxte la forêt de Paimpont, l'antique Brocéliande. La fée Viviane y rencontra l'enchanteur Merlin au bord de la mystérieuse fontaine de Barenton. Saint-Marcel est à proximité. Ce haut lieu des combats des paras de la France Libre et des maquisards bretons saura rappeler aux futurs officiers les devoirs premiers de leur métier. Ils auront à combattre.

Le général de Lattre a pesé dans la décision ministérielle. Apôtre des camps légers dans la nature, il veut sortir du cadre étriqué des casernes de jadis et prône pour une Ecole unique et mixte regroupant des jeunes gens de diverses origines.

La page Cherchell se ferme définitivement le 30 juin 1945. Le 3 juillet, l'Ecole dénommée dans le strict prolongement de Cherchell : Ecole Militaire Interarmes, inaugure ses cours à Coëtquidan. Rien à cette date n'est encore acquis. Nombreux, devant les difficultés rencontrées, estiment que ce séjour breton ne sera qu'un intermède. Mais, en France, c'est bien connu, le provisoire dure longtemps. Progressivement, ce provisoire s'enracinera. Coëtquidan deviendra Saint-Cyr Coëtquidan, en rappel aux sources.

Ecole Militaire Interarmes. Le sigle n'est pas sans signification. Saint-Cyr d'avant 1940 ouvrait les portes de l'Infanterie et de la Cavalerie. Les armes dites savantes s'étudiaient ailleurs, à Polytechnique notamment. La notion Interarmes annonce une ère de changement. A Coëtquidan, à ***Coët*** pour être dans la note, les élèves, comme à Cherchell, s'initieront non seulement à l'Infanterie et à la nouvelle Arme Blindée Cavalerie, mais aussi à l'Artillerie, au Génie, au Train, aux Transmissions. Une véritable révolution s'amorce, correspondant aux enseignements du dernier conflit. L'infanterie reine des batailles, oui certes, mais pas toute seule. Elle a besoin des autres armes pour l'emporter. La manœuvre moderne est interarmes. Le pli est pris. L'Ecole évoluera dans son recrutement et ses structures. Son côté interarmes dans la formation des futurs officiers ne variera pas. A la fin du siècle, les Cyrards pourront même opter pour la Gendarmerie, quatrième composante de l'Armée française. (L'Aviation et la Marine restent évidemment exclues.) Incidence pratique de ce brassage généralisé, le vieil escadron de Saint-Cyr, qu'avait commandé Leclerc, n'est pas rétabli.

*

Il y a du monde, beaucoup de monde pour cette rentrée de juillet 1945. L'Armée française ne manque pas d'officiers mais risque d'en avoir besoin. Si la guerre est terminée en Europe, elle se poursuit en Extrême-Orient. Pour longtemps peut-être. Nul ne prévoit Hiroshima et Nagasaki. Dans le cadre d'une reconstitution globale de l'Armée, après les bouleversements de la Seconde Guerre mondiale, le corps des jeunes officiers est à reforger. Il est loisible pour cela de puiser dans un très large vivier : Cyrards à la formation interrompue, combattants issus de la Résistance ou des rangs des unités régulières, scolaires ayant réussi le concours d'HEC durant l'Occupation.

Le tout permet de rassembler deux contingents de candidats officiers sélectionnés pour aller à Coëtquidan, les uns après concours, les autres sur titres de guerre.

Le premier contingent (juillet-décembre) compte à l'entrée 3000 élèves ; 1700 seront officiers (sous-lieutenants ou lieutenants avec rappel d'ancienneté accordée). Cette promotion s'appellera *Victoire*.

Le second contingent, promotion *Indochine*, du 5 mars 1946 au 1er mai 1947, fournit 900 officiers dans les mêmes conditions que le précédent. Etant donné l'extrême diversité des origines, *Victoire* et *Indochine* ne sont pas regardées comme des promotions de Saint-Cyr.

Les 372 et 218 Saint-Cyriens officiellement reconnus de ces deux séries sont rattachés aux promotions de Saint-Cyr de Cherchell, *Veille au Drapeau* et *Rome et Strasbourg*[1]. Ces deux promotions, avec tous ces ancrages successifs, finiront par s'élever à 613 et 692. Dans leurs rangs ont rejoint des rescapés des camps de concentration. Ainsi, le futur commandant Denoix de Saint-Marc, reçu à HEC en 1943, rentré de Buchenwald, est rattaché à *Veille au Drapeau*.

Le concours traditionnel, par la filière Corniche, reprend en 1945. Les candidats reçus sont obligatoirement titulaires du baccalauréat complet. Concours directs, ils représentent le véritable élément saint-cyrien dans la formule d'antan.

Parallèlement sont admis à Coëtquidan, sur concours en principe, des sous-officiers, catalogués «*corps de troupe*». Ils sont

1. *Veille au Drapeau* est regardée promotion de 1943, *Rome et Strasbourg* de 1944.

le pendant des Saint-Maixentais et Versaillais d'hier. Cyrards Concours directs et Corps de troupe n'intègrent qu'au début de décembre 1946, après un an de stage dans des écoles de cadres. Ecoles chères au général de Lattre. Ils sont 788, chiffre important qui tient compte de la disparition des anciennes Ecoles de sous-officiers de Saint-Maixent-Versailles. Au global le cumul se rapproche de celui d'avant-guerre. Ces 778 ont un nom de baptême vite trouvé. Ils formeront la *Nouveau Bahut* (1945-1947), dans le cadre d'une nouvelle dénomination à partir du 23 mai 1947.

Le terme Ecole Spéciale Militaire réapparaît. S'y adjoint simplement le qualificatif Interarmes. Cette ESMIA, Ecole Spéciale Militaire Interarmes, fonctionnera de la sorte jusqu'en 1951 brassant dans un large amalgame les deux recrutements Concours directs et Corps de Troupe suivant la nouvelle terminologie. (Les deux recrutements s'équilibrent avec un léger avantage aux Concours directs.) Au terme de deux années de scolarité, les élèves promus sous-lieutenant partent pour un an dans une Ecole d'Application.

Les deux premières promotions de Coëtquidan, étiquetées 6e et 7e séries à la suite de la 5e de Cherchell, sont des promotions «pas tout à fait comme les autres» par leur composition. On y retrouve l'ambition de la caserne Dubourdieu : *former en un laps de temps très court des chefs de section ou de peloton.*

La référence à Saint-Cyr n'est pas d'actualité et n'entre pas, au départ, dans les vues du général de Lattre, Inspecteur puis chef d'état-major de l'Armée[1]. Pour ce retour aux sources, la promotion *Nouveau Bahut* force un peu la main du *Roi Jean*. Devant lui et devant le ministre de la Guerre, elle entonne gaillardement *la Galette* avant d'arborer, d'elle-même, le caso lors d'un défilé sur les Champs-Élysées. La cause finit par être entendue : les traditions de Saint-Cyr revivent en s'adaptant, comme il se doit, au nouveau cadre de l'Ecole. Le Grand U est rétabli en 1947 pour la garde au drapeau et en 1949 pour l'intégralité de l'Ecole. Tous les élèves le portent. Ne sont-ils pas unis par la vie quotidienne dans les chambrées comme dans les cours et exercices sur le terrain, les fameux «crapahuts» ! Tous ont droit au titre de Saint-Cyriens.

Hors de tout esprit de chapelle, cet amalgame est-il heureux ? Le débat reste ouvert. Au seuil de leur carrière militaire, il unit

1. Témoignage de cette réserve provisoire, le drapeau remis, le 12 juillet 1946, par de Lattre à l'Ecole ne porte pas la devise : «*Ils s'instruisent pour vaincre.*»

sans discriminations des jeunes gens issus de moules souvent opposés. La camaraderie y gagne et les uns peuvent bénéficier des expériences des autres. Mais est-il bénéfique de donner une formation identique à des potaches sortant des Corniches et à des sous-officiers ayant déjà du métier et derrière eux des campagnes ?

Avantages et inconvénients de la formule peuvent se développer longuement. Finalement, les adversaires de l'amalgame l'emportent.

La rentrée de 1951 éclate en deux divisions distinctes :

L'Ecole Spéciale Militaire, dans la filiation pure de Saint-Cyr, reçoit les Concours directs appelés à passer deux années à Coëtquidan. Ils formeront les premier (*Anciens*) et troisième (*Bazars*) bataillons.

L'Ecole Militaire Interarmes reçoit les Corps de Troupe (deuxième bataillon) ne faisant qu'une année. Paradoxalement, en dépit de cette division, tous les élèves sans distinction d'origine bénéficient de l'étiquette Saint-Cyr avec traditions de l'Ecole et port du GU.

La promotion *Maréchal de Lattre* (51-53) inaugure le nouveau régime appelé, avec quelques variantes de terminologies (le terme ESMIA réapparaît), à se prolonger jusqu'en 1961. A cette date, la scission devient effective. Ecole Spéciale Militaire et Ecole Militaire Interarmes bien que cohabitant dans le même cadre se séparent définitivement.

Le concours d'entrée en 1952 reçoit une modification, véritable révolution. Depuis les origines, les prétendants à Saint-Cyr «*planchaient*» sur les mêmes disciplines. En 1951, celles-ci possédaient une forte connotation sciences. Deux options sont désormais proposées aux candidats :

Sciences à dominantes mathématiques et physique, et lettres axées sur les langues vivantes et l'histoire-géographie.

Ce régime subsistera jusqu'en 1966. Devant ces nouvelles dispositions, les Corniches tendent à se spécialiser. Sainte-Geneviève, par exemple, se concentre sur les sciences. Les résultats d'admissions n'apparaissent que sur une seule liste malgré les divergences de matières choisies pour l'examen. Les reçus s'y imbriquent quelle que soit l'option choisie, le nombre de points acquis restant le seul critère de sélection et de classement.

*

Les conditions d'accueil, en 1945, sont des plus sommaires. Le camp de Coëtquidan était destiné à héberger des troupes de passage. En résumé, tout est à faire. L'implantation d'une Ecole moderne s'effectuera pratiquement en deux étapes, le gros de l'ouvrage n'intervenant qu'une fois le principe définitivement acquis de transformer Coëtquidan en Ecole d'officiers en remplacement de Saint-Cyr, Saint-Maixent et Versailles.

Il s'agit tout d'abord de parer au plus pressé, d'où des constructions hâtives au confort limité. Des prisonniers allemands assurent la main-d'œuvre des premiers travaux. Les élèves, mis à contribution, ne tardent pas à se qualifier de «*promotions pelles et pioches*». Progressivement, *Coët* devient à peu près habitable même si le précaire prédomine. Le fameux îlot B s'inscrit dans les mémoires des promotions des années quarante et cinquante. Les baraques de section ignorent en semaine les agréments du chauffage pourtant bien utile. S'il ne fait pas froid en Bretagne, il y pleut. Comment faire sécher les treillis ? Un poêle est prévu mais quand pouvoir l'allumer hormis le dimanche ? Parallèlement s'édifient des constructions qui subsisteront comme l'amphi-cinéma ou le Musée du Souvenir. Le camp s'organise avec son allée centrale, l'avenue Foch, ses routes nord et sud en périphérie, son Marchfeld pour les prises d'armes et cérémonies, sans pour autant diminuer les distances. Aller d'une salle de cours à une autre implique des kilomètres à parcourir au pas cadencé ou plus sûrement au pas de gymnastique. La vie à Coët présente au moins un avantage. Elle donne du souffle… Le Nouveau Bahut se félicite d'accueillir en bonne place des vestiges du passé dégagés des ruines du Vieux Bahut. L'officier Kléber domine le Marchfeld et le cavalier Marceau, comme à Saint-Cyr, persiste à chausser ses étriers à l'envers. Le Coquillard, nonobstant ses stigmates de 1944, trouve bonne place et attend l'astique des Bazars.

L'espace aux environs ne manque pas à Coëtquidan. Une nouvelle toponymie apparaît, d'autres repères se prennent : les Bosses, la Grande (cote 187) et la Petite (cote 175), le Moulin de Malakoff, le bois d'Hantel, le bois du Loup, le clocher de Beignon. Ah ! ce clocher de Beignon ! Que de regards, que de paires de jumelles se braquent vers lui et l'arbre en pinceau piqué non loin !

*

Les sacrifices consentis durant la Seconde Guerre mondiale méritaient d'être reconnus. 1374 Saint-Cyriens sont tombés de 1939 à 1945, 503 en 39-40, 208 dans la Résistance ou en déportation, 106 dans les rangs des FFL ou durant la campagne de Tunisie, 109 en Italie, 330 en France et en Allemagne, 62 en Syrie, 56 en Extrême-Orient.

Par décret du 6 avril 1944, le Président du Comité Français de Libération Nationale décerne la médaille de la Résistance française à l'Ecole Militaire des Cadets de la France Libre.

Le 3 novembre 1949, le ministre de la Défense Nationale cite à l'ordre de l'Armée l'Ecole Spéciale Militaire :

« *Fidèle à ses traditions de dévouement à la Patrie, de courage, de discipline et d'honneur, l'Ecole Spéciale Militaire de Saint-Cyr a brillamment formé des officiers qui, alliant à leurs compétences techniques un sens du devoir poussé jusqu'au sacrifice de leur vie, ont répandu sans mesure leur sang sur tous les champs de bataille de Syrie, du Maroc, de la Deuxième Guerre mondiale et d'Indochine. A donné à la France une pléiade de grands chefs qui a su conduire la nation à la victoire. A ainsi hautement mérité la reconnaissance du pays.* »

L'Ecole des Cadets de la France Libre reçoit la même distinction, le 7 juillet 1952 :

« *Dès 1940, reprenant les plus belles traditions de Saint-Cyr, a groupé et instruit les jeunes Français venus en Angleterre, désireux de lutter pour la libération de la patrie, a formé cinq promotions qui se sont magnifiquement comportées sur les champs de bataille les plus divers. A sa dissolution le 15 juin 1944, pouvait être fière d'avoir bien rempli sa mission, ainsi qu'en témoignent les multiples faits d'armes de ses anciens élèves dont 52 sont morts au champ d'honneur. Son nom demeurera dans notre histoire militaire, comme celui où la jeune élite de notre Armée apprit à vaincre pour libérer la France.* »

A ces reconnaissances nationales, s'ajoute celle du Grand-Duché du Luxembourg qui a conféré également la Croix de Guerre 1939-1945 luxembourgeoise à l'Ecole des Cadets de la France Libre.

Le drapeau de l'Ecole Spéciale Militaire porte ainsi aujourd'hui deux palmes sur sa Croix de Guerre 39-45 : celle de Saint-Cyr et celle de l'Ecole des Cadets.

*

Saint-Cyr d'après-guerre vit dans un contexte qui s'assimile un peu à celui de l'après 14-18. La Seconde Guerre mondiale, comme la précédente, a fait trop de mal pour inciter au métier militaire. L'arrière-plan si discuté des guerres dites coloniales, Indochine, Algérie, freine les familles à orienter leurs fils vers Saint-Cyr. Une promotion de Saint-Cyr disparaît chaque année en Indochine, avance-t-on ! Ce n'est pas tout à fait vrai mais les pertes en Extrême-Orient sont sévères. L'Indochine de 1946 à 1954 coûte la vie à 785 Cyrards, dont l'un des fils de Leclerc. Soit une centaine par an. L'Algérie de 1954 à 1962 en déplore 438. On conçoit les réticences familiales. Les séquelles de l'épuration pèsent également dans certains milieux où l'Armée était un horizon naturel. Les vocations se font rares, les candidats ne se bousculent plus. Les années 1949-1951 connaissent un creux exceptionnel. Un peu moins de 600 inscrits aux épreuves d'admission. Après quoi la courbe se relève pour atteindre le millier en 1962. Le pourcentage des reçus sera de 23 %.

La sanglante campagne d'Indochine vaudra à l'Ecole une autre citation à l'ordre des Armées au titre des Théâtres d'Opérations Extérieures cette fois :

« *Fidèle à sa tradition de dévouement absolu à la Patrie, n'a cessé de former depuis la Libération de jeunes promotions animées d'une foi ardente qui, aux côtés de leurs anciens, ont servi et continuent à servir avec héroïsme sur les champs de bataille d'Extrême-Orient. Elle a ainsi contribué à maintenir haut le prestige du Pays et à sceller l'Union Française.* » (11 juillet 1953.)

Officiellement, il n'y avait pas de guerre en Algérie. C'est pourquoi, à ce jour, aucune décoration ne rappelle les 438 Saint-Cyriens tombés pour conserver à la France une terre qu'on leur avait certifiée être française. Cette carence sera-t-elle enfin comblée ?

*

Ces conflits outre-mer expliquent les parrainages des promotions de 1945 à 1962. Après le tribut rendu aux glorieux anciens, Leclerc, Frère, de Lattre, Amilakvari, les promotions s'appellent *Extrême-Orient*, *Union Française*, *Ceux de Diên Biên Phu*,

Laperrine, *Terre d'Afrique*[1], *Maréchal Bugeaud*, *Colonel Jeanpierre* du nom du commandant du 1er REP tombé à la tête de son régiment, le 29 mai 1958 au djebel Mermera, près de Guelma. Les pensées des Cyrards vont vers ces terres où ils iront bientôt rejoindre leurs Anciens déjà au combat. Le choix de *Franchet d'Esperey* (1955-1957) n'est pas plus dépourvu de signification. Enfant d'Algérie, le maréchal a fait carrière chez les Tirailleurs, pour lesquels il s'est beaucoup dépensé durant sa retraite[2].

Des promotions de cette après-guerre jusqu'en 1962, peu de destinées de Saint-Cyriens s'annoncent hors du commun même si, après des barouds courageux, il est des carrières bien huilées menées jusqu'aux étoiles ou de brillants parcours civils pour certains. Quelques ouvrages de souvenirs, rédigés à l'heure de la retraite, ne donnent pas plus l'impression de devoir faire date. Les temps en sont les premiers responsables. Les Saint-Cyriens, comme Bonaparte, ont besoin pour aller loin que les circonstances les favorisent. Il s'en est manqué de très peu que Pétain ne demeure à jamais un inconnu. Il était colonel à la veille de la retraite, en août 1914. Paradoxalement, si des noms doivent émerger et s'inscrire dans l'Histoire, ils seront peut-être ceux de deux Cyrards s'étant, eux aussi, affranchis des règles de la discipline militaire traditionnelle :

– Le commandant Denoix de Saint-Marc effectue un glorieux parcours de soldat : Résistance, déportation, trois séjours en Indochine. Son avenir s'annonce limpide. Puis, soudain, dans la nuit du 21 au 22 avril 1961, à Alger, il entraîne le 1er REP dans le putsch dit des généraux où sont mêlés plusieurs généraux Saint-Cyriens, Challe, Salan, Jouhaud, Nicot, Gardy, Faure, Bigot. Son horizon bascule. Il est devenu un rebelle.

– Pierre Sergent, plus jeune, *Rhin et Danube* (1947-1949), se lance avec fougue dans une longue aventure clandestine, prenant, comme Henri Frenay hier, des responsabilités sans rapport avec son grade de capitaine. A tous ces révoltés, une même passion : l'Algérie pour eux est terre française. Leurs écrits, après la tempête, révéleront que ces deux soldats perdus sont d'une autre trempe. Non contents de savoir manier l'épée, ils savent aussi manier la plume. Leur verbe ne manque ni de hauteur ni de distinction.

---

1. *Terre d'Afrique* (1957-1959) souhaitait s'appeler *Algérie Française*. Ce choix parut un peu trop politique.

2. Il est le créateur des Dar-el-Askri, les maisons du soldat, foyers à l'intention des anciens tirailleurs.

Un nom encore sur cette période 45-62 : Robert Morel, le fils de Tom, le héros des Glières. Il entre à Saint-Cyr en 1957. Promotion *Terre d'Afrique*. Major de l'Ecole d'Application de l'infanterie, par fidélité, il choisit le 27e BCA, le glorieux bataillon d'Alpins de son père. Il tombe à la tête du commando de chasse de son bataillon, en Grande Kabylie, le 11 octobre 1960. Magnifique exemple du respect de la vocation familiale à servir la France. Elles sont, ô combien nombreuses, ces familles qui ont donné tant de leurs enfants à Saint-Cyr et à la Patrie !

Madame Morel a perdu son époux. 17 ans après, elle perd son fils dans les mêmes conditions. Comme elle est rude et souvent cruelle la condition d'épouse et de mère de Saint-Cyrien. Que faut-il admirer le plus ? Le destin accepté au départ ou les sacrifices consentis par la suite pour élever les fils dans le culte du disparu et le respect de ses valeurs ? (L'autre fils de Tom a choisi Navale et fait une carrière exemplaire dans la Royale.) Plus que jamais bon sang ne saurait mentir. Yvan Morel, petit-fils du lieutenant Morel, poursuit dans le sillage familial, promotion *Chef d'Escadrons Raffali* (1998-2001), qui a fait de lui son Père Système.

*

La vie à « COËT »

Les traditions du Vieux Bahut revivent, a-t-il été écrit précédemment. Certes, mais avec des changements.

Dans la Maison de Madame de Maintenon, *anciens* et *jeunes* vivaient au contact. Leur univers n'était pas si vaste. *Bahuter* «*Môsieur Bazar*» ne posait pas de problèmes. A Coët, l'étendue du camp, l'éloignement des casernements, le crachin breton en soulèvent. Le *bahutage* ne disparaît pas mais se limite, se concentrant en quelques virées pour saborder les jeunes ou mettre le branle-bas dans les paquetages. Ces démonstrations, rarement appréciées, cela se conçoit, sont-elles à l'origine d'un terme nouveau pour désigner les anciens de la promotion immédiatement précédente : *les Affreux* ?

Remise des *casos*, baptême, Triomphe, sont toujours des grands classiques de la vie de l'Ecole mais leurs modalités changent. A partir de 1956, baptême et Triomphe se déroulent de nuit, donnant certainement plus de majesté aux cérémonies. L'éclairage artificiel, qui fait si bien ressortir la pierre des cathédrales et des châteaux, éclaire d'un jour nouveau, non dépourvu d'émotion, l'alignement des casoars ou le genou à terre des futurs baptisés.

Saint-Cyr-l'Ecole n'était qu'à quelques jets de pierre de la capitale. Le Saint-Cyrien moyen pouvait relativement facilement s'évader. Coëtquidan se situe aux antipodes de l'hexagone, presque à l'autre bout du monde. Des heures d'un train qui ignore la vitesse de trajectoire du TGV. Un long déplacement en GMC pour rejoindre le camp. Au début des années cinquante, le permissionnaire quittant la gare Montparnasse à 22 heures ne retrouve sa couche que vers 5 heures du matin. Une heure avant le réveil ! De quoi couper court aux velléités d'évasion dominicale ! Pour éviter de transformer les pensionnaires de Coët en exilés, les initiatives se développent. *La Nouveau Bahut* lance le principe du gala de Saint-Cyr à Paris. Chaque année, des voyages de découverte de la société civile sont mis sur pied. Des rencontres s'organisent avec d'autres Ecoles, étrangères parfois. Des stages se déroulent à l'extérieur. Le Saint-Cyrien plutôt cloîtré des débuts finit par s'évader.

L'enseignement ? De 1945 à 1962, le « mili » prime. La guerre est là, en Extrême-Orient ou outre-Méditerranée. Ce « mili » a souvent un petit côté de déjà vu. Normal ! Les instructeurs enseignent à leurs élèves ce qu'ils ont pratiqué : réduction d'une résistance isolée, défense à la contre-pente, héliportage, bouclage, ratissage... Et comme toujours, cette instruction est fonction de la qualité de l'instructeur. Il en est de très bons, de bons, de moyens, de mauvais...

Chapitre XV

AUJOURD'HUI ET DEMAIN

La fin de la guerre d'Algérie, en 1962, marque une grande étape dans la vie de l'Armée française et dans celle de Saint-Cyr. Depuis la création de l'Ecole Spéciale Militaire, en 1802, la France n'a guère cessé de manier l'épée. Hormis de brèves périodes, de 1815 à 1830, sous réserve des interventions en Espagne et Morée, puis plus brièvement de 1934 à 1939 après la fin de la pacification marocaine, les conflits n'ont cessé de se succéder. Guerres napoléoniennes, Algérie, Crimée, Italie, Mexique, Guerre de 1870-1871, expansion coloniale, Grande Guerre, Syrie, Maroc, Seconde Guerre mondiale, Indochine, Corée, Afrique du Nord. En Europe, en Afrique, en Asie, les théâtres d'opérations n'ont pas manqué et le sang des Saint-Cyriens s'y est partout généreusement répandu.

Cette longue période de guerre quasi ininterrompue est close. La France vit enfin en paix même si elle doit, à l'occasion, s'impliquer dans des conflits locaux limités et ingrats. Ceux-là n'exigeront pas le même tribut. Une dizaine de Saint-Cyriens tombent au Tchad, en Nouvelle Calédonie et surtout au Liban.

En 2002, le Saint-Cyrien ne se bat plus en Extrême-Orient ou en Afrique du Nord, mais le devoir, souvent, l'appelle aux quatre coins du monde. Il veille à la pérennité du drapeau tricolore en

Guyane, à Mayotte, en Nouvelle-Calédonie. Il œuvre pour la paix et le secours humanitaire au Liban, en Afghanistan, à Djibouti, au Kosovo, au Cambodge. Demain, s'il le faut, il s'éloignera vers d'autres théâtres.

Dans ce contexte, la mission des Armées évolue. Elle vise :

- par la manifestation d'une présence et d'une force, à prévenir une agression tout en se préparant, s'il le fallait, à défendre la paix et la liberté du pays ;
- à intervenir partout, à l'extérieur, là où les intérêts de la France l'exigent.

Par répercussion, une ère nouvelle s'ouvre à Saint-Cyr Coëtquidan. Contrairement à hier, il n'est plus d'urgence à former des chefs de section ou de peloton. Les modalités du recrutement, l'agencement des études et des programmes s'en ressentent obligatoirement. L'Ecole Spéciale Militaire a du champ devant elle pour continuer à *Instruire pour vaincre*.

Un autre élément, capital, modifie l'arrière-plan. Le maréchal Soult sous la Restauration avait posé en stèle de base de l'Armée française un principe simple mais fort :

« *La discipline faisant la force principale des armées, le Roi veut que tout supérieur trouve dans ses subordonnés une obéissance absolue et que tous ses ordres soient exécutés, sans hésitation ni murmure. L'autorité qui les donne en est responsable et la réclamation est permise à celui qui a obéi.* »

Quelques altérations de style n'avaient pas modifié l'essence du texte qui se retrouvait dans le très célèbre article 1er du Règlement de discipline générale, article que tout militaire se devait d'apprendre par cœur. Le règlement de 1966 en altère profondément l'esprit. Un subordonné, sous peine d'être responsable, doit refuser l'accomplissement d'un ordre illégal ou jugé tel. (Les gendarmes des paillotes corses en subissent les répercussions.) L'obéissance, *ac cadaver*, n'est donc plus de mise officiellement du moins. Est-il à ajouter l'ouverture du métier militaire au sexe autrefois dit faible, la fin de la conscription programmée pour 2002. L'Ecole Spéciale Militaire ne joue plus sa partition sur le même registre que précédemment. Avant d'évoquer son histoire dans le dernier tiers du XXe siècle, il faut cependant s'arrêter un moment sur un événement qui compte pour un Cyrard.

La renaissance du Vieux Bahut

Le Vieux Bahut, écrasé sous les bombes, semblait mort. Il n'était plus qu'un lieu de pèlerinage. Les anciens d'avant 1939 s'efforçaient d'y retrouver le cadre d'une partie de leur jeunesse. Les nouvelles générations venaient se tremper aux sources et saluer les murs qui avaient abrité tant de glorieuses promotions.

Visitant les ruines au début des années 1960, l'ex-connétable de la promotion de *Fès*, devenu hôte de l'Elysée, décide, en employant paraît-il une expression forte et typiquement militaire, de leur redonner vie. Les bâtiments à demi détruits sont reconstruits en respectant l'architecture originelle avec leurs combles mansardés.

Tout n'est pas rebâti, en particulier les annexes et le fameux *Novi-Bazar*, mais l'essentiel est respecté. Les cours occupent les emplacements d'antan et ont repris l'ancien toponyme. La Chapelle restaurée a été rendue au culte. Juste retour au service divin du cadre où trois siècles auparavant, en 1695 très exactement, Bossuet intronisait Fénelon, archevêque de Cambrai. Le musée a déserté la Chapelle pour un bâtiment de façade légèrement isolé. Par miracle, le plafond séculaire voûté a été épargné. Ces arcades abritent ce qui a pu être sauvé ou n'est pas parti pour Coëtquidan. La porte d'entrée de l'Ecole soutient toujours sa corniche triangulaire où toutefois ne se lit plus l'inscription Ecole Spéciale Militaire. Certes, l'environnement immédiat dépareille un peu. Des constructions neuves, des espaces sportifs ont surgi à l'intérieur de l'enceinte. Le *Marchfeld* a perdu sa vocation et n'offre plus qu'une pente herbeuse. L'urbanisation d'alentour estompe l'aspect semi-champêtre des paysages d'hier. Malgré tout, la Maison de Madame de Maintenon resurgit dans son image du passé aidant à retrouver le Saint-Cyr d'avant 1939. Ce dernier est sans doute à rechercher dans l'obscurité complice de la nuit. Peut-être alors est-il possible de discerner les ombres ? Elles se profilent Cour Wagram ou aux abords du Petit Bois même si la tempête ne l'a pas épargné. Jean Danjou, Joseph Gallieni, Hubert Lyautey, Charles de Foucauld, Alain de Fayolle, Henri de Bournazel, Pol Lapeyre, Dimitri Amilakvari, Tom Morel, vous et vos camarades, vous avez marché entre ces murs. L'empreinte de vos pas marque à jamais le sol de la Maison de Saint-Louis.

L'Ecole Spéciale Militaire est à Coëtquidan et pas question de revenir sur son implantation. Le Vieux Bahut restauré se transformera donc en Prytanée. Mais il n'est qu'un Prytanée, celui de La Flèche. A la rentrée scolaire de 1966, Saint-Cyr rouvre ses portes en tant que Collège Militaire, recevant des élèves de la sixième aux classes préparatoires. Vers 1980, le Collège s'efface derrière le Lycée tandis que les classes du premier cycle disparaissent. Avec La Flèche, Autun et Aix-en-Provence, Saint-Cyr est aujourd'hui le quatrième établissement militaire et universitaire préparant aux Grandes Ecoles[1] à partir de la seconde. Ceux qui le fréquentent savent qu'il s'agit d'un milieu spécifique universitaire d'autant plus que les directives, venues de très haut, ont banni les traditions d'antan. La mission présente de l'ancien Vieux Bahut n'est plus d'« Instruire pour Vaincre », mais d'instruire pour réussir (sous-entendu à un examen). Madame de Maintenon doit se réjouir. Sa Maison incarne toujours un haut lieu d'éducation.

Une nouvelle école

Saint-Cyr est et restera en Bretagne. La décision formelle est prise en Conseil des Ministres en 1959. La querelle des *anciens* et des *modernes* sur Saint-Cyr ou Coëtquidan est close. Il est possible de bâtir pour l'avenir. Une Ecole digne de sa mission s'édifie, s'étalant largement au nord-ouest des emplacements précédents. Les réalisations des temps héroïques, à commencer par les vieux baraquements, disparaissent. En visite officielle à l'Ecole, le Président tunisien Ben Ali (1956-1957) déplorera de ne plus retrouver *l'îlot B* de sa jeunesse. Un habitat neuf et parfois futuriste s'édifie, permettant aux élèves de vivre et de travailler dans un cadre spacieux et confortable.

Les nouvelles constructions s'organisent autour de trois blocs principaux :

– Un bloc commandement en fer à cheval autour de la Cour Rivoli sur laquelle se dresse au centre la statue du cavalier Marceau. Côté opposé, un vaste rectangle de 160 mètres sur 120 constitue le nouveau Marchfeld, cadre des diverses cérémonies et prises d'armes. L'officier Kléber le domine au sud. La passerelle aérienne, qui abrite la direction de l'Ecole, relie les deux ailes de ce bloc. La vue dégagée assure une continuité entre Cour Rivoli et Marchfeld.

– Un bloc vie des élèves, autour de la Cour Wagram. La disposition des divers bâtiments en équerre par rapport à l'axe principal

1. Des quatre établissements, seul celui de La Flèche prépare à Polytechnique. Tous s'orientent principalement vers les grandes Ecoles Militaires (ESM, Navale, Ecole de l'Air). Ces quatre établissements ne doivent pas faire oublier le Lycée naval de Brest et l'Ecole des Pupilles de l'air de Grenoble.

lui vaut l'épithète de «*peigne*». L'austérité monacale du Vieux Bahut est loin. Plus de chambrées avalant des dizaines de dormeurs. Des chambres de 6 à 12 avec, à proximité, salles d'études, installations d'hygiène, restaurants, foyer de large dimension, etc.

– Un bloc Enseignement-Sports, le plus étendu, avec quartier des Amphithéâtres[1], bâtiments de la *Pompe*, de la *Mili* et des sports.

Deux stades, Général de Gaulle et Maréchal Juin, une piscine avec bassin olympique, des terrains d'entraînement, des parcours du combattant, des pistes d'instruction véhicules, etc., finissent de donner des moyens d'instruction et de détente très complets.

Le camp comporte également une chapelle catholique et un oratoire protestant.

Rivoli, Wagram, Marchfeld, officier Kléber, cavalier Marceau... Le passé de l'Ecole est respecté. Saint-Cyr hante le camp de la lande bretonne.

Un peu partout, l'enceinte bâtie se piquette de statues et de vestiges en provenance pour beaucoup de cette terre africaine sur laquelle sont tombés tant de Cyrards. Après avoir pénétré dans le camp, se découvre sur la droite la statue en bronze du général Leclerc. Elle était autrefois à Casablanca entre la place Mermoz et le rond-point Saint-Exupéry. Sur la gauche, le clocher de la chapelle abrite le carillon de l'église de Meknès. Non loin, au bord de la voie principale, est exposé le bas-relief aux effigies du Père de Foucauld et du général Laperrine. Il a été détaché du monument érigé à leur mémoire à El-Goléa. A l'entrée du Musée, c'est la France de Bourdelle, haute de neuf mètres, ramenée d'Alger, qui accueille le visiteur. Extra-muros cette fois, le coq en bronze de Condé-Smendou, petit village de colonisation à une quinzaine de kilomètres au sud de Constantine[2], veille sur la Grande Bosse. Les anciens viennent voir l'aube du *Pékin de Bahut* se lever sur ce fier gallinacé d'une autre époque.

Outre ces reliques pieusement rapportées, les grands de la Maison se repèrent le long des avenues par des stèles, des

1. L'Amphi Napoléon compte 1 000 places.

2. Condé-Smendou, centre créé le 9 septembre 1847. Aujourd'hui, Zighout Youssef du nom du chef de la willaya II (Nord Constantinois), tué en 1956.

médaillons ou des statues. Ainsi de De Lattre, Juin, Lyautey, Frère. Kœnig, bien que n'étant pas Saint-Cyrien, campe là lui aussi. Charles de Gaulle a droit à un monument spécifique faisant face au menhir des Cadets de la France Libre. A l'instar des Cadets, Cherchell n'est pas oublié. Une colonne cylindrique brisée à la tête, de silhouette très romaine, porte gravée la devise de l'Ecole des Elèves Aspirants : «*Duce et tu suspice curam.*» Et toi aussi, il faut que tu commandes ! Enfin, des bustes : Randon, Bugeaud, Danrémont, Franchet d'Esperey, ornent l'intérieur des bâtiments.

L'ensemble ne manque pas d'allure et supporte sans complexes la comparaison avec West Point, le Saint-Cyr américain. Si son cadre n'a pas la majesté de celui en bordure de l'Hudson, il offre mesure et élégance, s'accordant dignement à l'esprit cartésien français.

*

Le Musée du Souvenir de la première heure a changé d'emplacement et trouvé un espace à sa mesure sur une aile de la Cour Rivoli. Il est à la fois un reliquaire et un historique. Dès l'entrée, l'histoire de l'Ecole se lit d'abord dans les huit drapeaux logés sous vitrine. Chacun rappelle une étape : Ecole Impériale, Restauration, Monarchie de Juillet, Second Empire, Troisième République avec les drapeaux de 1880 et 1921, Cadets de la France Libre et enfin période récente 1947-1980. Les premiers évidemment subissent le poids des années à l'exception de celui de la Restauration qui n'est qu'une reproduction. (L'original de 1820 a disparu en 1830 emporté par le commandant royaliste de l'Ecole afin de le soustraire à profanation.) Après quoi, à pas lents, il faut s'attarder devant les présentoirs, véritables reliquaires. Saint-Cyr défile. Epaulettes dorées du général Bellavène. Galette bleue à liséré rouge. Plaque de Grand-Croix de la Légion d'honneur du maréchal Pélissier. Décorations et croix pectorale de Monseigneur Lanusse. Casque colonial du capitaine de Cointet. Tunique d'officier de tirailleurs du lieutenant Franchet d'Esperey. Lettre de De Gaulle à son père. Plumes du casoar du sous-lieutenant de Fayolle. Fanion de commandement de Lyautey au Maroc. Lampe à huile du Père de Foucauld à Tamanrasset. Fanion de Mangin. Grande tenue de Gouraud Casoar de Jouhaud. Vareuse de Bournazel. Tunique de Morel à Saint-Cyr. Béret et veste d'officier de chasseurs du capitaine Anjot. Veste de Leclerc. Képi de Juin. Tunique de De Lattre.

Plaque bracelet du sous-lieutenant Hulot. Croix de Guerre 39-45 avec 3 palmes et 3 clous de de Sairigné. Béret rouge de Gilles. Et tant d'autres souvenirs encore. Longue fresque commencée en 1802 et qui se poursuit…

*

Saint-Cyr Coëtquidan n'abrite pas uniquement l'ESM. Le site est devenu un centre de formation initiale des officiers de l'Armée de Terre. Il regroupe l'EMIA, l'Ecole Militaire Interarmes, l'EMCTA, l'Ecole Militaire du Corps Technique et Administratif ; de plus, il assure l'instruction des officiers sous contrat qui constituent le 4e Bataillon de l'ESM.

L'environnement obligatoirement a été bouleversé. Des logements ont été édifiés pour les cadres et leurs familles. Des commerces se sont ouverts à proximité. La RN 24 Rennes-Lorient n'est plus régulièrement coupée par les tirs d'artillerie. Elle a été déviée par le sud du camp et transformée en quatre voies. Le paysage s'est déplumé après les incendies dus aux engins incendiaires de toutes natures et le labourage des véhicules tout-terrain. Heureusement, la Grande Bosse est toujours fidèle au poste et nul ne s'avise de la déplacer.

Des évolutions majeures

Le concours

Il avait, en 1952, subit une altération notable avec l'apparition d'options possibles. Le relèvement général du niveau des études en France conduit à le hausser sensiblement à BAC +2, voire BAC +3, le situant au stade par exemple de Mathématiques Spéciales pour les disciplines scientifiques. Les options de 1952 se transforment pour devenir :

Sciences pour déboucher sur le C.C.P. (Concours Commun Polytechniques).

Lettres, soit Français, Histoire et Géographie.

Sciences Economiques et Sociales.

Suivant une vieille tradition, la branche Sciences reste privilégiée. Elle assure en moyenne 55 % des reçus. Les deux autres orientations se partagent le solde à peu près équitablement.

Les épreuves orales qui avaient peut-être tendance à se présenter en étape mineure contribuent pour moitié à la sélection finale des élus dont le nombre à partir de 1965 se situe presque toujours au-dessous de 200 (150-170 est la fourchette actuelle). Il semblerait que les deux tiers parviennent à intégrer en carré, le dernier tiers en cube. (Soit après deux années de préparation pour les premiers, trois pour les autres. Bien évidemment, et comme toujours, tous n'intègrent pas.)

En 2002, pour se présenter à l'examen, un candidat des classes préparatoires aux Grandes Ecoles doit avoir moins de 22 ans au 1er janvier de l'année du concours. Contrepartie de ses études désormais gratuites, le Saint-Cyrien signe un engagement global de huit ans en faveur de l'Armée[1].

Signe des temps où les traditions n'ont pas obligatoirement bonne presse, pour des raisons plus matérielles également, les vieilles Corniches disparaissent. Pourtant, elles avaient eu leurs heures de gloire avec leurs calots fièrement arborés, leurs fanions, leurs défilés, leurs rites internes, leurs *bahutages* préfigurant ceux de la *Spéciale*. Il n'existe plus que des classes préparatoires aux Grandes Ecoles où les candidats à Saint-Cyr se fondent dans la masse. Cette osmose ne semble pas avoir altéré l'ardeur de ceux qui s'appelaient hier des *Cornichons*. Les cadres dans les lycées militaires, les instructeurs à l'ESM sont formels : les Cyrards de 2002 possèdent toujours la foi et, suivant le langage maison, sont «*fanas*».

Le recrutement féminin

La parité féminine s'impose progressivement dans la société et entre en force dans l'Armée. Des jeunes filles préparent Saint-Cyr et intègrent. En GU, elles arborent la jupe garance au lieu du pantalon de même couleur et portent fièrement le caso. Pourquoi pas ? Les héroïnes font partie du passé militaire de la France, qu'elles se nomment Jeanne Hachette, Jeanne la Pucelle ou plus près de nous les Rochambelles. Les demoiselles de Saint-Cyr – aucune analogie avec celles de Madame de Maintenon – commencent à apparaître, un peu timidement, puisqu'elles ne sont que deux, avec la promotion *Lieutenant-Colonel Gaucher* (1983-1986). Puis leur nombre enfle légèrement pour atteindre sept avec la *Bicentenaire de Saint-Cyr*. La promotion entrée en 2001 en compte onze. Un record qui sera peut-être rapidement battu. A la sortie de l'Ecole, elles se dirigent vers des armes

1. Engagement souscrit en deux étapes : 2 ans, à l'entrée de l'Ecole ; 6 à la fin de la deuxième année en étant promu sous-lieutenant.

techniques, Transmissions, Génie, Matériel. Certaines choisissent la Gendarmerie, preuve d'un bon classement.

La scolarité portée à trois ans

Les années avant 1914 avaient connu une scolarité étalée sur trois années, la première étant consacrée à un séjour en corps de troupe. Le principe est repris en 1982. Les élèves passent, de nouveau, trois ans à Saint-Cyr et connaissent ainsi trois bataillons. Pour le final, au Premier Bataillon de France, ils arborent les galons de sous-lieutenant, grade qu'ils ne conservent qu'un an. Le séjour en corps de troupe n'a rien d'immuable. Bien des variantes lui ont été apportées dans l'époque et la durée. En 2002, les Bazars effectuent leur initiation troupe de trois mois au second trimestre. Leur passage préalable à Coët leur a donné un vernis militaire. Ils sont moins perdus dans une armée de professionnels. Cette scolarité de trois ans est destinée à favoriser la pompe et l'obtention des diplômes universitaires.

La séparation ESM-EMIA

Elle existait concrètement depuis 1951, même si les apparences étaient sauves avec, pour tous, le titre de Saint-Cyrien, accompagné du port du GU à l'Ecole. Rythme scolaire, durée des études, structures internes du deuxième bataillon, tout séparait les « mili » des Anciens des Corniches.

Le 13 septembre 1961, l'ESMIA éclate. Elle donne naissance à deux écoles de formation totalement distinctes :

L'ESM, héritière de la tradition de Saint-Cyr.

L'EMIA qu'il est possible de rattacher à la filiation Saint-Maixent-Versailles d'avant 1939.

Ces deux écoles vivent en marge avec des scolarités et des tenues propres. Chacune détient son drapeau et seuls les élèves de l'ESM sont regardés comme Saint-Cyriens. Chacune forme des promotions bien séparées. *Vercors* pour l'ESM, *Capitaine Bourgin* pour l'EMIA sont les premiers parrainages retenus. Le Vercors, très haut lieu des maquis alpins, qui ont coûté 639 tués aux combattants et 201 aux civils[1]. Le capitaine Bourgin, commandant la compagnie portée du 2e REP, tombe en Algérie le 1er mars 1959. On lui doit la seconde prière des parachutistes après celle de l'aspirant Zirnheld.

1. Cf. du même auteur, chez le même éditeur, *Les Maquis de la Libération*.

La fusion entre les deux types de recrutement s'effectue dans les Ecoles d'application.

Cette route à part n'enlève rien à la valeur des futurs officiers formés par l'EMIA. Pour des causes diverses, ils n'ont pu accéder directement à Saint-Cyr. Le passage par l'EMIA reflète une vocation militaire fortement assise.

Demain une nouvelle porte d'entrée

Depuis 1802, hormis l'époque napoléonienne et la Seconde Guerre mondiale, le concours assure la porte incontournable pour accéder à l'Ecole Spéciale Militaire. Il est l'obstacle à franchir pour devenir Saint-Cyrien. Si les épreuves sportives comptent, il repose d'abord et avant tout sur des épreuves axées sur la culture générale et les connaissances universitaires. Ce passé deux fois séculaire est remis en question à partir de la rentrée de 2002, ce qui bouleverse les conditions d'admission à Saint-Cyr.

La filière des classes préparatoires aux Grandes Ecoles persiste et correspond au régime précédent. Elle implique un niveau de BAC +3. Les reçus effectuent trois années pleines à l'Ecole. Toujours admis sur concours, les BAC +4 ne font que deux années à l'Ecole. Enfin, autre fait nouveau, les BAC +5 titulaires d'un DEA, d'un DESS ou sortant de Sciences Po, peuvent intégrer directement et sans concours. Admis sur titres, ils n'auront qu'une année d'Ecole. Trois étages conduisent ainsi à Saint-Cyr avec, parallèlement, l'existence de deux concours : l'un pour les BAC +3, l'autre pour les BAC +4.

Cette réforme fondamentale s'accompagne d'une réorganisation de la scolarité fondée désormais non plus sur l'année mais sur le semestre. Suivant leurs modalités d'intégration, les Saint-Cyriens de l'après 2002 effectueront six, quatre ou deux semestres à Coëtquidan. Pour ceux qui en passeront six, quatre seront consacrés à la formation universitaire et à l'acquisition de diplômes.

Pourquoi cette véritable révolution qui peut paraître remettre en cause la notion de vocation ? Il y a certainement intention d'ouvrir sur la société civile à une heure où la proportion d'enfants de militaires est en baisse sensible. Dans la promotion 2001-2004, sur 180 élèves, 31,5 % seulement sont issus d'un milieu militaire. Partant du même esprit, alors que la professionnalisation risque de faire de l'Armée un monde à part coupé de la nation, cette ouverture peut éviter de faire de Saint-Cyr un ghetto.

Tout autant, le commandement aspire manifestement à recruter des diplômés et à conforter le bagage intellectuel des futurs Cyrards. Cette volonté, développée depuis plusieurs décennies, s'intègre dans une politique générale d'utilisation des ressources humaines. Il est acquis qu'un pourcentage important de Saint-Cyriens n'ira pas au terme de sa carrière. Des diplômes faciliteront les reconversions. Cette arrivée de jeunes gens, certes intellectuellement qualifiés mais à priori non orientés au départ vers la profession des armes, n'est pas sans poser question aux anciens, vieux jeu peut-être. Pourquoi cette ouverture soudaine vers Saint-Cyr que les études universitaires ne laissaient pas présager ? Pourquoi ce chemin de Damas ? L'exemple d'un EOR, découvrant la richesse du métier militaire, peut apporter une explication. Le stade EOR a disparu avec la professionnalisation des Armées ! Ces BAC +5 auront-ils la foi ? Que devient la camaraderie saint-cyrienne hier façonnée par deux ou trois années de vie commune ? Il est loisir de répondre qu'il est nécessaire de savoir évoluer et de s'adapter à l'état présent de la société française, que les vocations tardives sont les meilleures, que les Ecoles d'application souderont les rangs, etc. Vaste débat sur lequel, un grand ancien (1925-1927), le colonel Paillole, l'as des services secrets, apporte, non sans un solide bon sens, une première réponse :

« *De mon temps, je vous l'ai déjà dit, on sortait de Saint-Cyr avec de grandes ambitions, en Afrique ou ailleurs. Des ambitions à la fois romantiques, idéalistes, et purement militaires, bien entendu ! Aujourd'hui, l'officier de carrière a souvent une préoccupation complémentaire : quand il aura terminé son temps avec l'armée, il faudra se reconvertir dans le civil. Les élèves qui sortent de Saint-Cyr reçoivent désormais un titre d'ingénieur. On le donne également aux officiers sortant de Navale ou de Salon-de-Provence. Toute la nuance est là ! Nous n'avions pas d'autre perspective que de faire une carrière militaire pleine. L'armée pouvait satisfaire l'officier jusqu'à son âge extrême. Aujourd'hui ce n'est plus tout à fait le cas. On donne aux officiers sortant des grandes écoles les moyens de se recaser dans la vie civile avec les mêmes atouts que leurs collègues civils. Et c'est très bien ! L'armée évolue en fonction des événements...* »

Cette constatation n'empêche pas Paul Paillole de s'inquiéter :

« *Ce qui me rend soucieux, c'est de voir les menaces sur la paix du monde*[1] *!* »

---

1. *L'homme des services secrets*. O.C., p. 269.

Sans prolonger sur ce sujet, on peut simplement noter que devenir officier par Saint-Cyr s'avère quasiment aussi long que devenir toubib. Sept ans ! Trois ans ou plus de préparation. Trois ans à l'Ecole. Une année d'application. (Si l'ESM « dégrossit » et apporte une formation militaire de base, les Ecoles d'application sont censées être les véritables ateliers de spécialisation militaire[1].)

Ces nouvelles dispositions n'entameront en rien l'avenir réservé aux Cyrards. Une plaquette du Commandement de la Formation de l'Armée de terre apprend que sur 1031 officiers recrutés durant l'année 2000, 425 correspondent à des carrières courtes sous contrat, 125 proviennent du rang, 274 d'un recrutement semi-direct type EMIA, enfin 187 seulement des BAC +5 et des Grandes Ecoles dont Saint-Cyr, pour 130. Eu égard au pourcentage de démissions, les Saint-Cyriens qui resteront et passeront par un autre point obligé, en l'occurrence l'Ecole de Guerre, pardon, les Cours Supérieurs d'Etat-Major et le Collège Interarmées de Défense, sont promis à un bel avancement. Leur âge, leur bagage, leur titre de Saint-Cyrien leur assurent les responsabilités et les commandements de demain dans l'Armée de Terre et la Gendarmerie. A ce jour, 90 % des officiers généraux de ces deux armes sortent de Saint-Cyr. Plus que jamais, surtout en ces temps où les galons ne s'obtiennent pas à la pointe de son épée, Saint-Cyr est la porte royale de la carrière militaire.

Le respect de la Tradition

D'aucuns différencient la Tradition des Traditions. La Tradition serait le côté noble des us du passé, les Traditions, leur aspect anecdotique et éventuellement contestable. Soit !

Des traditions, certaines demeurent, d'autres ont disparu. Exemple le *Bahutage*. Comme Myrto, la tradition du *Bahutag*e a vécu. Proscrite et condamnée, elle n'est plus présentable. Les *Bazars* peuvent s'en réjouir et les *Anciens* le déplorer. En revanche, remise des Casoars, 2 S, Baptême, Triomphe persistent plus vivants que jamais avec certainement plus de faste. Innover n'est pas interdit. En 1969, le colonel de Montaudouin, de la *Veille au Drapeau*, commandant en second des écoles de Saint-Cyr Coëtquidan, lance une idée qui plaît et trouve impact : jumeler

1. Ces Ecoles d'application se situent aujourd'hui : à Montpellier pour l'Infanterie, Saumur pour l'Arme Blindée et la Cavalerie, Draguignan pour l'Artillerie, Angers pour le Génie, Tours pour le Train, Montargis pour les Transmissions, Bourges pour le Matériel et Melun pour la Gendarmerie.

une promotion présente avec celles la précédant d'un quart et d'un demi-siècle. C'est affirmer la continuité de Saint-Cyr et la relève des générations. Le cycle est pris. Grands *Anciens* et Très Grands *Anciens* se retrouvent à Coët pour parrainer leurs *Jeunes*. Aînés aux cheveux blancs ou gris, cadets à la nuque bien rasée, évoquent leurs expériences et communient dans le culte des glorieux disparus.

Aujourd'hui comme hier, les nouvelles générations se réfèrent à leurs grands anciens pour leurs parrainages même s'il en est quelques-uns de circonstance. *Centenaire de Camerone* (1962-1964), *Souvenir de Napoléon* (1968-1970), *Bicentenaire de Saint-Cyr* (1999-2002) appartiennent à ces derniers. Les autres honorent de hautes personnalités militaires : Maréchal Juin (1966-1968), Général de Gaulle (1970-1972), Général Guillaume (1990-1993), mais le cœur va vers les soldats héroïques, Colonel Driant, Colonel Brunet de Sairigné, Capitaine Danjou, Lieutenant Darthenay, Général Rollet, Général Lasalle, Montcalm, Général de Monsabert, Colonel Gaucher, Général Monclar, Général Cailles, Lieutenant Tom Morel, Général Delestraint, Chef de Bataillon de Cointet, Capitaine Stéphane, Maréchal Lannes, Colonel Cazeilles, Général Lalande. Sur cette liste, les parachutistes sont en bonne position : Capitaine Guilleminot, Capitaine Hamacek, Commandant Morin, Chef d'Escadrons Raffali. Une place à part revient sans doute au Capitaine de Cathelineau, soldat certes, mais surtout haute figure morale de croyant et de chef. Un autre de Sonis du XXe siècle. La Légion revient une fois sur quatre avec Danjou, Rollet, Brunet de Sairigné, Gaucher et tous leurs compagnons. C'est dire l'impact de cette troupe d'élite chez les futurs officiers. Les képis blancs avec leur héroïsme, leur culte de l'Honneur et de la Fidélité, représentent, par excellence, des soldats.

La majorité de ces parrains ont été évoqués au fil du texte ou appartiennent à l'Histoire comme le général Lasalle ou Montcalm. Ceux moins connus peut-être en dehors des cercles militaires méritent un éclairage :

Chef de Bataillon de Cointet (1929-1931). Assassiné par le Viêt-minh en juillet 1951 alors qu'il était prisonnier de guerre.

Colonel Cazeilles (1913-1914). Chef de corps du 21e RIC, il est tué à la tête de son régiment dans l'Argonne, le 15 juin 1940.

Capitaine Henri Guilleminot (1944), 14 citations, tué en Algérie le 24 juin 1958 en menant l'attaque héliportée de sa compagnie (4e Compagnie du 2e RCP).

Capitaine Georges Hamacek (1943), 9 citations, tué à la tête d'une compagnie du 2e BEP le 11 mai 1953 en Indochine.

Général André Lalande (1931-1933). Rallié de la première heure à la France Libre, Compagnon de la Libération, commande le PA - Isabelle, le dernier à tomber à Diên Biên Phu.

Ces Saint-Cyriens du temps présent qui choisissent pour parrains des soldats dc légende, des « Chevaliers de la guerre » au sens noble du terme, des Danjou, des Cazeilles, des Morel, des Lalande, quelles sont leurs aspirations ? Où entendent-ils faire leurs armes ? La promotion *Raffali*, forte dc 175 élèves, sortie en 2001, apporte à ces questions des éléments de réponse dont rend compte sous forme de tableau *le Casoar* de janvier 2002. (Ce choix des armes se décide à l'issue de la scolarité en fin de troisième année.)

Nombre de places offertes	Gendarmerie	ALAT	INF.	ABC	ART.	TRAIN	GÉN.	TRANS.	MAT.
	15	8	31	20	24	19	24	18	16
Classement du premier ayant choisi l'arme	2	1	3	4	43	59	7	46	83
Classement du dernier ayant choisi l'arme	39	143	107	73	172	175	123	136	166

Au vu de ces chiffres, il est une première réflexion. Les armes techniques offertes représentent plus de la moitié des places, 101 sur 175. Sans doute est-ce pour suppléer au vide des Polytechniciens dans l'Armée de l'an 2000.

Seconde constatation, le major prend l'ALAT, l'aviation légère de l'Armée de Terre, le second la Gendarmerie. L'Infanterie et l'ABC ne sont prises qu'en troisième et quatrième position. Avant même la fin du premier quart de la promotion, l'offre Gendarmerie est épuisée. Hier, les majors se disputaient les parachutistes et la Légion. Chacun interprètera, suivant sa sensibilité, ces données. Ces choix peuvent paraître contradictoires avec les parrainages.

Encore que l'ALAT, arme moderne et de l'avant, est incontestablement une force de combat. La Gendarmerie, corps en plein développement devant l'insécurité ambiante, offre de larges perspectives d'activités et de responsabilités. Le Saint-Cyrien y trouvera amplement de quoi servir et le cursus s'y annonce aussi brillant que dans l'Armée de Terre. Les Anciens ayant jadis courtisé la Biffe ou la Basane constateront, enfin avec satisfaction, que leurs amours d'antan sont toujours prisés. Impossible d'aller dans l'ABC après le numéro 73 et dans l'Infanterie après le 107.

La vie à l'Ecole

L'orientation donnée à la scolarité peu après l'arrivée à Coëtquidan s'accentue. Le Saint-Cyrien moderne sort souvent de son trou. Il ne reste plus durant trois ans rivé constamment à la lande bretonne et à l'horizon de la Grande Bosse. Manifestement, il y a volonté de lui faire découvrir le monde extérieur, qu'il soit civil ou militaire. Stages, visites, voyages, manifestations et contacts divers alternent, rompant de manière constructive la monotonie du séjour. Monotone ? On n'a guère le temps de s'ennuyer à Coëtquidan !

Les étrangers, les fameux «Crocos», sont de longue date partie prenante à Saint-Cyr. Certains sont apparus tout au long de l'histoire de l'Ecole. Les contingents «crocos» sont ces dernières années plus étoffés que jamais. Quelques-uns viennent de très loin, du Venezuela, du Laos, de Thaïlande. Depuis une quinzaine d'années, près de 200 futurs officiers d'Arabie Saoudite ont défilé à Coëtquidan. Toutefois, les gros bataillons proviennent des pays de l'ancienne France d'outre-mer notamment d'Afrique Noire. Il est certainement une raison majeure à leur présence. Le lien dont parlait Léopold Sédar Senghor : «Le merveilleux outil trouvé dans les décombres du régime colonial : la langue française.» Les diplômés de Saint-Cyr occupent chez eux de hautes fonctions dans l'administration, la hiérarchie militaire, la diplomatie. Voire un accès au sommet de l'Etat.

Conclusion

Depuis sa création par le Premier Consul, en 1802, l'Ecole Spéciale Militaire, qu'elle soit à Fontainebleau, Saint-Cyr, Aix-en-Provence, en Grande-Bretagne, à Cherchell ou à Coëtquidan, peut se targuer d'avoir donné à la France environ 62000 officiers. Dans leurs rangs, émergent :

Trois Chefs d'Etat : Marie de Mac-Mahon, Philippe Pétain, Charles de Gaulle.
Onze maréchaux de France : Aimable Pélissier, François Canrobert, Marie de Mac-Mahon, Elie-Frédéric Forey, Philippe Pétain, Louis Franchet d'Esperey, Joseph Gallieni, Hubert Lyautey, Jean de Lattre de Tassigny, Alphonse Juin, Philippe Leclerc de Hauteclocque.
Des commandants en chef devant l'ennemi non maréchaux dont Sarrail, Gamelin, Weygand, Giraud, Salan, Navarre, Challe...
Des grands chanceliers des ordres de la Légion d'honneur et de la Libération.
Des académiciens qui n'étaient pas tous maréchaux, Albert de Mun (1897) ou Maxime Weygand (1931).
Des membres de l'Institut.
Des Ministres, une bonne cinquantaine, parmi lesquels Gallieni, Lyautey, Weygand, Catroux.

Des grands Résistants, Henri Frenay, les généraux Frère, Delestraint, Dejussieu-Pontcarral, le colonel Touny... sans omettre Charles de Gaulle et Henri Giraud.
Des soldats de légende, Danjou, Driant, Pol Lapeyre, de Bournazel, Amilakvari, Tom Morel...
Une centaine de Compagnons de la Libération (sur 1061).

Aujourd'hui, non contente d'être une pépinière d'officiers de tous grades, l'Ecole donne au pays des chefs d'entreprises, des hauts fonctionnaires, des cadres des secteurs public ou privé, des hommes d'Eglise, des littéraires et des scientifiques, bref un large panel de fidèles citoyens (même si quelques-uns s'égarent dans le marais politique).

Il y a plus encore. Tous ceux qui sont tombés au service de la France. Cohorte héroïque s'élevant, à l'aube du Troisième Millénaire alors que l'Ecole célèbre le bicentenaire de sa création, à «*dix mille six cent vingt-quatre*» Saint-Cyriens. Chiffre impressionnant. 17 Cyrards sur 100 ont donné leur vie pour la Patrie. Aucune institution n'a versé autant de sang. Sang versé sur presque toutes les parties du monde, partout où le devoir commandait. Saint-Cyr, c'est peut-être d'abord cela. Le sacrifice préalablement accepté. Quel Saint-Cyrien ignorait où la route choisie risquait de le mener? Aucun! Peut-être, à cet égard, n'est-il pas mauvais de rappeler la formule si percutante dans son image du capitaine Estoup (1949-1951) :

«*Pour nous officiers, le patriotisme, c'est notre bleu de chauffe!*»

Et ce patriotisme, vertu banale pour un Saint-Cyrien, se paie.

L'immense majorité des Saint-Cyriens était vouée à l'anonymat. Tel le bon serviteur des Ecritures, «elle a, honnêtement, fait fructifier les talents reçus». Son labeur s'inscrit dans cette œuvre gigantesque qui a permis à la France d'être ce qu'elle a été et ce qu'elle est.

*

Les Saint-Cyriens, *Pékin de Bahut*, portent sur leur Ecole un regard contrasté. Lyautey use d'une plume acerbe à son endroit; Weygand plaide dans un registre opposé.

Les Cyrard sont certainement en droit, dans bien des cas, de déplorer la médiocrité de l'encadrement ou de l'enseignement. Incontestablement, il y eut des instructeurs au côté gauche trop vierge pour inspirer le respect et prétendre parler d'expérience. La théorie fut trop souvent à réciter à la lettre et la guerre enseignée largement dépassée. Mais l'Ecole n'est pas responsable du choix de l'encadrement et de l'édification des programmes. Les désignations pour l'ESM, les matières à développer viennent de plus haut, quelque part du côté du boulevard Saint-Germain ou de la rue Saint-Dominique. Un sondage révèle que la qualité du souvenir de l'Ecole dépend très largement de l'instructeur, chef de section voire commandant de compagnie. Pour utiliser une terminologie typiquement militaire, il est possible de tomber sur une « brêle » en première année et un « seigneur » en seconde ou inversement.

Un fait demeure. Un collégien entre à l'Ecole. A défaut de sortir officier chef de guerre averti, ce qui est impossible, – *on n'apprend la guerre qu'en la faisant*, a écrit le général de Brack –, il acquiert malgré tout un bagage technique qui l'aidera à ne pas faire trop mauvaise figure jeune officier arrivé dans son régiment. Potache il était, adulte confronté à ses responsabilités militaires il devient. Cet acquis n'est pas si mauvais même si l'essentiel est ailleurs. Bien des années après leur sortie, des Anciens le disent :

« D'abord, nous restons fidèles à notre décision initiale ; même si les péripéties au long des derniers lustres ont changé le monde, nous pensons qu'il faut des armes et des hommes pour veiller au rempart et nous ne rougissons pas d'en être ou d'en avoir été.

Ensuite, ce métier qui est le nôtre, nous le découvrons avec nos yeux d'hommes mûrs tout autre que se l'imaginent étrangers et néophytes ; on le dit monolithique et monotone, il est divers et toujours changeant ; on le dit sévère et inhumain, nous le savons cordial, austère sans doute mais redonnant au plus blasé des joies inédites. On nous dit tous coulés dans le même moule et aucun de nous n'a même métier ni même destinée.

Enfin, affrontés à des hommes d'autres origines, d'autres formations, d'autres ambitions, nous ne craignons ni les défis, car nous savons nos forces et nos faiblesses, ni les comparaisons, car sur les bases que nous a données l'Ecole nous avons pu construire pour être nous-mêmes. »

Lettre d'un Saint-Cyrien de la promotion *Charles de Foucauld* (41-42) à ses filleuls de la promotion *Maréchal Juin* (66-68).

*

En clôturant ces lignes consacrées à l'Ecole Spéciale Militaire de Saint-Cyr, une question peut se poser. Cette Ecole de deux cents ans d'âge a-t-elle encore un avenir ?

Sur la foi d'une France en paix depuis une quarantaine d'années et de la disparition de la menace principale de l'après Seconde Guerre mondiale, d'aucuns pouvaient peut-être estimer que le temps des guerres s'éloignait, que le monde s'orientait vers des horizons à jamais pacifiques. L'ère rêvée par Briand. Arrière les fusils, les canons ! Des événements récents ont rappelé, s'il en était vraiment besoin, que le danger demeure toujours présent. La *Pax Romana* qui n'était qu'une paix relative n'eut qu'un temps. Une paix éternelle s'avère utopique, la nature des hommes étant ce qu'elle est. La France aura toujours besoin de soldats pour veiller sur sa sécurité et sur sa liberté, et ce même si elle s'intègre dans un cadre européen plus vaste.

Trouvera-t-elle pour ce faire une jeunesse aspirant à porter le casoar ? Terrible question, devant un patriotisme qui semble une valeur d'hier. Dans une société orientée vers le profit et les satisfactions matérielles, il est là un formidable défi. Désespérer de la générosité de la jeunesse serait sacrilège. Demain comme hier il y aura des prétendants au casoar pour une vie active au service du pays par les armes. Soixante-dix ans après sa sortie de l'Ecole, le colonel Paillole se veut optimiste :

« ... *Il y a dans la vocation du Saint-Cyrien, encore aujourd'hui j'en suis persuadé – quand je rencontre des jeunes, je le sens bien –, une pureté et une générosité des sentiments, une élévation de pensée, un souci de servir son pays proprement... Une vocation !*

... Je suis allé à Saint-Cyr Coëtquidan il n'y a pas si longtemps, et j'ai bien vu que c'était différent de ce que nous connaissions dans les années vingt, mais il y a une tradition de base qui est toujours la même, et dont ceux qui nous ont succédé, je pense essentiellement à l'encadrement, essayent d'entretenir l'esprit. On continuera ainsi d'avoir une armée encadrée par une élite morale ayant le sens de l'honneur et l'amour de la patrie[1]. »

*

Que représente Saint-Cyr ? Une caste ? Un ordre ? Une caste serait péjoratif. Un ordre serait excessif. Saint-Cyr s'affirme un creuset tout à la fois point d'arrivée et point de départ.

1. *L'homme des services secrets*. O.C., p. 27.

Point d'arrivée et donc de fusion de jeunes gens partageant les mêmes valeurs morales : sens du devoir, courage, honneur, et la même éthique de patriotisme et de vie active.

Point de départ vers le service du pays d'une coulée humaine ayant appris par son passage à l'Ecole qu'il existait un héritage à assumer. C'est le legs des générations passées, ce legs d'héroïsme et de sacrifices qui impose aux Saint-Cyriens de se montrer, leur vie durant, dignes du titre qu'ils portent et cela quel qu'en soit le prix.

*

Quelques mots encore. En deux temps. Qu'ils soient le laïus final du présent ancien (*Maréchal de Lattre* 1951-1953) à ses jeunes Bazars. En 1891, le capitaine Hubert Lyautey écrivait dans son célèbre essai sur le *Rôle social de l'Officier* : « *Comme une barre à l'embouchure d'un grand fleuve, le service militaire se dresse désormais devant toute la jeunesse à l'entrée de sa vie. Sera-t-il un péril où risqueront de sombrer son corps, son cœur et son esprit, ou sera-t-il l'épreuve fortifiante dont elle sortira mieux trempée ? Toute la question est là.* »

La barre à l'embouchure d'un grand fleuve a disparu. La professionnalisation des armées l'a emportée. Le Rôle social de l'Officier est-il terminé pour autant ? Une autre jeunesse se présente aujourd'hui aux armées. Moins nombreuse évidemment, elle vient par idéal peut-être et plus certainement en quête d'un emploi voire d'un refuge. Il incombe au corps des officiers de lui apporter raisons d'apprécier son séjour sous les drapeaux et de repartir plus forte, techniquement, moralement, vers le monde civil qui la reprendra sous peu. Là se situe le nouveau Rôle social du Saint-Cyrien. Assurer la promotion sociale du jeune qui est venu à lui.

Ecole Spéciale Militaire de Saint-Cyr. Dans ce titre, vieux aujourd'hui de deux siècles, s'intercale le terme militaire et ce n'est pas pour rien. L'étymologie apprend que militaire vient de *miles*, soldat. Le soldat n'est pas uniquement celui qui touche une solde. Il est avant tout celui qui se bat. Se battre pour son pays constitue l'exigence première du Saint-Cyrien. S'y préparer est l'ambition vers quoi doivent converger son idéal et son énergie.

Cornaudric 2001-2002.

Annexes

Saint-Cyriens morts pour la France
(par théâtres d'opérations)

Opérations	Années	Pertes
3e Coalition (Ulm-Austerlitz)	1805	6
4e Coalition (Iéna, Eylau, Friedland)	1806-1807	57
5e Coalition (Wagram)	1809	54
Guerre d'Espagne	1808-1814	265
Campagne de Russie	1812	244
6e Coalition - Allemagne	1813	166
- France	1814	45
7e Coalition (Waterloo)	1815	35
Total		**872**
Algérie (Conquête - Pacification)	1830-1914	133
Crimée	1855	293
Italie	1859	151
Mexique	1861-1867	67
Expansion coloniale		
- Asie	1860-1919	201
- Afrique (Madagascar inclus, Algérie et Maroc exclus)	1830-1921	221
- Antilles-Guyane	1825	8
Guerre contre l'Allemagne	1870-1871	688
Maroc, conquête	1908-1919	83
Grande Guerre	1914-1918	4848
Maroc	1920-1935	180
Syrie	1920-1930	54
Seconde Guerre mondiale		
- 1939-1940		503
- Morts en déportation		129
- Fusillés		49
- Syrie		62
- FFL. Tunisie. Italie. Libération Allemagne. Indochine		631
Total		**1374**
Indochine	1946-1954	785
Afrique du Nord	1954-1962	446
Total général		**10 624**

(Chiffres extraits de l'ouvrage du colonel Le Boulicaut: *Livre d'Or des Saint-Cyriens morts au Champ d'Honneur*.)

Saint-Cyriens dignitaires de l'État

CHEFS D'ÉTAT

Maréchal de Mac-Mahon	24 mai 1873 au 30 janvier 1879.
Maréchal Pétain	11 juillet 1940 à août 1944.
Général de Gaulle	8 janvier 1959 au 28 avril 1969.

MARÉCHAUX DE FRANCE

Pélissier Aimable	12 septembre 1855
Canrobert François Certain de	18 mars 1856
Mac-Mahon Marie de	5 juin 1856
Forey Elie	2 juillet 1863
Pétain Philippe	19 novembre 1918
Lyautey Hubert	1921
Gallieni Joseph	avril 1921
Franchet d'Esperey Louis	19 février 1921
De Lattre de Tassigny Jean	11 janvier 1952
Leclerc de Hauteclocque Philippe	8 mai 1952
Juin Hubert	8 mai 1952

N°-Année	NOM	Elèves promus officiers	Morts pour la France
EMPIRE			
1803		192	80
1804		239	107
1805		398	98
1806		441	105
1807		601	147
1808		213	58
1809		482	143
1810		251	40
1811		298	49
1812		454	59
1813		462	22
1814		205	1
1815		99	–
RESTAURATION			
1. 1818-1820		121	5
2. 1819-1821		184	10
3. 1820-1822		208	5
4. 1821-1823		192	6
5. 1822-1824		175	9
6. 1823-1825		248	4
7. 1824-1826		221	5
8. 1825-1827		222	15
9. 1826-1828		170	6
10. 1827-1829		179	8
11. 1828-1830		186	11
12. 1829-1831		210	11

N°-Année	NOM	Elèves promus officiers	Morts pour la France
LOUIS-PHILIPPE			
13. 1830-1832	Du Firmament	147	11
14. 1831-1833		165	12
15. 1832-1835 (avril)		168	13
16. 1833-1835		148	17
17. 1834-1836		26	3
18. 1835-1837	De la Comète	142	17
19. 1836-1838	De l'Obélisque	132	14
20. 1837-1839	De Constantine	159	15
21. 1838-1840	De l'An Quarante	179	15
22. 1839-1841	De Mazagran	141	9
23. 1840-1842	Des Cendres	273	20
24. 1841-1843 (avril)	De la Nécessité	238	26
25. 1841-1843 (octobre)	D'Orient	131	11
26. 1842-1844	Du Tremblement	310	45
27. 1843-1845	D'Isly	301	39
28. 1844-1846	De Djemmah	308	46
29. 1845-1847	D'Ibrahim	308	34
30. 1846-1848	D'Italie	314	45
31. 1847-1849	De la République	325	46
DEUXIÈME RÉPUBLIQUE			
32. 1848-1850	De Hongrie	327	31
33. 1849-1851	De Zaatcha	220	25
34. 1850-1852	De Kabylie	274	59
35. 1851-1853	De l'Aigle	233	46
SECOND EMPIRE			
36. 1852-1854	De l'Empire	287	41
37. 1853-1855	De Turquie	293	48
38-39. 1854-1856	De Crimée-Sébastopol	615	80
40. 1855-1857	Du Prince Impérial	386	51
41. 1856-1858	Du Djurdjura	310	29
42. 1857-1859	De l'Indoustan	249	40
43. 1858-1860	De Solferino	259	27
44. 1859-1861	De Nice et Savoie	264	37
45. 1860-1862	Du Céleste Empire	265	31

N°-Année	NOM	Elèves promus officiers	Morts pour la France
SECOND EMPIRE (suite)			
46. 1861-1863	Du Mexique	263	30
47. 1862-1864	De Puebla	273	40
48. 1863-1865	Du Danemark	267	31
49. 1864-1866	D'Oajaca	261	25
50. 1865-1867	De Vénétie	269	31
51. 1866-1868	Du Sultan	242	37
52. 1867-1869	De Mentana	283	38
53. 1868-1870	De Suez	289	30
54. 1869-1870	Du 14 août 1870	269	28
TROISIÈME RÉPUBLIQUE			
55. 1870-1872	De la Revanche	432	49
56. 1872-1873	D'Alsace-Lorraine	185	7
57. 1872-1874	Du Shah	316	17
58. 1873-1875	De l'Archiduc Albert	289	9
59. 1874-1876	La Grande Promotion	406	37
60. 1875-1877	Dernière de Wagram	353	32
61. 1876-1878	De Plevna	402	53
62. 1877-1879	De Novi-Bazar	353	22
63. 1878-1880	Des Zoulous	368	45
64. 1879-1881	Des Drapeaux	357	47
65. 1880-1882	Des Kroumirs	286	53
66. 1881-1883	D'Egypte	361	75
67. 1882-1884	Des Pavillons Noirs	422	89
68. 1883-1885	De Madagascar	434	58
69. 1884-1886	De Foutchéou	409	94
70. 1885-1887	De l'Annam	407	75
71. 1886-1888	De Châlons	422	91
72. 1887-1889	De Tombouctou	460	114
73. 1888-1890	Du Grand Triomphe	456	119
74. 1889-1891	Du Dahomey	468	109
75. 1890-1892	De Cronstadt	477	119
76. 1891-1893	Du Soudan	463	164
77. 1892-1894	Du Siam	427	119
78. 1893-1895	De Jeanne d'Arc	487	139
79. 1894-1896	D'Alexandre III	612	211
80. 1895-1897	De Tananarive	563	179

N°-Année	NOM	Elèves promus officiers	Morts pour la France
TROISIÈME RÉPUBLIQUE (suite)			
81. 1896-1898	Des Premières Grandes Manœuvres	546	196
82. 1897-1899	De Bourbaki	575	200
83. 1898-1900	Marchand	583	176
84. 1899-1901	D'In Salah	569	222
85. 1900-1902	Du Tchad	533	199
86. 1901-1903	Du Centenaire de la Légion d'honneur	449	165
87. 1902-1904	Du Sud-Oranais	360	121
88. 1903-1905	De La Tour d'Auvergne	339	125
89. 1904-1906	Du Centenaire d'Austerlitz	309	135
90. 1905-1907	La Dernière du Vieux Bahut	279	114
90 bis. 1906-1908	Dite des Cinq	5	–
91. 1906-1909	Du Centenaire de l'Ecole	271	127
92. 1907-1910	Du Maroc	227	112
93. 1908-1911	De Mauritanie	226	105
94. 1909-1912	De Fès	223	102
95. 1910-1913	De la Moskova	249	123
96. 1911-1913	Des Marie-Louise	286	139
97. 1912-1914	De Montmirail	463	241
98. 1913-1914	De la Croix du Drapeau	535	323
GRANDE GUERRE			
99. 1914	De la Grande Revanche	765	463
100. 1916-1917	Des Drapeaux et de l'Amitié Américaine	270	107
101-102. 1917-1918	De Sainte-Odile et de La Fayette	276	67
ENTRE-DEUX-GUERRES			
103. 1918-1920	De la Victoire	171	22
104. 1919-1920	Des Croix de Guerre	271	35
105. 1919-1921	De la Garde au Rhin	101	15

N°-Année	NOM	Elèves promus officiers	Morts pour la France
ENTRE-DEUX-GUERRES (suite)			
106. 1920-1921	La Dernière de la Grande Guerre	60	9
107. 1920-1922	De la Devise du Drapeau	194	41
108. 1921-1923	Du Souvenir	331	49
109. 1922-1924	De Metz et Strasbourg	355	68
110. 1923-1925	Du Chevalier Bayard	330	46
111. 1924-1926	Du Rif	312	35
112. 1925-1927	De Maroc et Syrie	315	54
113. 1926-1928	Du S/Lt. Pol Lapeyre	320	53
114. 1927-1929	Du Maréchal Gallieni	319	44
115. 1928-1930	Foch	362	48
116. 1929-1931	Mangin	404	65
117. 1930-1932	Joffre	465	67
118. 1931-1933	Du Tafilalet	439	97
119. 1932-1934	De Bournazel	324	65
120. 1933-1935	Du Roi Albert Ier	298	63
121. 1934-1936	Du Roi Alexandre Ier	302	58
122. 1935-1937	Du Maréchal Lyautey	362	83
123. 1936-1938	Du Soldat Inconnu	360	78
124. 1937-1939	Marne et Verdun	391	97
125. 1938-1939	De la Plus Grande France	466	128
SECONDE GUERRE MONDIALE			
126. 1939-1940	Amitié franco-britannique	762	158
127. 1940-1942	Maréchal Pétain	172	43
128. 1941-1942	Charles de Foucauld	305	79
129. 1942	Croix de Provence	365	75
129.1-CFL1.	Libération	15	8
129.2-CFL2.	Bir Hakeim	16	6
129.3-CFL3.	Fezzan-Tunisie	27	10
129.4-CFL4.	Corse et Savoie	33	10
129.5-CFL5.	18 juin	120	15

N°-Année	NOM	Elèves promus officiers	Morts pour la France
SECONDE GUERRE MONDIALE (suite)			
130. 1943	Veille au Drapeau	613	147
131. 1944	Rome et Strasbourg	692	111
INDOCHINE ALGÉRIE			
132. 1945-1947	Nouveau Bahut	778	86
133. 1946-1948	Général Leclerc	533	72
134. 1947-1949	Rhin et Danube	387	57
135. 1948-1950	Général Frère	440	58
136. 1949-1951	Garigliano	497	64
137. 1950-1952	Extrême-Orient	574	33
138. 1951-1953	Maréchal de Lattre	660	50
139. 1952-1954	Union Française	774	43
140. 1953-1955	Ceux de Diên Biên Phu	676	50
141.0 1954-1956	Lt-Colonel Amilakvari	627	50
141.1 1955-1956	Amilakvari-Franchet d'Esperey	205	9
142. 1955-1957	Franchet d'Esperey	441	33
143. 1956-1958	Laperrine	487	26
144. 1957-1959	Terre d'Afrique	491	22
145. 1958-1960	Maréchal Bugeaud	533	9
AUJOURD'HUI			
146. 1959-1961	Colonel Jeanpierre	476	
147. 1960-1962	Vercors	360	
148. 1961-1963	Bir Hakeim	324	2
149. 1962-1964	Centenaire de Camerone	258	1
150. 1963-1965	Serment de 14	244	
151. 1964-1966	Corse et Provence	245	
152. 1965-1967	Lt-Colonel Driant	219	1
153. 1966-1968	Maréchal Juin	194	
154. 1967-1969	Lt-Colonel Brunet de Sairigné	189	
155. 1968-1970	Souvenir de Napoléon	161	
156. 1969-1971	Général Gilles	190	
157. 1970-1972	Général de Gaulle	178	

N°-Année	NOM	Elèves promus officiers	Morts pour la France
AUJOURD'HUI (suite)			
158. 1971-1973	Capitaine Danjou	180	1
159. 1972-1974	de Linarès	206	
160. 1973-1975	Maréchal de Turenne	205	
161. 1974-1976	Lieutenant Darthenay	195	
162. 1975-1977	Capitaine Guilleminot	197	1
163. 1976-1978	Capitaine de Cathelineau	204	
164. 1977-1979	Maréchal Davout	194	
165. 1978-1980	Général Rollet	173	
166. 1979-1981	Général Lasalle	178	
167. 1980-1982	Montcalm	183	
168. 1981-1983	Grande Armée	184	
169. 1982-1985	Général de Monsabert	180	
170. 1983-1986	Lt-Colonel Gaucher	169	
171. 1984-1987	Général Monclar	151	
172. 1985-1988	Cadets de la France Libre	167	
173. 1986-1989	Général Cailles	169	
174. 1987-1990	Lieutenant Tom Morel	167	
175. 1988-1991	Général Delestraint	181	1
176. 1989-1992	Capitaine Hamacek	163	
177. 1990-1993	Général Guillaume	152	
178. 1991-1994	Chef de Bataillon de Cointet	157	
179. 1992-1995	Capitaine Stéphane	155	
180. 1993-1996	Maréchal Lannes	154	
181. 1994-1997	Commandant Morin	174	
182. 1995-1998	Colonel Cazeilles	168	
183. 1996-1999	Général Lalande	165	
184. 1997-2000	De la France Combattante	171	
185. 1998-2001	Chef d'Escadrons Raffali	175	
186. 1999-2002	Du Bicentenaire de Saint-Cyr	175	
187. 2000-2003		167	
188. 2001-2004		180	

Soit 10 624 Saint-Cyriens morts pour la France depuis 1803.

Saint-Cyriens Compagnons de la Libération

Tableau établi d'après les travaux de Monsieur Jérôme Kerferch, Historien des Compagnons de la Libération.

FFL	Forces Françaises Libres	FAFL	Forces Aériennes Françaises Libres
1re AF	Première Armée Française	BCRA	Bureau Central de Renseignements et d'Action
1re DFL	Première Division Française Libre		
2e DB	Deuxième Division Blindée	SAS	Special Air Service

Promotion	Nom	Prénom	Décret	Unité
1896-1898	Catroux	Georges	23.6.1941	FFL
1898-1900	Delestraint	Charles	17.11.1945	Résistance
1904-1906	Touny	Alfred	13.11.1945	Résistance
1905-1907	Legentilhomme	Paul	2.09.1942	1re DFL
1907-1910	Goislard de Monsabert	Joseph	20.11.1944	1re AF
1907-1910	Astier de La Vigerie	François	8.11.1944	Londres
1908-1911	De Lattre	Jean	20.11.1944	1re AF
1909-1912	Béthouart	Marie	18.06.1945	1re AF
1912-1914	Heurteaux	Alfred	12.06.1945	Résistance
1912-1914	Monclar	Ralph	1.06.1943	1re DFL
1914	De Larminat	Edgar	1.08.1941	1re DFL
1916	Adeline	Henri	28.05.1945	Résistance
1916	Dejussieu-Pontcarral	Pierre	19.10.1945	Résistance
1917	Lecocq	Charles	6.04.1945	Indochine
1917	Valin	Martial	7.07.1945	FAFL
1918	Genin	René	30.03.1944	1re DFL
1919-1920	Marchand	Jean	26.08.1941	2e DB
1919-1921	Gardet	Roger	2.06.1943	1re DFL
1920-1922	Bernard	Pierre	22.01.1946	2e DB
1920-1922	Bourgeois	Henri	20.11.1944	1re DFL
1921-1923	Luizet	Charles	17.07.1945	Résistance
1921-1923	Méric	Edouard	20.01.1944	1re AF
1922-1924	Leclerc de Hauteclocque	Philippe	6.03.1941	2e DB
1922-1924	Dodelier	Louis	20.08.1941	FAFL
1923-1925	Garbay	Pierre	26.06.1941	1re DFL
1924-1926	Wagner	Otto	7.08.1945	1re DFL
1924-1926	Amilakvari	Dimitri	9.09.1942	1re DFL
1924-1926	Babonneau	René	9.09.1942	1re DFL
1924-1926	Frenay	Henri	24.03.1943	Résistance
1925-1927	Pijeaud	Charles	26.03.1942	FAFL
1925-1927	Roumiantzoff	Nicolas	2.06.1943	2e DB
1925-1927	Appert	Paul	31.12.1942	1re DFL
1925-1927	Dio	Louis	14.07.1941	2e DB
1926-1928	Jourdier	Paul	1.02.1941	2e DB

Promotion	Nom	Prénom	Décret	Unité
1926-1928	Pillafort	Alfred	13.03.1943	Résistance AFN
1927-1929	Amiel	Henri	9.09.1942	1re DFL
1927-1929	Billotte	Pierre	8.11.1944	1re DFL
1928-1930	De Chevigné	Pierre	19.10.1945	1re DFL
1928-1930	Laurent-Champrosay	Jean-Claude	9.09.1942	1re DFL
1928-1930	Farret	Henri	2.06.1943	2e DB
1928-1930	Massu	Jacques	14.07.1941	2e DB
1928-1930	Megret de Devise	Christian	20.11.1944	1re AF
1928-1930	Paris de Bollardière	Jacques	23.06.1941	1re DFL
1929-1931	Garbit	François	23.06.1941	1re DFL
1929-1931	De La Hautière	Yves	7.08.1945	1re DFL
1929-1931	Magny	Henri	7.08.1945	1re DFL
1929-1931	Beaucheron de Boissoudy	Guy	9.09.1942	1re DFL
1929-1931	Verdier	Henri	24.03.1945	2e DB
1930-1932	Binoche	François	7.03.1945	2e DB
1930-1932	Florentin	Jacques	17.11.1945	2e DB
1930-1932	Geoffroy	Raoul	14.07.1941	2e DB
1930-1932	De Hauteclocque	Pierre	14.07.1941	2e DB
1930-1932	O'Neil	Marc	26.09.1945	Résistance
1930-1932	Quillichini	Robert	12.06.1945	2e DB
1930-1932	Rouge	Pierre	9.09.1942	1re DFL
1930-1932	Seite	François	7.03.1945	1re DFL
1930-1932	Baudemont de Lamaze	Jacques	11.05.1943	1re DFL
1930-1932	Fougerat	Henri	29.12.1944	1re DFL
1930-1932	Soufflet	Jacques	28.05.1945	FAFL
1930-1932	De Vandeuvre	Jacques	13.05.1941	FAFL
1930-1932	Sarrazac	Maurice	23.05.1942	2e DB
1931-1933	Arnault	Paul	2.06.1943	1re DFL
1931-1933	Corlu	Jean-Marie	14.07.1941	2e DB
1931-1933	Lager	Gustave	20.11.1944	FAFL
1931-1933	Lalande	André	20.11.1944	1re DFL
1931-1933	Magendie	Edmond	7.03.1945	1re DFL
1931-1933	De Maismont	Pierre	30.06.1941	FAFL
1931-1933	Pinhede	Edmond	23.05.1942	2E DB
1931-1933	Pouyade	Pierre	10.12.1943	FAFL
1931-1933	De Rancourt	Henry	8.11.1944	FAFL
1931-1933	Saint-Hillier	Bernard	27.05.1943	1re DFL
1931-1933	Tulasne	Jean-Louis	11.10.1943	FAFL
1931-1933	Langlois	Xavier	4.07.1944	1re DFL
1931-1933	Guérin	Charles	20.01.1946	1re AF
1932-1934	Becourt-Foch	Jean	29.12.1944	FAFL
1932-1934	Buis	Georges	24.03.1945	2e DB

Promotion	Nom	Prénom	Décret	Unité
1932-1934	Martin-Siegfried	Marc	24.03.1945	2e DB
1932-1934	Ter-Sarkissof	Alexandre	20.01.1946	1re DFL
1933-1935	Brunet de Sairigné	Gabriel	9.09.1942	1re DFL
1933-1935	Mazieras	Alphée	23.05.1942	2e DB
1933-1935	Simon	Jean	23.06.1941	1re DFL
1934-1936	De Corta	Renaud	3.06.1943	1re DFL
1934-1936	Duche de Bricourt	Pierre	27.05.1943	1re DFL
1934-1936	Hautefeuille	Pierre	20.11.1944	1re DFL
1934-1936	Piozin	Hyppolite	2.06.1943	1re DFL
1934-1936	Revault d'Allones	Jean	26.09.1944	2e DB
1935-1937	André	Roger	2.06.1943	1re DFL
1935-1937	Arnaud	Michel	7.07.1945	2e DB
1935-1937	Boquet	François	26.09.1945	BCRA
1935-1937	Lavergne	André	12.09.1945	2e DB
1935-1937	Hugo	Georges	4.07.1944	1re DFL
1935-1937	Morel	Théodose	20.11.1944	Résistance
1936-1938	De Bazelaire	Jean-Marie	23.05.1942	2e DB
1936-1938	De Boissieu	Alain	18.01.1943	2e DB
1936-1938	Garot	Jean-Louis	28.05.1945	FAFL
1936-1938	Jeanperrin	Georges	24.03.1945	1re DFL
1936-1938	Langlois	Pierre	23.06.1941	1re DFL
1936-1938	Weil	Robert	13.05.1941	FAFL
1937-1939	Finance	Marcel	26.09.1945	FAFL
1937-1939	Oddo	Paul	17.04.1944	2e DB
1937-1939	Rozoy	François	20.11.1944	FAFL
1937-1939	Mahé	Jean	19.10.1944	FAFL
1938-1939	Clouet des Perruches	Jean-François	24.03.1945	BCRA
1939-1940	Rossignol	Charles	20.11.1944	1re DFL
1939-1940	Mangin	Stanislas	7.03.1945	1re DFL
1939-1940	Prigent	Corentin	4.07.1944	1re DFL
1939-1940	Dupuis	Jean-Baptiste	20.11.1944	1re DFL
CFL1-1941	Seite	François	7.03.1945	1re DFL
CFL1-1941	Fèvre	Jean	16.10.1945	1re DFL
CFL2-1942	Camors	Jean-Claude	4.05.1945	BCRA
CFL2-1942	Taylor	Georges	26.09.1945	SAS
CFL3-1943	Lemarinel	Jacques	20.11.1944	1re DFL
CFL3-1943	Nouveau	Jean-Pierre	12.06.1945	2e DB
CFL4-1944	Bouvier	Léon	9.09.1942	1re DFL

Soit 112 Saint-Cyriens sur un total de 1 061 Compagnons de la Libération.

AMILAKVARI Dimitri, Prince

Né à Gori (Géorgie) le 31 octobre 1906. Réfugié en France avec sa famille après la Révolution russe.

Saint-Cyr, promotion 1924-1926.

Dès sa sortie de l'Ecole, rejoint la Légion Etrangère qu'il ne quitte plus. (Fin de la pacification marocaine.) Capitaine en 1937.

Participe à la campagne de Norvège avec la 13e DBLE. Rallié à la France Libre le 30 juin 1940. Chef de corps de la « 13 » comme lieutenant-colonel en septembre 1941. Est à Bir Hakeim. Tué à El Himeimat, le 24 octobre 1942, durant la bataille d'El-Alamein.

Compagnon de la Libération.

La promotion 1954-1956 porte son nom.

ARDANT du PICQ Charles

Né à Périgueux le 19 octobre 1821.

Saint-Cyr, promotion 1842-1944.

Campagnes de Crimée, de Syrie, d'Orient, d'Afrique. Commandant le 10e Régiment d'Infanterie de ligne. Est blessé mortellement le 15 août 1870 à Longeville-les-Metz (Moselle).

Auteur *d'Etudes sur le combat*, classique de la littérature militaire.

Colonel. Officier de la Légion d'honneur.

BOULANGER Georges

Né à Rennes en 1837.

Saint-Cyr, promotion 1857-1859.

Campagnes d'Algérie, Italie, Cochinchine. Blessé en 1870. Général de brigade en 1880. Ministre de la Guerre de janvier 1886 à mai 1887, poste où il acquiert une très large popularité. Elu député par plusieurs départements, il est regardé comme un danger et fait l'objet d'un mandat d'arrêt. Pour y échapper, se réfugie en Belgique et se suicide à Bruxelles le 30 septembre 1891.

Le Boulangisme fait partie des mouvements politiques ayant agité la jeune Troisième République.

BOURNAZEL Henri **de**

Né à Limoges en 1898.

Saint-Cyr, promotion 1917-1918.

Participe aux derniers combats de la Grande Guerre. Officier de Spahis, au Maroc, pratiquement sans interruption de 1920 à 1933, entre dans la légende par son intrépidité et son rayonnement. Il est *l'Homme Rouge*, le chef à la vareuse rouge.

Tué au Bou Gafer, djebel Sagho, dans le Sud Marocain, le 28 février 1933.

Capitaine. Commandeur de la Légion d'honneur.

La promotion 1932-1934 porte son nom.

CANROBERT François **CERTAIN de**

Né à Saint-Céré (Lot) le 27 juin 1809.

Saint-Cyr, promotion 1825-1827.

En Algérie presque sans interruption de 1835 à 1849. Toujours en tête à l'heure de l'assaut. Général en 1850. Succède à Saint-Arnaud au commandement de l'Armée d'Orient du 26 septembre 1854 au 16 mai 1855. Présent à Magenta et Solferino avec son courage légendaire. Prisonnier à Sedan. Sénateur bonapartiste après la guerre de 1870.

Décédé à Paris le 28 janvier 1895.

Maréchal de France. Grand-Croix de la Légion d'honneur.

CARREL Armand

Né à Rouen en 1800.

Saint-Cyr, promotion 1818-1820.

Quitte l'armée en 1823. Fondateur du journal *Le National* avec Thiers et Mignet en 1830. Blessé mortellement dans un duel avec Emile de Girardin, directeur de *La Presse*, en 1836.

CASTELNAU Edouard **de CURIÈRES de**

Né à Saint-Affrique (Aveyron) en 1851.

Saint-Cyr, promotion 1869-1870. Campagne de 1870-1871. Commandant de la IIe Armée en Lorraine en 1914 puis de groupes d'armées. Perd trois fils durant la guerre. Décédé à Montastruc-la-Conseillère (Haute-Garonne) en 1944.

Général d'armée. Grand-Croix de la Légion d'honneur.

CATROUX Georges

Né à Limoges le 29 janvier 1877.

Brution.

Saint-Cyr, promotion 1896-1898.

Gouverneur général de l'Indochine en 1939. Rallie les FFL en juillet 1940. Commandant en chef au Levant. Commissaire d'Etat du

GPRF en 1944. Ambassadeur de France en 1945. Décédé le 21 décembre 1969.

Général d'armée. Médaillé militaire. Grand-Croix de la Légion d'honneur. Compagnon de la Libération.

CHALLE Maurice

Né au Pontet (Vaucluse) en 1905.

Saint-Cyr, promotion 1923-1925.

Aviateur. Grand résistant. Commandant en chef en Algérie de fin 1958 à avril 1960. Commandant en chef des Forces alliées de Centre-Europe. Démissionne de l'armée au début de 1961.

Chef de file du putsch du 22 avril 1961. Condamné à quinze ans de détention. Libéré à Noël 1967. Décédé à Paris en 1979.

Général d'armée aérienne. Grand-Croix de la Légion d'honneur.

CLUSERET Gustave-Paul

Né à Paris en 1823.

Saint-Cyr, promotion 1841-1843.

Campagnes d'Algérie, de Crimée, d'Italie. Démissionne.

Se bat en Italie avec Garibaldi et, comme général, avec les armées du Nord lors de la guerre de Sécession.

Commissaire à la guerre de la Commune le 3 avril 1871, sera remplacé peu après par Rossel.

Exil. Député de Toulouse en 1888. Décédé en 1900.

DANJOU Jean

Né à Chalabre (Aude) en 1828.

Saint-Cyr, promotion 1847-1849.

Sous-lieutenant à la Légion, perd une main accidentellement en Algérie le 1er mai 1853. Se fait confectionner une main articulée en bois et, à force de volonté et d'entraînement, parvient à rester à la Légion et à mener une vie presque normale. Se distingue à Sébastopol, Magenta et Solferino. Capitaine adjudant-major du Régiment étranger au Mexique, en l'absence du titulaire malade, prend volontairement le commandement de la 3e compagnie chargée de se porter au-devant d'un important convoi. Assailli, le 30 avril 1863 au matin, à hauteur de l'hacienda de Camerone par plusieurs milliers de Mexicains, fait jurer à ses soixante légionnaires de se défendre jusqu'à la mort. Tué au cours du combat qui ne laisse que quelques survivants côté français. Sa main en bois sera récupérée par la suite et se trouve aujourd'hui au Musée de la Légion à Aubagne.

La promotion 1971-1973 porte le nom du capitaine Danjou.

DANRÉMONT Denis **de**

Né à Chaumont en 1783.

Sort de l'Ecole Militaire de Fontainebleau en 1804.

Austerlitz. Iéna. Friedland. Wagram. Colonel à Lützen en 1813. Maréchal de camp en 1821. Commande une brigade à la prise d'Alger en 1830. Pair de France en 1835. Gouverneur général de l'Algérie le 13 février 1837. Trouve la mort de Turenne devant Constantine le 12 octobre 1837.

Lieutenant général. Grand-Croix de la Légion d'honneur.

DELESTRAINT Charles

Né à Biache-Saint-Waast (Pas-de-Calais) le 12 mars 1879.

Saint-Cyr, promotion 1898-1900.

Officier de chasseurs. Prisonnier le 3 août 1914. Après la guerre, s'oriente résolument vers les chars de combat dont il se montre un apôtre ardent. Général à la tête de la 3e brigade de chars de combat en 1937. A sous ses ordres le colonel de Gaulle commandant le 507e RCC. Organisateur des divisions cuirassées en 1940. En juillet 1942, accepte de prendre le commandement de l'Armée Secrète. Arrêté à Paris le 9 juin 1943. Déporté à Dachau. Assassiné par les SS le 19 avril 1945.

Général de corps d'armée. Grand Officier de la Légion d'honneur.

Compagnon de la Libération.

La promotion 1988-1991 porte son nom.

DENOIX de SAINT-MARC Hélie

Né à Bordeaux le 11 février 1922.

Saint-Cyr (rattaché), promotion 1943.

Résistant. Déporté. Trois séjours en Indochine avec la Légion.

Commandant par intérim du 1er REP, entraîne son régiment dans le putsch des généraux du 22 avril 1961. Condamné à dix ans de détention. Libéré en 1966.

Chef de bataillon.

Commandeur de la Légion d'honneur.

DENTZ Henri-Fernand

Né en 1881, fils d'un Alsacien ayant quitté l'Alsace en 1871 pour ne pas devenir prussien.

Major de la promotion du Tchad (1900-1902). Se bat au Maroc puis en France en 14-18. Gouverneur militaire de Paris en juin 1940. En décembre 1940 est nommé Haut-Commissaire de France en Syrie et au Liban, et Commandant supérieur des troupes du Levant. A ce poste, en soldat rivé à la discipline et aux ordres reçus de Vichy, résiste à l'agression franco-britannique de juin 1941. Condamné à mort en avril 1945 par la Haute Cour de Justice, meurt d'épuisement en prison en décembre peu après avoir été gracié.

Général d'armée. Grand Officier de la Légion d'honneur.

DRIANT Emile

Né à Neufchâtel-sur-Aisne (Aisne) en 1855.

Saint-Cyr, promotion 1875-1877.

Campagne de Tunisie. Gendre de Boulanger. Quitte l'armée en 1905 avec l'affaire des Fiches. Député de Nancy en 1910. Sous le pseudonyme de capitaine Danrit, écrit une trentaine de volumes d'aventures militaires d'anticipation. Reprend volontairement du service en 1914. Commandant une brigade de chasseurs (56e et 59e Bataillons), tombe au Bois des Caures devant Verdun le 22 février 1916.

Lieutenant-colonel.

La promotion 1965-1967 porte son nom.

DUBAIL Augustin-Edmond

Né en 1851.

Saint-Cyr, 1870.

Commandant remarqué de l'ESM de 1906 à 1908. Commandant de la Ire Armée dans les Vosges en août 14, puis du groupe d'armées Est jusqu'en 1916. Grand Chancelier de la Légion d'honneur de 1918 à sa mort en 1934.

Son souvenir est perpétué par le *prix général Dubail* décerné chaque année par la Société d'Entraide des Membres de la Légion d'honneur.

FOREY Elie

Né à Paris le 10 janvier 1804.

Saint-Cyr, promotion 1822-1824.

Jeune lieutenant, participe au débarquement en Algérie et à la prise d'Alger en 1830. Sera en Algérie pratiquement sans interruption jusqu'en 1844. Artisan très engagé du coup d'Etat du 2 décembre 1851. Est en Crimée, en Italie et au Mexique où il commande en chef.

Décédé à Paris le 20 juin 1872 des suites d'une congestion cérébrale survenue en 1867.

Maréchal de France. Grand-Croix de la Légion d'honneur.

FOUCAULD Charles **de**

Né à Strasbourg le 15 septembre 1858.

Saint-Cyr, promotion 1876-1878.

Vie dissolue de jeune officier de cavalerie. Quitte définitivement l'Armée en mars 1882. Explorateur au Maroc, alors interdit aux Européens, de juin 1883 à mai 1884. Octobre 1888 : retour à la foi catholique. Trappiste de 1890 à 1897. Ordonné prêtre le 9 juin 1901. A Benis-Abbès de 1901 à 1904. Août 1905, s'installe en ermite à Tamanrasset au Hoggar où il reste jusqu'à sa mort. Y vit en témoin actif du christianisme et de la France. Assassiné le 1er décembre 1916 par des Senoussistes.

Procès en béatification actuellement en cours.

La promotion 1941-1942 porte son nom.

FRANCHET d'ESPEREY Louis

Né à Mostaganem (Algérie) le 25 mai 1856.

Saint-Cyr, promotion 1874-1876.

Officier de tirailleurs. Algérie. Tonkin. Chine. Maroc. Commandant de la Ve Armée à la bataille de la Marne. Commandant de groupe d'armées en 1916 et 1917. Commandant en chef des armées alliées sur le front de Macédoine en 1918. Prend Sofia, Belgrade et s'apprête à marcher sur Vienne, précipitant l'armistice du 11 novembre 1918. Après la guerre se consacre aux anciens soldats de l'armée d'Afrique.

Décédé le 8 juillet 1942 à Saint-Amand-et-Dourgne (Tarn).

Maréchal de France. Grand-Croix de la Légion d'honneur.

Académicien.

La promotion 1955-1957 porte son nom.

FRENAY Henri

Né le 19 novembre 1905 à Lyon.

Père, frère Saint-Cyriens.

Saint-Cyr, promotion 1924-1926.

Prisonnier avec les armées de l'Est, en juin 1940, s'évade et rejoint la zone libre. Démissionne de l'Armée en janvier 1941 afin de pouvoir mener son action de Résistance. Organisateur et chef du mouvement Combat. Entre au CFLN le 9 novembre 1943. Ministre du GPRF. Décédé le 6 août 1988 à Paris.

Grand-Croix de la Légion d'honneur.

Compagnon de la Libération.

FRÈRE Aubert

Né à Grevillers (Pas-de-Calais) en 1881.

Saint-Cyr, promotion 1900-1902.

Sud-Oranais et confins algéro-marocains derrière Lyautey.

Huit citations dont cinq à l'ordre de l'armée, trois blessures en 14-18, comme capitaine et chef de bataillon. Commandant de l'ESM de 1931 à 1935. A la tête de la VIIe Armée au printemps 1940. Organisateur et chef de l'ORA à partir de novembre 1942. Arrêté le 13 juin 1943. Meurt d'épuisement au camp d'extermination du Struthof, le 13 juin 1944.

Général d'armée. Grand-Croix de la Légion d'honneur.

La promotion 1948-1950 porte son nom.

GALLIENI Joseph

Né à Saint-Béat (Haute-Garonne) le 24 avril 1849.

Brution.

Saint-Cyr, promotion 1869-1870.

Sur la stèle de sa statue élevée dans son village natal, on peut lire après le rappel de sa date et de son lieu de naissance :

Mort à Versailles le 27 mai 1916.
Bazeilles 1870.
Soudan 1877-1881 ; 1886-1888.
Tonkin 1891-1895.
Madagascar 1896-1905.
1914 Gouverneur militaire de Paris :
« J'ai reçu mandat de défendre Paris contre l'envahisseur.
Ce mandat, je le remplirai jusqu'au bout. »
Sauveur de Paris le 3 septembre 1914.
Bataille de l'Ourcq 4-10 septembre 1914.
Ministre de la Guerre 1915-1916.

Une vie de droiture au service du pays.

Maréchal de France à titre posthume.

Médaillé militaire. Grand-Croix de la Légion d'honneur.

La promotion 1927-1929 porte son nom.

GAMELIN Maurice

Né à Paris le 20 septembre 1872.

Saint-Cyr, promotion 1891-1893.

14-18: officier de confiance de Joffre au GQG puis commandant d'une brigade de chasseurs et de la 9e DI. Général le 8 décembre 1916. Chef d'état-major de l'Armée en 1935. Commandant en chef des armées alliées en 1939. Relevé de son commandement le 19 mai 1940. Inculpé du procès de Riom en 1942. Interné par les Allemands en Allemagne de 1943 à 1945. Décédé à Paris le 18 avril 1958.

Général d'armée.

Médaillé militaire. Grand-Croix de la Légion d'honneur.

GAULLE Charles **de**

Né à Lille le 22 novembre 1890.

Saint-Cyr, promotion 1909-1912.

Prisonnier le 2 mars 1916. Après la guerre, commence à se faire connaître par des écrits où il prône, entre autres, le recours aux unités blindées.

Sous-secrétaire d'Etat à la Guerre du cabinet Reynaud, passe, à la chute du ministère, en Grande-Bretagne d'où il lance le célèbre Appel du 18 juin.

Chef de la France Libre, se présente en 1944 comme le libérateur du Pays.

Retiré à Colombey-les-Deux-Eglises à partir de janvier 1946, revient au pouvoir suite aux événements du 13 mai 1958 à Alger.

Président de la République de 1959 à 1969.

Décédé le 9 novembre 1970.

Général de brigade à titre temporaire le 5 juin 1940.

L'homme politique, doublé d'un écrivain de talent, a marqué l'histoire nationale du XXe siècle.

La promotion 1970-1972 porte son nom.

GIRAUD Henri

Né à Paris le 18 janvier 1879.

Saint-Cyr, promotion 1898-1900.

Grièvement blessé et fait prisonnier le 30 août 1914, réussit sa première évasion le 30 octobre. Réussira la seconde comme général d'armée en s'évadant de la forteresse de Königstein en 1942. Entretemps, s'est illustré au Maroc à la tête du 14e RTA et des confins Algéro-Marocains. S'évade une troisième fois, de France, en novembre 1942, pour gagner l'AFN et reprendre le combat. Commandant en chef civil et militaire après l'assassinat de Darlan, conduit la campagne de Tunisie. Obtient des Alliés le réarmement de l'Armée française et mène à bien la libération de la Corse. Evincé de la coprésidence du CFLN par de Gaulle, est l'objet d'une tentative d'assassinat en août 1944 dans des conditions mystérieuses. Décédé à Dijon en mars 1949.

Général d'armée. Médaillé militaire. Grand-Croix de la Légion d'honneur.

GOURAUD Henri

Né à Paris le 17 novembre 1867.

Saint-Cyr, promotion 1888-1890.

En Afrique presque sans interruption de 1894 à 1914. Perd un bras aux Dardanelles en 1915. Remplace Lyautey durant quelques mois au Maroc début 1917. Commandant de la IVe Armée en 1918. Haut-Commissaire au Levant de 1919 à 1923. Termine sa carrière Gouverneur militaire des Invalides. Décédé le 16 septembre 1946.

Général d'armée.

Grand-Croix de la Légion d'honneur.

GUILLAUME Augustin

Né à Guillestre (Hautes-Alpes) le 30 juillet 1895.

Saint-Cyr, promotion 1913-1914.

Prisonnier le 11 novembre 1914. Maroc de 1919 à 1924 et de 1928 à 1936. Commandant des Tabors en Italie et de la 3e DIA durant la campagne de Libération. Résident général de France au Maroc de 1951 à 1954. Chef d'état-major général des Armées en 1954 jusqu'au 1er juillet 1956. Décédé en 1991.

Général d'armée. Médaillé militaire. Grand-Croix de la Légion d'honneur.

La promotion 1990-1993 porte son nom.

JOUHAUD Edmond

Né à Bou-Sfer (Algérie) le 2 avril 1905.

Saint-Cyr, promotion 1924-1926.

Ayant choisi l'aviation, effectue avant la guerre de très nombreuses reconnaissances aériennes en Afrique française. Résistant. Chef d'état-major de l'Armée de l'Air. Très attaché à sa terre natale, l'un des

organisateurs du putsch du 22 avril 1961. Adjoint du général Salan et chef de l'OAS Oranie. Arrêté en mars 1962. Libéré en décembre 1967. Se consacre aux associations de rapatriés. Décédé le 5 septembre 1995.
Général d'armée aérienne. Grand Officier de la Légion d'honneur.

JUIN Alphonse
Né à Bône (Annaba), Algérie, le 16 décembre 1888.
Saint-Cyr, promotion 1909-1912.
Cinq fois cité en 14-18. Grièvement blessé au bras droit. Maroc. Prisonnier en 1940. Libéré le 15 juin 1941 sur intervention du général Weygand. Commandant du CEF d'Italie, assure le succès de l'offensive alliée sur Rome. Résident général de France au Maroc 1947-1951. S'oppose, comme «pied-noir», à la politique algérienne de son camarade de promotion Charles de Gaulle.
Décédé à Paris le 27 janvier 1967.
Maréchal de France.
Médaillé militaire. Grand-Croix de la Légion d'honneur.
Académicien.
La promotion 1966-1968 porte son nom.

LALANDE André
Né à Rennes le 26 mars 1913.
Saint-Cyr, promotion 1931-1933.
Officier de chasseurs, après la campagne de Norvège rallie les FFL. A la 13e DBLE de décembre 1941 à novembre 1945. Commandant du 3e REI en Indochine, est fait prisonnier à Diên Biên Phu. Général, commande la 11e Division Parachutiste. Chef de l'état-major particulier du Président de la République en 1967.
Décédé en 1996.
Général de corps d'armée.
Grand Officier de la Légion d'honneur.
Compagnon de la Libération.
La promotion 1996-1999 porte son nom.

LAMY Amédée François.
Né en 1858.
Brution.
Saint-Cyr, promotion 1877-1879.
Sénégal. Tonkin. Madagascar. Sahara. Chef de poste à El Goléa, commande le premier peloton de méharistes sahariens. Chef de bataillon au 1er RTA de Blida, organisateur et commandant militaire de la mission saharienne Foureau-Lamy. Tué au combat de Kousseri le 22 avril 1900.
Officier de la Légion d'honneur.
N'Djamena, actuelle capitale du Tchad, à l'heure française s'appelait Fort-Lamy.

LAPERRINE François

Né à Castelnaudary (Aude) en 1860.

Saint-Cyr, promotion 1878-1880.

Algérie. Tunisie. Sénégal. Soudan. De 1901 à 1910 commandant militaire des Oasis sahariennes. A ce poste, fondateur des compagnies sahariennes (30 mars 1902). Ami fidèle de Charles de Foucauld. Commandant de la division d'Alger, trouve la mort le 5 mars 1920 lors du premier raid aérien Alger-Afrique Noire. Son avion ayant capoté dans le Sahara, blessé, ordonne à ses deux compagnons de l'abandonner pour sauver leur vie.

Général de division. Grand Officier de la Légion d'honneur.

La promotion 1956-1958 porte son nom.

LAPEYRE Pol

Né à Paris le 8 mai 1903.

Saint-Cyr, promotion 1921-1923.

Sous-lieutenant à la 8ᵉ compagnie du 5ᵉ RTS, commande en avril 1925 le poste de Beni Derkoul sur la frontière du Rif. Repousse plusieurs assauts rifains. Le 14 juin, à 19 h 10, submergé, fait sauter son fort plutôt que de se rendre..

Un monument érigé à Saint-Cyr en 1931 et restauré après les bombardements de 1944 rappelle son héroïsme.

La promotion 1926-1928 porte son nom.

LARMINAT Edgar **de**

Né à Alès le 29 novembre 1895.

Saint-Cyr, promotion de la Grande Revanche.

Colonel au Levant en juin 1940, passe, non sans péripéties, en Palestine britannique. L'un des grands artisans du ralliement de l'AEF aux FFL. Commandant des Forces françaises du Western Desert en 1942-1943, puis durant quelques semaines d'un CA du CEF et de la 1ʳᵉ Armée. Commandant des Forces françaises de l'Ouest en 44-45. Termine sa carrière Inspecteur des Troupes de Marine. Se suicide en juin 1962.

Général de corps d'armée.

Grand Officier de la Légion d'honneur. Compagnon de la Libération.

LATTRE de TASSIGNY Jean **de**

Né à Mouilleron-en-Pareds (Vendée), village natal de Clemenceau, le 3 février 1889.

Saint-Cyr, promotion 1908-1911.

Huit citations, quatre blessures en 14-18. Au Maroc de 1921 à 1926. A la tête de la 14ᵉ DI, résiste glorieusement sur l'Aisne en 1940. Se dresse contre l'invasion de la zone libre en novembre 1942. Interné, s'évade. Prend en AFN le commandement de l'armée B, future 1ʳᵉ Armée Française des combats de la Libération. Haut-Commissaire et

Commandant en chef en Indochine en décembre 1950. Décédé à Paris le 11 janvier 1952

Maréchal de France à titre posthume.

Médaillé militaire. Grand-Croix de la Légion d'honneur.

Compagnon de la Libération.

La promotion 1951-1953 porte son nom.

LECLERC de HAUTECLOCQUE Philippe

Né à Belloy-Saint-Léonard (Somme) le 22 novembre 1902.

Saint-Cyr, promotion 1922-1924.

Campagnes au Maroc et instructeur à Saint-Cyr avant 1939. Prisonnier en juin 1940, s'évade et gagne la Grande-Bretagne. Rallié aux FFL, commence une épopée qui le mènera à Koufra, à Ksar Rhilane, puis à Paris et à Strasbourg à la tête de la 2e DB. Commandant supérieur en Indochine, essaie en vain d'éviter une guerre avec le Viêt-minh. Inspecteur des forces d'Afrique du Nord, trouve la mort dans un accident d'avion le 28 novembre 1947 sur la frontière algéro-marocaine.

Maréchal de France à titre posthume.

Médaillé militaire. Grand-Croix de la Légion d'honneur.

Compagnon de la Libération.

La promotion 1946-1948 porte son nom.

LECOCQ Charles

Né en 1898.

Saint-Cyr, promotion 1917-1918.

Sur le front français en septembre 1918. Au Maroc puis au Sahara. S'illustre comme méhariste en Mauritanie de 1929 à 1932. Sa poursuite sur 450 kilomètres d'un razzi de 170 fusils entre dans la légende des Troupes Coloniales. En Indochine en 1939, se bat contre la Thaïlande en 1941, est tué le 11 mars 1945 lors de l'agression japonaise.

Colonel à titre posthume.

Compagnon de la Libération.

LOUSTAUNAU-LACAU Georges

Né à Paris le 17 avril 1894.

Saint-Cyr, promotion 1912-1914.

Sept citations à l'ordre de l'armée en 14-18. Major de l'Ecole de Guerre – «Nègre» de Pétain dans les années trente. Mis en disponibilité en 1938 pour ses activités anticommunistes. Grièvement blessé en juin 1940. Prisonnier – Evadé – Organisateur et chef du réseau *Alliance* en octobre 1940. Arrêté par la police française en 1941. Déporté par les Allemands à Mauthausen en 1943.

Député des Pyrénées-Atlantiques en 1951. Promu général de brigade, sans être passé par le grade de colonel, le 3 février 1955. Décédé brutalement le 11 février 1955.

Commandeur de la Légion d'honneur.

Distinguished Service Order.

LYAUTEY Hubert

Né à Nancy le 17 novembre 1854.

Saint-Cyr, promotion 1873-1875.

Dans l'anonymat de la vie de garnison, se révèle par un article publié en 1891 par *La Revue des Deux-Mondes* : «Du rôle social de l'officier dans le service militaire universel.» Envoyé un peu en pénitence en Indochine, y découvre Gallieni et la vie coloniale. Devient au fil des années Lyautey le Tonkinois, le Malgache, l'Algérien et surtout Lyautey le Marocain. Nommé Commissaire Résident Général de France au Maroc en 1912, va rester en fonction jusqu'en 1925, à l'exception de quatre mois au ministère de la Guerre de décembre 1916 à avril 1917. Décédé à Thorey (Meurthe-et-Moselle) le 21 juillet 1934.

Maréchal de France.

Médaillé militaire. Grand-Croix de la Légion d'honneur.

Académicien.

La promotion 1935-1937 porte son nom.

MAC-MAHON Marie **de**

Né à Sully (Saône-et-Loire) le 13 juin 1808.

Saint-Cyr, promotion 1825-1827.

Sous-lieutenant, est à la prise d'Alger, le 5 juillet 1830. Durant près de vingt ans en Algérie, se fait remarquer par son courage. Général en 1848. Enlève la Tour Malakoff devant Sébastopol en 1855. Victorieux à Magenta le 4 juin 1859. Blessé, est fait prisonnier à Sedan en 1870.

Président de la République de 1873 à 1879.

Décédé à Montcresson le 17 octobre 1893.

Maréchal de France. Duc de Magenta.

Grand-Croix de Légion d'honneur.

MAGRIN-VERNEREY Charles-Raoul dit *Monclar*

Né à Budapest (Hongrie) le 7 février 1892.

A 15ans et demi, tente de s'engager à la Légion. Renvoyé dans sa famille.

Intègre Saint-Cyr en 1912.

Capitaine en 1918, sept blessures, onze citations, dont sept à l'ordre de l'Armée. En mars 1924, rejoint enfin la Légion. Sert avec elle, au Maroc, au Levant, au Tonkin. Commande au printemps 1940 la 13e DBLE en Norvège. Rallie la France Libre le 30 juin 1940 avec une partie de son unité. Sera en Erythrée à la tête de la Brigade française d'Orient, mais refuse de participer à la campagne de Syrie, attitude qui lui vaudra d'être mis à l'écart par Charles de Gaulle. Général de division en 1946, est Inspecteur de la Légion de 1948 à 1950. Part comme lieutenant-colonel à la tête du bataillon français de Corée. Gouverneur des Invalides en 1962. Décédé le 3 juin 1964.

Général de corps d'armée.

Médaillé militaire.
Grand-Croix de la Légion d'honneur.
Compagnon de la Libération.
La promotion 1984-1987 porte son nom.

MANGIN Charles

Né à Metz le 6 juillet 1866.

Saint-Cyr, promotion 1886-1888.

Marsouin. Soudan. Niger. Congo avec Savorgnan de Brazza. Trois blessures. Légion d'honneur. Fachoda avec Marchand. Tonkin. Publie *La Force Noire* en 1910. Général à 47 ans, fait exceptionnel pour l'époque. Termine la guerre 14-18 à la tête de la Xe Armée, grand artisan de l'offensive victorieuse du 18 juillet 1918. Décédé le 12 mai 1925 dans des conditions assez mystérieuses.

Général d'armée.
Grand-Croix de la Légion d'honneur.
La promotion 1929-1931 porte son nom.

MONSABERT Joseph **de GOISLARD de**

Né à Libourne en 1887.

Officier de tirailleurs. 14-18. Maroc. Organisateur du Corps Franc d'Afrique. Commande la 3e DIA en Italie et le 2e CA de la 1re Armée de la Libération. Décédé en 1983.

Général d'armée.
Grand-Croix de la Légion d'honneur.
Compagnon de la Libération.
La promotion 1982-1985 porte son nom.

MONTAGNAC Lucien **de**

Né au château de Pouru-aux-Bois, dans les Ardennes, le 17 mai 1803.

Saint-Cyr, promotion 1819-1821.

Capitaine en 1836, gagne en fin d'année l'Algérie qu'il ne quittera plus. Se distingue dans le Constantinois et en Oranie. Lieutenant-colonel, Commandant supérieur du cercle de Djemmaa-Ghazaouet (Nemours), apprend, en septembre 1845, la présence proche d'Abd el-Kader. Pense pouvoir renouveler la prise de la Smala et se lance dans l'aventure destinée à finir en tragédie du Guergour et de Sidi-Brahim (435 Français contre plusieurs milliers de guerriers d'Abd el-Kader). Victime en cette affaire de sa fougue et de sa quête de gloire.

MOREL Théodose

Né en 1915.

Saint-Cyr, promotion 1935-1937.

Officier de chasseurs alpins. Légion d'honneur en 1940. Instructeur à Aix-en-Provence. Résistant. Indicatif Tom. Commande le maquis du plateau des Glières. Tué le 10 mars 1944.

Lieutenant-colonel à titre posthume.

Compagnon de la Libération.

La promotion 1987-1990 porte son nom.

MORIN Jacques

Né à Moulins le 7 novembre 1924.

Saint-Cyr, promotion 1942.

Résistant, maquisard, déporté à Buchenwald. Commandant de la compagnie parachutiste du 3e REI au Tonkin en 1948 et à ce titre créateur des parachutistes de la Légion. Campagnes d'Indochine avec le 1er BEP, d'Algérie avec le 1er REP dont il est le commandant en second en 1958. Très lié aux défenseurs de l'Algérie française, quitte volontairement l'armée au début des années soixante. Chef de bataillon. Décédé le 18 mai 1995.

Grand Officier de la Légion d'honneur.

La *promotion 1994-1997 porte son nom.*

PÉLISSIER Aimable

Né à Maromme (Seine-Maritime) le 6 novembre 1794.

Saint-Cyr, en août 1814.

Fait campagne en Espagne (1823), en Morée (1828) et surtout en Algérie à partir de 1830. Commandant en chef de l'armée d'Orient en 1855. Ambassadeur à Londres en 1858, Gouverneur général de l'Algérie de 1860 à sa mort, à Alger, le 22 juin 1864.

Maréchal de France.

Grand Chancelier de la Légion d'honneur (1859).

PÉTAIN Philippe

Né à Cauchy-la-Tour (Pas-de-Calais) le 24 avril 1856.

Saint-Cyr, promotion 1874-1876.

Colonel le 2 août 1914. Commandant en chef de l'Armée française le 11 novembre 1918. Entre les deux guerres multiplie les fonctions: vice-président du Conseil supérieur de la Guerre, Inspecteur général de l'Armée, ministre de la Guerre, ambassadeur à Madrid. Chef du gouvernement, le 17 juin 1940. Chef de l'Etat, le 10 juillet 1940. Porte ensuite la responsabilité de la collaboration avec l'Allemagne et des mesures contre les Juifs. Condamné à mort le 15 août 1945, gracié, achève sa vie prisonnier à l'île d'Yeu en 1951.

Maréchal de France.

Médaillé militaire.

Grand-Croix de la Légion d'honneur.

Académicien.

La promotion 1940-1942 porte son nom.

ROLLET Paul Frédéric

Né à Auxerre le 20 décembre 1875. Père polytechnicien et futur général.

Saint-Cyr, promotion 1893-1895.

Avec la Légion, à partir de 1899, en Algérie, à Madagasacar, dans le Sud Oranais et au Maroc où ce marcheur infatigable est baptisé le «*capitaine espadrilles*». Sur le front de France dès septembre 1914. Commandant du RMLE en mai 1917 puis, après la guerre, du 3e REI au Maroc et du 1er RE à Sidi-Bel-Abbès. Inspecteur de la Légion Etrangère, poste créé spécialement pour lui, de 1931 à sa retraite en 1935. Se dépense alors pour les anciens légionnaires. Décédé à Paris le 16 avril 1941.

Général de brigade.

Grand Officier de la Légion d'honneur.

La promotion 1978-1980 porte son nom.

SAIRIGNÉ Gabriel **BRUNET de**

Né à Paris le 9 février 1913.

Saint-Cyr, promotion 1932-1934.

Affecté au 1er REI en 1939. Volontaire pour la 13e DBLE en février 1940, sera de toutes les campagnes de la demi-brigade dont il prend le commandement en août 1946. Tué dans l'embuscade du convoi de Dalat, le 1er mars 1948, au kilomètre 113 de la route coloniale N° 20. Lieutenant-colonel.

Commandeur de la Légion d'honneur.

Compagnon de la Libération.

La promotion 1967-1969 porte son nom.

SALAN Raoul

Né à Roquecourbe (Tarn) le 10 juin 1899.

Saint-Cyr, promotion 1917-1918.

Un parcours militaire assez exceptionnel fait de Raoul Salan l'officier le plus décoré de l'Armée française: France 1918, Syrie, Indochine, France 1940, Ile d'Elbe, Libération, Allemagne, Indochine avec quatre nouveaux séjours…

Commandant Supérieur Interarmes en Algérie, lance du balcon du Gouvernement général à Alger, le 15 mai 1958, un «Vive de Gaulle» qui propulse l'Homme du 18 juin vers le retour au pouvoir. Mal payé des services rendus, déçu de la remise en cause de ses espoirs en l'Algérie française, atteint par la limite d'âge, fait ses adieux aux armes le 9 juin 1960. Après l'échec du putsch du 22 avril 1961, à la tête de l'OAS, mène l'ultime combat des défenseurs de l'Algérie française. Arrêté le 20 avril 1962, ne sera libéré qu'en 1968. Décédé en juillet 1984. Général d'armée.

Médaillé militaire.

Grand-Croix de la Légion d'honneur.

TOUNY Alfred

Né en 1886.

Saint-Cyr, promotion 1904-1906.

Sept citations, une blessure en 14-18. Quitte l'armée. Lieutenant-colonel de réserve en 1939. Dès 1940, organisateur et chef de l'Organisation Civile et Militaire. Arrêté le 25 février 1944. Fusillé par les Allemands dans les fossés de la citadelle d'Arras.

Colonel.

Compagnon de la Libération

VIÉNOT Raphaël

Né à Fontainebleau le 31 août 1804.

Saint-Cyr, promotion 1823-1825.

Plusieurs années d'Afrique. Ses qualités personnelles lui valent le commandement, jugé « difficile » à l'époque, d'un régiment de Légion. Tombe à la tête du 1er Régiment de la Légion le 2 mai 1855 devant Sébastopol. Colonel.

Officier de la Légion d'honneur.

La caserne de la Légion à Aubagne, comme hier à Sidi Bel Abbès, porte son nom.

VILLEBOIS-MAREUIL Georges **de**

Né le 22 mars 1847 à Nantes.

Saint-Cyr, promotion 1865-1867.

Très grièvement blessé en janvier 1871 à l'Armée de la Loire. Le plus jeune colonel de l'Armée française en 1892. En 1895, commande le 1er Etranger à Sidi Bel Abbès. Démissionne en 1896 faute d'avoir été faire campagne à Madagascar. Se rallie à la cause des Boers en 1899. Général boer en mars 1900 avec mission de constituer une légion internationale. Tué le 5 avril 1900 près de Boshol (Orange).

La promotion 1899-1901 voulait porter son nom. Sur refus gouvernemental, s'appellera *d'In Salah.*

WEYGAND Maxime

Né le 21 janvier 1867 de parents inconnus.

Saint-Cyr, promotion 1885-1887 à titre étranger sous le nom de Maxime de Nimal.

Naturalisé français sous le nom de Weygand en 1888. Paradoxe, refuse de faire l'Ecole de Guerre pour servir dans la troupe lors de la Revanche et se retrouve en août 1914 chef d'état-major de Foch. Il le restera jusqu'à la victoire. Chef d'état-major général de l'Armée de 1930 à 1935. Successeur de Gamelin comme généralissime le 19 mai 1940. Proconsul en AFN de septembre 1940 à novembre 1941. Arrêté par les Allemands le 12 novembre 1942. Interné en Allemagne. Décédé le 28 janvier 1965. Général d'armée.

Médaillé militaire.

Grand-Croix de la Légion d'honneur.

Académicien.

LA GALETTE

Noble Galette, que ton nom
Soit immortel en notre histoire,
Qu'il soit ennobli par la gloire
D'une vaillante promotion !
Et si dans l'avenir ton nom vient à paraître,
On y joindra peut-être notre grand souvenir.
On dira qu'à Saint-Cyr où tu parus si belle,
La promotion nouvelle vient pour t'ensevelir.

Toi qui toujours dans nos malheurs
Fus une compagne assidue,
Toi qu'hélas nous avons perdue,
Reçois le tribut de nos pleurs.
Nous ferons un cercueil où sera déposée
Ta dépouille sacrée ; nous porterons ton deuil
Et si quelqu'un de nous vient à s'offrir en gage,
L'Officier en hommage fléchira le genou.

Amis, il faut nous réunir
Autour de la Galette sainte
Et qu'à jamais dans cette enceinte
Règne son noble souvenir.
Que son nom tout-puissant, s'il vient un jour d'alarme,
A cinq cents frères d'armes serve de ralliement :
Qu'au jour de la conquête, à défaut d'étendard,
Nous ayons la Galette pour fixer nos regards.

Soit que le souffle du malheur
Sur notre tête se déchaîne,
Soit que sur la terre africaine
Nous allions périr pour l'Honneur,
Ou soit qu'un ciel plus pur reluise sur nos têtes
Et que loin des tempêtes nos jours soient tous d'azur.
Oui, tu seras encore, O Galette Sacrée,
La mère vénérée de l'épaulette d'or.

LE PÉKIN DE BAHUT

Trois Saint-Cyriens sont sortis de l'Enfer
Un soir par la fenêtre
Et l'on dit que Monsieur Lucifer n'en est plus
Le Maître.
La sentinelle qui les gardait,
En les voyant paraître,
Par trois s'écria : « Halte-là ! Qui va là ?
Qui vive ? »
Et les trois bougres ont répondu :
« Ce sont trois Saint-Cyriens qui sont Pékins de
Bahut. »

O Pékin de Bahut,
Viens, nous t'attendons tous.
Nous leur ferons tant de chahut,
Qu'à la pompe
Ils en seront fous !

Un soir dans une thurne immense
Cinq cents martyrs étaient assis.
Les uns disaient : « Ah, quelle chance,
Dans six mois nous serons partis. »
Les autres, d'un air lamentable,
Contemplant leurs Anciens, avachis,
Disaient : « Dans six mois pauvres diables,
Comme eux nous serons abrutis. »

O vous qui dans l'espoir de Cyr
Pâlissez sur de noirs bouquins,
Puissiez-vous ne jamais réussir,
C'est le vœu de vos grands anciens.
Si vous connaissiez les horreurs
De la Pompe et du Bataillon,
Vous préféreriez les douceurs
De la vie que les Pékins ont.

Vocabulaire cyrard

Affreux	Anciens de la promotion précédente.
Anciens	Anciens des promotions précédentes : – à 25 ans, on parle de grands anciens, – à 50 ans de très grands anciens.
Astique	Travaux de nettoyage en tous genres.
Bahut	Surnom donné à l'Ecole dès 1818.
Bahutage	Brimades traditionnelles à l'encontre des jeunes de la promotion entrante.
Basane	L'Arme Blindée-Cavalerie et par extension l'équitation et le cheval.
Bazar	Elève de première année; par extension, pour un Saint-Cyrien un camarade d'une promotion suivante.
Binôme	Couple ancien-jeune.
Brution	Elève du Prytanée militaire de La Flèche.
Caso	Diminutif de casoar.
Chiader	Travailler d'arrache-pied.
Coincer la bulle	Se reposer.
Corniche	Classe préparatoire à Saint-Cyr.
Cornichon	Elève d'une Corniche.
Cosaque	Maladroit.
Crapahut	Exercice en terrain difficile, d'où crapahuter : se donner du mal pour atteindre un objectif.
Croco	Elève étranger.
Cyrard	Saint-Cyrien.
Fana	Aimer quelque chose avec force. Etre fana basane : vouloir choisir l'ABC.
Fine	Responsable élu d'une section ou d'une compagnie.
Galette	Patte d'épaule, plate et sans frange, surnommée Galette, portée par les élèves dont le classement ne donnait pas droit aux épaulettes de grenadier ou de voltigeur.
Gallypoteux	Qualificatif traditionnel du Bazar. Doit son origine au ru de Gally traversant jadis l'Ecole. Le qualificatif de « fangeux » s'y accole généralement.
Ginette	Ecole Sainte-Geneviève de Versailles.

Gradaille	Elève, en principe un ancien, assurant une fonction d'encadrement.
Grand Carré	Groupe représentatif de chaque promotion et composé du Père Système, du Colonel et du Commandant des Gardes, du K. S. et du Secrétaire de promo.
G. U.	Grand Uniforme.
I. A.	(terme récent) : élève de l'EMIA.
Kroumir	Très grand Ancien.
K. S.	Trésorier.
Malvina	Foyer.
Museauter	Se taire, d'où l'expression : Museau ! Taisez-vous !
Ours	Locaux disciplinaires.
Peaufiner	Fignoler.
Pékin de Bahut	Jour du départ de l'Ecole. Egalement nom d'un des chants les plus traditionnels.
Pendu	Professeur.
Père Système	Chef élu d'une promotion.
Petit Co	Camarade de promotion.
Pompe	Discipline essentiellement intellectuelle, en principe cours d'instruction générale.
Spéciale (La)	Ecole de Saint-Cyr.
Strasse	Ensemble de l'encadrement.
Triomphe	Cérémonie et festivités traditionnelles marquant la fin de scolarité d'une promotion.
Vide-Baro	Dans le cadre d'un bahutage, déménagement complet, en principe par la fenêtre, d'une chambrée de bazars.
Vieux Bahut	Ancienne Ecole à Saint-Cyr.
Vorace	Instructeur (en principe du grade de capitaine, un lieutenant étant un voraçon).

Chronologie

1696

Ouverture de la Maison de Saint-Louis à Saint-Cyr.

1719

Décès de Madame de Maintenon, fondatrice de la Maison de Saint-Louis.

1802

1er mai (XI Floréal an X) : création de l'Ecole Spéciale Militaire par Bonaparte.
L'Ecole à Fontainebleau.

1805

30 janvier: la devise «***Ils s'instruisent pour vaincre***», inscrite sur le drapeau.
2 décembre: victoire d'Austerlitz.

1808

Implantation de l'ESM à Saint-Cyr.

1815

18 juin: défaite de Waterloo.
Saint-Cyr, Ecole Préparatoire, dite la «*Petite Ecole*».

1818

L'Ecole Royale Militaire.

1823

Mai: apparition de l'épaulette baptisée «*Galette*».

1825

Marie de Mac-Mahon entre à Saint-Cyr.

1845

Apparition du chant de la Galette.

1848

Février. Chute de Louis-Philippe. Avènement de la Deuxième République.

1855
Apparition du casoar.

1869
Gallieni entre à Saint-Cyr.

1870
4 septembre : chute du Second Empire.

1873
Hubert Lyautey entre à Saint-Cyr.

1876
Philippe Pétain, Charles de Foucauld entrent à Saint-Cyr.

1898
Henri Giraud entre à Saint-Cyr.

1908
Jean de Lattre entre à Saint-Cyr.

1909
Charles de Gaulle, Alphonse Juin entrent à Saint-Cyr.

1914
2 août : début de la Grande Guerre.
Arrivée de la promotion de *la Grande Revanche*. 426 tués sur 765.

1917
Henri de Bournazel entre à Saint-Cyr.

1918
11 novembre : Armistice franco-allemand.

1922
Philippe de Hauteclocque entre à Saint-Cyr.

1939
3 septembre : la France et la Grande-Bretagne déclarent la guerre à l'Allemagne.

1940
Saint-Cyr repliée à Aix-en-Provence.

1941
Novembre : première promotion des Cadets de la France Libre en Angleterre.

1942

8 novembre : débarquement allié en Afrique du Nord
5 décembre : évacuation de l'Ecole d'Aix-en-Provence.

1943

1er janvier : début des promotions de Cherchell.

1944

13 juin : fermeture de l'Ecole des Cadets de la France Libre.

1945

8 mai : capitulation allemande.
1er juillet : Cherchell transférée à Coëtquidan. Première promotion de l'ESMIA.

1946

19 décembre : début officiel de la guerre d'Indochine.

1954

Août : fin de la guerre d'Indochine.
1er novembre : début de la guerre d'Algérie.

1961

13 décembre : séparation définitive de l'ESMIA en ESM et EMIA.

1962

3 juillet : indépendance de l'Algérie.

1966

Ouverture du futur Lycée militaire de Saint-Cyr.

2002

Bicentenaire de la création de Saint-Cyr.

Bibliographie

AMATO Alain, *Monuments en exil*, Editions de l'Alanthrope, 1979
ANTIER Jean-Jacques, *Charles de Foucauld*, Perrin, 1997
ARDANT DU PICQ, Colonel, *Etudes sur le combat*, Berger-Levrault, 1942
AZAN Général, *Sidi-Brahim*,Lavauzelle, 1930
– *Franchet d'Esperey*, Flammarion, 1949
BAUNARD Mgr, *Le général de Sonis*, Poussielgue, Paris, 1892
BEAUFRE Général, *Le drame de 1940*, Plon, 1965
BECCARIA Laurent, *Hélie de Saint-Marc*, Perrin, 1989
BOULLET A.-H., *Jusqu'à en mourir*, Robert et fils, Marseille, 1953
BRACK DE Général, *Les Avant-postes de cavalerie légère*
CALMETTE Arthur, *L'O.C.M.*, PUF, 1961
CAMUS Colonel, *Histoire des Saint-Cyriens*, Lavauzelle, 1980
CARPENTIER Marcel, Général, *Un Cyrard au feu*, Berger-Levrault, 1963
CARS DES Jean, *Il était une fois Monaco*, Editions du Rocher, 1996
CASALIS André, *Cadets de la France Libre*, Lavauzelle, 1994
CHALLE Maurice, *Notre révolte*, Presses de la Cité, 1968
COIGNET Capitaine, *Les Cahiers du capitaine Coignet*, Hachette, 1968
COMMINES DE MARSILLY DE Roger, « 150 ans de concours à l'ESM de Saint-Cyr », Jouve, 1974
COMOR A.-E., *L'épopée de la 13e DBLE*, Nouvelles Editions Latines, 1988
DELEBECQUE Jacques, *Vie du général Marchand*, Hachette, 1936
DENIS Général, *La contestation chez les cadres de l'Armée française*, Résiac, 1989
DESMAZES Général, *Saint-Cyr*, Les ordres de Chevalerie, 1948
DESTREMAU Bernard, *Weygand*, Perrin, 1989
– *De Lattre*, Flammarion, 1999
DEVILLERS Daniel, *L'étendard évadé*, Berger-Levrault, 1957
FRENAY Henri, *La nuit finira*, Tome I, Laffont, 1973
GASNIER Michel, *Gérard de Cathelineau*, Nouvelles Editions Latines, 1960
GAULLE DE Général, *Mémoires de Guerre. L'Appel*, Plon, 1954
GHEUSI P.-B., *Gallieni*, Fasquelle Editeur, 1922
GIRARDET Raoul, *La Société militaire dans la France contemporaine*, Plon, 1953

GIRAUD Général, *Un seul but, la Victoire*, Julliard, 1949
GORRÉE Georges, *Sur les traces du Père de Foucauld*, La Colombe, 1953
GRAS Yves, *La 1re D.F.L.*, Presses de la Cité, 1983
GUILLAUME Général, *Homme de guerre*, France-Empire, 1977
HAUTPOUL D' Alphonse, Général, *Mémoires*, Librairie Académique Perrin, 1906
JOUHAUD Edmond, *La vie est un combat*, Fayard, 1974
KIEFFER Commandant, *Béret vert*, France-Empire, 1969
LABAYLE Eric, *L'Ecole des Elèves Aspirants de Cherchell-Médiouna*, Clavaud Editeur, 1996
LACOUTURE Jean, *De Gaulle, I. Le rebelle*, Seuil, 1984
LAFFARGUE André, *Fantassin de Gascogne*, Flammarion, 1962
LARMINAT DE Edgar, *Chroniques irrévérencieuses*, Plon, 1962
LATTRE DE TASSIGNY DE, Général, *Histoire de la 1re AF*, Plon, 1949
LE GOYET Pierre, *Le mystère Gamelin*, Presses de la Cité, 1975
LE RÉVÉREND André, *Lyautey*, Fayard, 1983
LOTTMAN Herbert, *Pétain*, Seuil, 1984
LOUSTAUNAU-LACAU Georges, *Mémoires d'un Français rebelle*, R. Laffont, 1948
LYAUTEY Pierre, *Un héros révolté. Claude Barrès*, Julliard, 1959
MANGIN Louis-Eugène, *Le général Mangin*, F. Sorlot, 1986
MONTAGNON Pierre, *La Grande Histoire de la Seconde Guerre mondiale* (10 tomes), Pygmalion
- *Histoire de l'Armée française*, Pygmalion
- *Les maquis de la Libération*, Pygmalion
- *La France Coloniale* (2 tomes), Pygmalion

MONTZEY C. de, *Institutions d'éducation militaire depuis 1789*, Dumaine, 1867
NAVARRE Henri, *Le temps des vérités*, Plon, 1979
PAILLOLE Paul, *L'homme des services secrets*, Julliard, 1995
PERRETTE Jean-François, *Le général Delestraint*, Presses de la Cité, 1972
PELLISSIER Pierre, *Saint-Cyr Génération Indochine-Algérie*, Perrin, 1992
POTTIER René, *Flatters*, Edition de l'Empire Français, 1948
PRIOUX Général, *Souvenirs de guerre*, Flammarion, 1947
PSICHARI Ernest, *Lettres du Centurion*, Louis Conard, 1933
PUJO Bernard, *Juin, Maréchal de France*, Albin Michel, 1988
RABAUT Jean, *L'antimilitarisme en France 1810-1975*, Hachette, 1975
RÉMY, *Compagnons de l'Honneur*, France-Empire, 1964
REVOL Colonel, *Histoire de l'Armée française*, Larousse, 1929
SALAN Raoul, *Mémoires*, Tome I, Presses de la Cité, 1970
TITEUX Eugène, *Saint-Cyr et l'Ecole Spéciale Militaire en France*, Forissier Editeur, 2000

VÉZINET Général, *Le général Leclerc*, Presses de la Cité, 1974
WEYGAND Général, *Le général Frère*, Flammarion, 1949
– *Histoire de l'Armée française*, Flammarion, 1953
– *Mémoires. Idéal vécu*, Flammarion, 1953
ZELLER André, *Les hommes de la Commune*, Librairie Académique Perrin, 1969

Dictionnaire Hommes et Destins, Académie des Sciences d'Outre-Mer, 1977-1989
Dictionnaire des Maréchaux de France, Perrin 1988
Dictionnaire des Ministres, Perrin, 1990
Livre d'Or de la Légion Etrangère, Lavauzelle, 1931 et 1958
Ils venaient de Cherchell, Imprimerie nationale, 1962
Historique des corps de troupe de l'Armée française, Berger-Levrault, 1900
Les Troupes de Marine 1622-1984, Lavauzelle, 1986
L'Armée d'Afrique 1830-1962, Lavauzelle, 1977
Livre d'Or de Saint-Cyr, Office français de diffusion artistique et littéraire, Paris, 1962
Mémorial de la Promotion « Victoire », Vlady France Conseil, 1996
Annuaire militaire 1823, Levrault, 1823.
Annuaires de l'armée française, Berger-Levrault, 1877 et 1888

Annuaires de la Saint-Cyrienne.

SHAT Vincennes. Cartons X 10 a et b, X 183, X 184, 8 N 179.

Remerciements

L'auteur tient à remercier tous ceux qui ont bien voulu apporter leur pierre à son ouvrage ou répondre à ses questions.
Tout spécialement :

Monsieur le capitaine (ER) Guy Branca (1947-1949).

Monsieur le général (CR) Michel Brintet (1958-1960), Secrétaire Général de la Saint-Cyrienne.

Monsieur le colonel (ER) Pierre Capelle (1942).

Monsieur le colonel (ER) Jacques Cauvin (Ecole de l'Air 1956-1958).

Monsieur l'adjudant Condado, Conservateur du Musée de la Légion Etrangère à Aubagne.

Monsieur le colonel (ER) René Delqué (1954-1956).

Monsieur le général (CR) Bernard de Dinechin (1950-1952), Président d'Honneur de la Saint-Cyrienne.

Monsieur le colonel (ER) Georges Dive, Secrétaire de la Promotion *Terre d'Afrique* (1957-1959).

Madame Marie-Lise Estoup et monsieur le capitaine (ER) Joseph Estoup (1949-1951).

Monsieur le chef d'escadrons Arnaud Faure, commandant de compagnie à l'ESM de Saint-Cyr Coëtquidan.

Monsieur le colonel (ER) Robert Fouques-Duparc, Secrétaire de la Promotion *Laperrine* (1956-1958).

Monsieur Fournial, Professeur de Classes Préparatoires aux Grandes Ecoles au Lycée militaire de Saint-Cyr.

Monsieur le colonel (ER) Jean Guinaudeau, Secrétaire de la Promotion *Veille au Drapeau* (1943).

Monsieur Jérôme Kerferch, Historien des Compagnons de la Libération.

Monsieur le colonel (ER) Henri Le Guillou, Secrétaire de la Promotion *Croix de Provence* (1942).

Madame le colonel Memeteau-Gausseres, officier supérieur adjoint au Lycée militaire de Saint-Cyr.

Monsieur le général (CR) Jacques Perry (1947-1949).

Monsieur le capitaine (ER) André Plagnol, Secrétaire de la Promotion *Rome et Strasbourg* (1944).

Monsieur le capitaine (ER) Claude Pouilloux (1951-1953).

Monsieur le colonel (ER) Bernard Pujo (1941-1942).

Monsieur le chef de Bataillon Rech, Directeur de la Communication des Ecoles de Coëtquidan.

L'auteur ne saurait omettre son fils Renaud toujours très précis pour la réalisation des plans de ses ouvrages et son épouse attentive à la présentation et au libellé du texte.

Index

TABLE

DU MÊME AUTEUR CHEZ LE MÊME ÉDITEUR

Collection rouge et blanche

LA GRANDE HISTOIRE DE LA SECONDE GUERRE MONDIALE
10 volumes

1. De Munich à Dunkerque (Septembre 1938/Juin 1940)
2. De l'Armistice à la guerre du désert (Juin 1940/Juin 1941)
3. De l'invasion de l'URSS à Pearl Harbor (Juin 1941/Décembre 1941)
4. Des premières victoires du Japon à Stalingrad et El-Alamein (Déc. 1941/Nov. 1942)
5. Du débarquement allié en AFN à l'invasion de l'Italie (Novembre 1942/Octobre 1943)
6. 6 juin 1944 : le jour J. Genèse, déroulement, conséquences (Octobre 1943/Juillet 1944)
7. De la reconquête des Philippines à la bataille des Ardennes (Juillet 1944/Décembre 1944)
8. De l'assaut final contre le Japon à la capitulation du IIIe Reich (Janvier 1945/Mai 1945)
9. De la décomposition du IIIe Reich à Hiroshima et à la chute du Japon (Mai 1945/Sept. 1945)
10. Du procès Laval au jugement de Nuremberg (Sept. 1945/Oct. 1946)

Également disponible en deux tomes, collection « Multipages »

HISTOIRE DE L'ALGÉRIE
Des origines à nos jours

•

LA GUERRE D'ALGÉRIE
Genèse et engrenage d'une tragédie
(Ouvrage couronné par l'Académie française)
Un livre se situant au premier rang des témoignages historiques.

•

LA CONQUÊTE DE L'ALGÉRIE
Les germes de la discorde
1830-1871

•

LA FRANCE COLONIALE
Tome 1. La Gloire de l'Empire
Tome 2. Retour à l'Hexagone

•

42, RUE DE LA SANTÉ
Une prison politique – 1867-1968.

•

HISTOIRE DE L'ARMÉE FRANÇAISE
Des milices royales à l'armée de métier.

•

HISTOIRE DE LA LÉGION
De 1831 à nos jours.

•

LES MAQUIS DE LA LIBÉRATION
1942-1944.

Hors collection

L'AFFAIRE SI SALAH
Un récit-témoignage vécu sur la guerre d'Algérie.

•

PAS MÊME UN CAILLOU
Pages écrites au printemps 1962 en Algérie dans la passion du moment.

Impression réalisée sur CAMERON par

BUSSIÈRE CAMEDAN IMPRIMERIES

GROUPE CPI

à Saint-Amand-Montrond (Cher)
pour le compte des Éditions Pygmalion
en août 2002

N° d'édition : 775. N° d'impression : 023886/4.
Dépôt légal : septembre 2002.

Imprimé en France